[英国] 詹姆斯·戈登·芬利森 著　邵志军 译

哈贝马斯

牛津通识读本·

Habermas

A Very Short Introduction

译林出版社

图书在版编目（CIP）数据

哈贝马斯 /（英）芬利森（Finlayson, J. G.）著；邵志军译．
南京：译林出版社，2015.9（2021.10重印）
（牛津通识读本）
书名原文：Habermas: A Very Short Introduction
ISBN 978-7-5447-3272-7

I.①哈… II.①芬… ②邵… III.①哈贝马斯，J. - 哲学思想 - 研究 IV.①B516.59

中国版本图书馆 CIP 数据核字（2012）第 219821 号

著作权合同登记号　图字：10-2014-197 号

哈贝马斯 ［英国］詹姆斯·戈登·芬利森 / 著　邵志军 / 译

责任编辑　何本国　陈　锐
责任印制　董　虎

原文出版　Oxford University Press, 2005
出版发行　译林出版社
地　　址　南京市湖南路 1 号 A 楼
邮　　箱　yilin@yilin.com
网　　址　www.yilin.com
市场热线　025-86633278
排　　版　南京展望文化发展有限公司
印　　刷　江苏苏中印刷有限公司
开　　本　635 毫米 × 889 毫米　1/16
印　　张　21
插　　页　4
版　　次　2015 年 9 月第 1 版
印　　次　2021 年 10 月第 7 次印刷
书　　号　ISBN 978-7-5447-3272-7
定　　价　39.00 元

序言

徐友渔

哈贝马斯是当代最重要的政治理论家之一,他的思想贡献可以放到亚里士多德—斯宾诺沙—马克思这个序列中来理解和评价,是哲学史和政治思想史上的一座丰碑。他的理论不但对当代德国和欧洲的政治现实作出紧跟时代甚至引领潮流的论述,而且很少见地对德国和欧洲的现实直接发生影响。

哈贝马斯在新世纪初曾来中国访问,在多个城市和学术机构进行讲演,他还主动要求与中国公共知识分子见面交流,他对中国当前发展与未来前途的关心令人倍增好感,他的访华被有些人称做可以与近一个世纪前罗素、杜威来华访问讲学相媲美的学界盛事。

中国读者对哈贝马斯有着浓厚兴趣与巨大热情,然而,他的著作卷帙浩繁,他的思想宏富深远,他的论证细密复杂、借用引证广泛,因此,直接阅读他的著作是一件令人望而生畏的难事,入门介绍是很有必要的。英国学者詹姆斯·戈登·芬利森的这本《哈贝马斯》是相当合适与实用的入门小书。

本书的首要特点和优点是作者的介绍简明扼要、清楚准确,深入浅出地转述了哈贝马斯的基本思想,思想发展的主要阶段,思想形成的社会氛围、文化背景,以及在德国现代哲学思想中的脉络与传承关系，对于不打算在哈贝马斯的思想大海里遨游的人，或者水性还不足以应付思想的旋涡和波涛需要在浅滩过渡与练习的初学者，它的程度是合适的。

本书的另一个特点是，自始至终把理解和介绍的重点放在对于哈贝马斯思想的总体把握上。哈贝马斯的思想体系庞大复杂，涉及哲学、语言、道德、政治、法律和社会理论各个方面，而且发展变化的幅度也比较大，如果没有一个整体性的把握，就会遭遇到瞎子摸象般的困境，就会见仁见智、莫衷一是。作者有统领全局的能力，又有删繁就简的功夫，所以呈现给读者的，是一个用粗线条构成的轮廓分明的思想家头像，读者丝毫不用担心在细节中迷失方向，在论证和辩驳中头昏脑涨。

尽管有上述两个特点和优点，但绝不要以为，本书的价值就仅仅是浅显和明白易懂。认真研读之后可以发现，由于作者对哈贝马斯思想的精髓有深入准确的把握，所以本书的根本特点是论说精到，这个优点对于与诞生哈贝马斯思想的社会、文化环境相距甚远，对于因为处于社会转型期而有特定期待并容易产生特定偏见的中国人来说，显得异常重要。可能有很多中国人早已通过第二手、第三手的资料形成了对于哈贝马斯思想的印象，如果本书的阐述与已有的印象有距离的话，那么可以相信，这里的说明更为准确可靠。

本书详细介绍了哈贝马斯的第一部重要作品，发表于 1962 年的《公共领域的结构转型：论资产阶级社会的一个范畴》，我们从中可以看到，虽然哈贝马斯被视为法兰克福学派的传人，但他对于社会、政治、文化、历史的分析与他的前辈霍克海默、阿多诺有明显的不同。作者指出："哈贝马斯研究方法的关键之处在于，它表明了资产阶级公共领域尽管存在局限性，但绝不

仅仅是一个幻觉，因为它**原则上**是开放的；只要拥有独立的财产并受过教育，不论声望、地位、阶级或者性别，都有权参与公共辩论。没有人在**原则上**被拒斥在公共领域之外，虽然在**实践中**对于很多人来说不尽如此。”作者还指出：“哈贝马斯在最后的分析中提出了一个怀着希望的推测，认为现有的内在于政党这类机构的公共领域，仍有可能发挥上述功能。只要有合适的政治与社会环境，公共领域理念和社会政治现实之间不断扩大的裂缝也许能够再次弥合。”

这说明，作者注意到了，哈贝马斯与他的前辈批判理论家不同，在追求批判的深刻性和尖锐性的同时，并没有忘记准确性和分寸，并没有失去现实感，因此避免了前辈的偏颇和一味激烈。哈贝马斯对于资本主义社会的形式上的民主、自由和平等没有完全否定，因此对于这种社会进行自我调节与更新，从而有发展余地的可能性是有认识的。

正是这种现实性——或者叫做实事求是、恰如其分——使哈贝马斯的学说具有吸引力和生命力，不像其他批判理论家那样因为脱离现实而边缘化。霍克海默在晚年说，他对资本主义表示无限的歉意：“应当公开宣布，一种即使存在有缺陷的，可疑的民主制，也总是比我们今天的革命必然会产生的专制独裁好一些。这种公开的表白，出于真理的目的，我认为是必要的。”“用自由世界的概念本身去判断自由世界，对这个世界采取一种批判的态度而又坚决捍卫它的理想……就成为每一个有思想的人的权利和义务。”他还说，他生活于其中的那个世界不可避免地有许多不公正，但仍是暴力海洋中自由的岛屿，这岛屿的沉没也意味着包括法兰克福学派理论在内的整个文化的沉没。认错和表示懊悔固然说明真诚，但也说明理论的缺陷。不能说哈贝马斯的理论避免了这种缺陷，但可以说这种缺陷不那么严重。

哈贝马斯后期和新近思想的发展对于当前中国思想的启发特别具有现实意义。如本书指出的，哈贝马斯在上世纪 80 年代的一次获奖演说中断定“现代性是一项未竟之事业”，他反对时髦一时的后现代主义思潮，认为阻止或逆转现代化进程的企图是徒劳之举。他对民族主义情绪的高涨、民族主义思潮的泛滥持警惕和批评态度，提倡一种“宪政爱国主义”，即基于民主宪法、自由平等和多元文化的普遍适用的价值对于自身所处的公民社会的热爱。

总之，这是一本开卷有益的书。

目录

致谢 I

前言：于尔根·哈贝马斯其人 III

缩略语 XIII

1 哈贝马斯和法兰克福学派的批判理论 1

2 哈贝马斯研究社会理论的新方法 15

3 语用意义专题 27

4 社会理论专题 46

5 哈贝马斯的现代性理论 60

6 商谈伦理学一：道德的商谈理论 74

7 商谈伦理学二：伦理商谈与政治转向 88

8 政治、民主与法律 103

9 德国、欧洲以及后民族公民身份 118

附录：哈贝马斯的五个主要研究专题概要 133

索引 137

英文原文 143

致谢

非常感谢约克大学哲学系的所有同事。我很喜欢和玛丽·麦金以及斯蒂芬·埃弗森切磋观点；汤姆·鲍德温作为同事和系主任给了我非常热情的帮助，我从他的友谊、鼓励以及广博的哲学知识中获益良多；克里斯蒂安·皮勒不仅是我的好友，同我专业研究领域相近，还是我的对话者，皮勒对于哈贝马斯的认识远比他自认为的深刻，他富有洞察力的问题帮助我思考得更深入，更趋于条理清晰。2003年，我有幸能在约克大学给一个班的优秀学生讲授哈贝马斯的商谈伦理学，我要感谢罗宾·豪厄尔斯和亚历山大·佩里的课堂发言激发出了我的一些想法；感谢马特·布朗、朱丽安娜·索科洛娃、索尼娅·施诺琳，约翰-大卫·罗德、查理·伯恩斯和威廉·乌思怀特阅读本书初稿并提出宝贵意见；感谢牛津大学出版社的责任编辑玛莎·菲利翁，感谢理芬卡奇公司的艾利森·莱斯文和彼得·布彻帮助我整理文稿。我特别要感谢李庭铭[①]博士和康妮·迪比亚西在过去几年里以不同的方式表现的关心、慷慨和友爱。最后我要特别提到我的

① 音译。——译注

父母凯瑟琳·芬利森和乔恩·芬利森，还有朱丽安娜，是他们的关爱、支持、理解帮助我度过了写作本书的艰难时期。

前言

于尔根·哈贝马斯其人

于尔根·哈贝马斯是二战后最为重要、拥有最广泛读者面的社会理论家之一。他的理论著作在人文和社会科学的许多不同领域都产生了重要影响。任何研究社会学、哲学、政治学、法学、文化学或研究英国、德国以及欧洲的学者都无法回避他的名字。他的著作之所以拥有如此广泛的影响力，主要有以下几个原因。首先，哈贝马斯是个跨学科理论家。他的学术涉猎之广令人惊叹。社会学家马克斯·韦伯（1864—1920）曾经提到过一种“没有灵魂的专家”，这种人作为学者从来不去尝试超越自己狭仄的专业领域，而哈贝马斯恰恰与这类人相反。他的研究冲破了学科的界限，完全不像大多数研究人员和学者那样螺蛳壳里做道场。对于他的思想，大多数读者只能从其著作中窥豹一斑。其次，哈贝马斯在五十多年的学术生涯中撰写了大量的作品，他不仅是公认的社会政治理论家，还是当今欧洲首屈一指的公共知识分子。他是德国左派民主主义的元老与灵魂人物，在捍卫自己哲学原则的同时，积极以公民而非学者身份参与到德国和欧洲公共领域对文化、道德、政治等普遍性话题的批判中去。

为了使本书尽量精简，我对于哈贝马斯的生平不作详述。

图1 于尔根·哈贝马斯

个中原因不在于哈贝马斯的一生不精彩——虽然学者的生平很少能称得上引人入胜，而在于我还是认为作品比作者本人重要。（当然，我也不会简略到像马丁·海德格尔写哲学家亚里士多德那样，在专著中就其生平仅漫不经心地写下：“他生于斯地斯时，工作过，然后辞世了。”）哈贝马斯生平所经历的里程碑式的历史事件影响并激发了他的著述，1945年二战结束、德意志联邦共和国从经济与社会废墟中诞生、冷战、1968年学生抗议运动、1989年柏林墙倒塌以及苏联解体等事件影响尤甚。

1929年，哈贝马斯出生于杜塞尔多夫。他在一个德国中产阶级家庭中长大，家人识时务地适应了纳粹政权，但也谈不上拥护纳粹。哈贝马斯的政治观点最初形成于1945年，他十六岁的时候。二战行将结束之时，哈贝马斯与当时几乎所有身体健康的德国同龄青少年一样，加入了希特勒青年团。战后，在观看了纳粹屠犹的纪录片并经历了纽伦堡审判之后，他终于看清了奥斯威辛的骇人事实和纳粹当权期间德国民众在道义上的集体沦丧。

青年时期，哈贝马斯曾在哥廷根大学、苏黎士大学和波恩大学学习过哲学。那时他谈不上激进。1949年至1953年间，他沉浸于马丁·海德格尔的著作中。但是，很快便对海德格尔幻灭了。这主要不是因为海德格尔曾经是纳粹党成员并公开支持纳粹党，而是因为他后来回避这个历史问题，拒绝对其行为表示任何忏悔，拒绝承认真相然后将这一页翻过去。1949年，德意志联邦共和国第一届政府成立，由保守派的康拉德·阿登纳主政。对海德格尔，青年哈贝马斯一开始满怀期待与热情，但随即便感到了失望和上当；对阿登纳政权他的态度也经历了这样的转变。在他看来，这个政权代表了一个集体对不光彩历史的蓄意

图2 马丁·海德格尔。求学期间，哈贝马斯研究过他的著作。后来，哈贝马斯对海德格尔在其纳粹党员身份问题上保持沉默持激烈批判态度。

否认和留恋。

1954年，哈贝马斯凭研究德国唯心主义哲学家弗里德里希·谢林的论文而获博士学位。之后，他便转向了赫伯特·马尔库塞和早年卡尔·马克思的作品，两年后在法兰克福的社会研究院成了哲学家西奥多·W.阿多诺的第一位研究助手。哈贝马斯同情他在法兰克福的老师阿多诺和马克斯·霍克海默的经历，这两个人都有德国犹太人血统，因此两人对于德国传统在归属感上持有可以理解的矛盾情绪。从两人身上，哈贝马斯学会了如何批判地认同自己祖国的传统，用他自己的话来说，这使他“以自我批判的精神、怀疑主义的态度、被欺骗过的人的清醒的头脑去继承德国的传统”。(《自主与团结》，第46页)在这一

图3 康拉德·阿登纳,德意志联邦共和国第一任总理。

阶段,哈贝马斯的著作变得更为激进,对于马克思有更多的认同。对于霍克海默的偏好来说,这便过分了。这位法兰克福研究院院长反感哈贝马斯不加掩饰的马克思主义观点,对哈贝马斯暗地里下了逐客令。1958年,哈贝马斯离开法兰克福去了马堡大学,并在1961年取得了该校的任教资格。后来,他成了海德堡大学的哲学教授,并于1964年又回到法兰克福大学担任哲学和社会学教授一职。在这段政治动荡时期,哈贝马斯与学生激进分子却产生了龃龉,这件事在当时众所周知。虽然哈贝马斯对于这些学生在总体上持同情态度,但在当时,他具有挑衅意味地把这些学生所持有的与所有权威都彻底对立的态度斥为“左派法西斯主义”。从1971年到1983年，他都在施塔恩贝格的马克斯·普朗克研究院当院长。1983年，哈贝马斯回到法兰克福大学教授哲学，并在此建立了他作为西德主要社会理论家和受人尊重的民主主义左派发言人的地位。

1989年11月柏林墙倒掉了，哈贝马斯亲眼见证了随之而来的德国统一。对于德国统一，哈贝马斯和某些人一样，对其统一进程的推进方式持激烈的批评态度。90年代早期，哈贝马斯对于美国政治哲学家罗尔斯的著作、他的自由主义观点以及美国的宪政民主兴趣与日俱增。从左边批评哈贝马斯的人往往对他一生的学术活动进行漫画式的描述，根据这类描述，他的一生始自马克思主义式的对于资本主义的批判，终于对美式自由民主的捍卫。这一漫画式概括虽然表面上合理，但仍然肤浅，究其原因，乃在于未能理解哈贝马斯复杂的政治与思想立场。哈贝马斯不仅是马克思主义批判家，更是马克思主义的批判者，他对资本主义和自由主义一直怀有深深的忧惧。但是，尽管他以与自己错误的政治文化见解相决裂的姿态，对西方民主传统作出了趋于负面的评价，他又把西德对西方民主传统的成功照搬说成是西德最伟大的文化成就。正因为这个原因，德国社会学家拉尔夫·达伦多夫言过其实地称哈贝马斯为“阿登纳之嫡孙”（《柏林共和国》，第88—89页），当然，这其中带有戏谑之意。然而，尽管哈贝马斯思想非常复杂，过去五十年知识界和政界又经历了风云突变，哈贝马斯的学术观点和政治观点还是保持了高度的连贯性。

关于哈贝马斯对德国的矛盾情感和对民族主义的一贯忧惧，我已经简述了其心理动因与出身因缘。然而，我们应当努力

图4 大屠杀纪念馆，柏林，背景中是勃兰登堡门和德国国会大厦新建的透明穹顶。

避免把哈贝马斯作品中的这些因素个人化。人们很容易忘却的一点是，近代德国历史与政治的内在复杂性与张力仍然实实在在地存在着。要获得对于历史和现实的生动认识，就去柏林的德国国会大厦透明穹顶上看看吧，在这里可以眺望勃兰登堡门和新建的大屠杀纪念馆，也可以俯视国会议事厅。

没有哪种社会政治理论能像哈贝马斯的理论那样，如此好地捕捉到这些复杂性和张力，并且如此好地利用它们。哈贝马斯的世界主义，他对欧盟的支持、对民族主义的怀疑、对宪政爱国主义的捍卫，他的道德普遍主义，这些都是基于他的理论体系。哈贝马斯的哲学是纯粹德国式的，同时他的哲学眼界又丝毫不受限于德国或德国哲学。

1994年从法兰克福大学的职位退休之后，哈贝马斯便在施塔恩贝格生活和从事著述，也在美国兼职讲学。他仍然定期发表文字，还一如既往地积极评论政治和文化。近期他的文章涵盖了各种主题，如生物伦理学、基因工程、伊拉克、恐怖主义、世界主义和“9·11事件”之后的美国外交政策。

本文主要讨论哈贝马斯的成熟理论，即他从1980年至今的作品。对于他偶尔发表的政治评论文章我只是一笔带过。这种安排并不是在暗示哈贝马斯作为公共知识分子的一生和他作为学者的生涯孰轻孰重，只是由于他的理论较其政治观点和文化评论更难懂，后者是写给外行读者看的，不用嵌入理论系统之内。

哈贝马斯以一种地道的德国方式、一种现在看来已有几分不合潮流的方式坚持并传播着自己的宏大理论。对于现代社会的本质、现代社会面临的问题，以及语言、道德、伦理、政治、法律在现代社会中的位置等，哈贝马斯提出了一些重大问题，而他对这些问题的回答是由多个学科的知识精心编织在一起的，是错综复杂又包罗万象的复合体。不仅如此，他的主要理论著作篇幅之长、术语之多令人望而生畏。哈贝马斯并不为入门者写作，第一次读到他著作的读者可能会产生挫败感。又因为哈贝马斯著述的重点都放在整体框架上，所以填补局部细节的工作就经常留待其研究合作者和学术继承人他日完成了。有时，论证的个别环节是缺失的，但同时哈贝马斯与其批评者又处于不断的对话状态，通过经常性地重述观点来回应批评者，并且对理论作一些细微的、意义并非总是一目了然的调整。基于以上原因，如果缺乏对哈贝马斯理论的总体了解，不知道哪些是其理论主干，哪些又属于旁枝末节，读者就很容易迷失阅读的方向。本书的写作目的之一，就是想为读者勾画哈贝马斯理论的主要脉络，方法便是将其著述的不同部分置于一个整体化的背景中。为了达到这个目标，我首先在此给出哈贝马斯全部成熟著作的体系提纲。这个提纲包括了五个研究专题：

一、意义的语用学理论

二、交往理性理论

三、社会理论专题

四、商谈伦理学专题

五、民主理论和法律理论（政治理论）专题

以上每个研究专题都相对独立，在各不相同的知识领域有所创新。但同时，每一部分又都同所有其他部分存在着或多或少的系统性联系。

哈贝马斯的意义语用学理论和交往理性理论，一同为他的社会学、伦理学、政治学理论提供了前导性理念。另一方面，后面三个研究专题之间又能起到相互支撑作用。我之所以称它们为研究专题，是因为它们仍在进行之中。每个专题都通过融合不同学科的真知灼见，回应一系列不同的问题。在本书末尾的

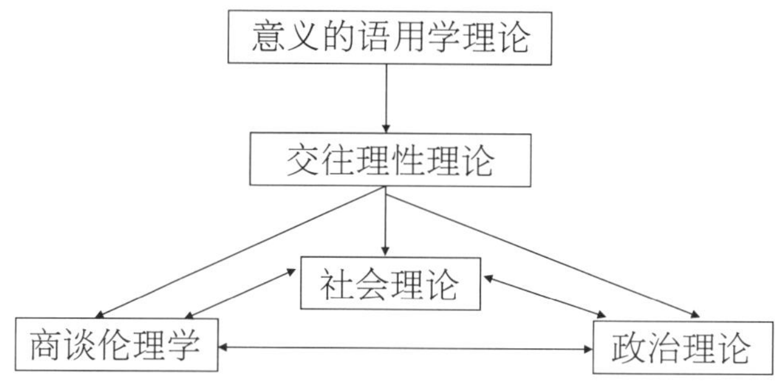

图5 哈贝马斯的研究专题概览

附录部分，我为每个专题提供了一个简短的概述。在下面的章节中，我将大致沿着哈贝马斯进行构思的时间线索来探讨这些专题。

缩略语[1]

AS	《自主与团结：于尔根·哈贝马斯访谈录》
BFN	《在事实与规范之间》
BR	《柏林共和国：关于德国的论述》
CES	《交往与社会进化》
DEA	《包容他者》（德文版）
DMUP	《现代性：一项未竟的事业》
JA	《证明和运用》
MCCA	《道德意识与交往行为》
NR	《追补的革命》
OPC	《论交往的语用学》
PDM	《现代性的哲学话语：十二讲》
RR	《宗教与理性：论理智、上帝和现代性》
TCA1	《交往行为理论》上册
TCA2	《交往行为理论》下册
TIO	《包容他者》（英文版）
TPF	《作为未来的过去：于尔根·哈贝马斯与米夏埃尔·哈勒尔的对话》
YAGI	《又谈德国身份：愤怒的德国马克市民的统一民族？》

① 为方便阅读，译文中用中文书名代替原文的缩略语。——编注

第一章
哈贝马斯和法兰克福学派的批判理论

法兰克福学派

在英语国家，哈贝马斯为人熟稔的作品有《交往行为理论》、关于商谈伦理学的各类文章以及《在事实与规范之间》。笼统地讲，他的社会、道德和政治理论都已经在这些作品中得到了各自阐发。哈贝马斯还被视为法兰克福学派第二代理论家的领军人物，他的著作也应被看成是对法兰克福学派第一代理论家的批判理论进行不断反思的结晶。

二战之前和之后的一段时间，一群哲学家、社会学家、社会心理学家、文化批评家，在法兰克福由私人资助的社会研究院进行研究工作，这就是法兰克福“学派”的由来。这些思想者在学院一本名为《社会研究杂志》的期刊上发表文章，宽泛地说，他们遵从共同的学术范式：他们作同样的理论假设，提出类似的问题，都受到黑格尔（1770—1831）和卡尔·马克思（1818—1883）辨证哲学的影响。法兰克福学派学者所追随的当代德国辨证哲学的传统，有时又被称为黑格尔-马克思主义，在当时它远不是社会思潮的主流。作为知识分子中的少数派，他们同当时占支配地位的新康德主义欧洲传统和逻辑经验主义盎格鲁-奥地利传统针锋相对。后来人谈到所谓的法兰克福学派和法兰克福学派理论时,这个认识是不可少的。

图6 马克斯·霍克海默,社会研究院院长,摄于法兰克福

马克斯·霍克海默(1895—1973),法兰克福研究院名誉院长,对于1930年代"批判理论"范式的发展起到了主要作用。

在霍克海默看来,批判理论将成为新的跨学科理论活动,它补充并改造了黑格尔和马克思的辩证哲学,在其中注入了来自精神分析这一相对新生的学科,以及来自德国社会学、人类学与非主流哲学家如弗里德里希·尼采(1844—1900)、阿图尔·叔本华(1788—1860)的敏锐洞见。所以,批判理论的研究方法具有四个主要特点:跨学科性、反思性、辩证性和批判性。

法兰克福学派率先将多视角、多学科的方法同时运用于道德、宗教、科学、理性和合理性研究。他们认为,不同学科视角的交叉能够产生新的洞见，这样的见识在一个视阈狭隘、日趋专业化的学术领域内则无法获得。这样，他们便挑战了当时盛行的想当然的看法，即唯有自然科学的经验主义方法具有有效性。

与几乎包括了从数学、形式逻辑到自然科学的所有方面、霍克海默所谓的“传统理论”不同，批判理论具有反思特征，即内在的自我意识特征。批判理论反思其自身产生的社会背景，反思自身在社会中的作用，反思其实践者的意图和利益，等等。批判理论同这样的反思密不可分。

与跨学科性相结合，批判理论的反思特征有望揭开在法兰克福学派看来困扰着传统理论（比如自然科学）的“实证主义”幻象；也就是说，批判理论就是对于独立的事实王国的正确反映。

知识的二元图景加深了一种观点，即事实是固定的、给定的、无法更改的、独立于理论的。批判理论家摒弃了这种图景，支持更为黑格尔式、辨证的知识观。这种知识观认为，事实和我们的理论都是变动不居的历史进程的一部分，在这一进程中，我们看待世界的方式（理论地或实践地）和世界的存在方式之间是相互决定的。

最后，霍克海默认为批判理论应当具有**批判性**。这一要求包含了几个明确的主张。总的来说，这一要求意味着理论的目标应该具有实践性，而不能是纯理论的；也就是说理论的目标不应该仅仅是正确的理解，还应该是创造出比现有社会条件和政治条件更有利于人类发展繁荣的局面。再具体一些，即理论应该有两种不同的规范性目标：诊断和治疗。理论的目的不仅限于为当代社会诊断**病情**，还应该通过指明社会进步的方面和发展的趋势，来为改造社会助一臂之力。

当纳粹主义盛行的政治氛围使得学派成员（他们几乎都是犹太血统）无法在法兰克福继续工作时，研究院不得不暂时迁址。先是移到了日内瓦，然后是美国。在美国，法兰克福学派直接遭遇了对他们来说闻所未闻的社会现象，一个深陷于福特式工业资本主义和大规模生产的消费社会。在美国，好莱坞的大制片公司、广播公司、出版公司已经实现了文化的工业化生产，这尤其让他们深感震惊。这些垄断巨头采用巧妙的操纵手段，使大众接受甚至支持一种隐藏在生活背后、干预乃至压制人们的基本兴趣的社会系统。例如，好莱坞制作的低成本商业电影，往往以俗套的大团圆结局为大众提供廉价的满足感。观看这样的电影，大众对阻碍他们追求真正幸福的社会制度不再批判，而是融入银幕偶像的虚构幸福。这样，文化便无意中充当了真实世界的广告。霍克海默和比他年轻的同事西奥多·W.阿多诺（1903—1969），称这类现象为“文化工业”。

文化工业是资本主义社会发展整体倾向的一个关键部分，这种倾向将创造、改变人们的需要与欲望，直至使他们真正欲求批量制造的垃圾，不再追求有价值的生活。分析这样的现象可以帮助我们理解，广告和其他形式的媒介如何操控主体的意识，制造出法兰克福学派所称的“虚假的和谐状态”。虚假的和谐之所以产生，乃在于人们认为社会具有理性、可以促进人类自由和幸福，并且社会无法改变，而实际上，社会是彻底非理性的，是人类追求自由和幸福的障碍，也是可以改变的。一百年前，在与当今社会状况迥异的普鲁士，黑格尔曾声称社会已经达到了真正的和谐，即在当时的社会和政治条件下理性的主体能够接受并赞同的状态，因为在权衡一切因素之后，理性主体

图7 西奥多·阿多诺，音乐学家、社会理论家、哲学家。哈贝马斯在社会研究院的同事及导师。

最深层次的利益能够得到实现。而法兰克福学派，在马克思的影响下，基于他们在20世纪的经历，把黑格尔的乐观主义彻底颠覆。

1949年霍克海默回到了法兰克福，对于实现批判理论的实践目标——促成社会的巨大转变，他和阿多诺都更为悲观了。在两人合写的名著《启蒙辩证法》（1947年出版，1944年曾以《哲学断片》为名出版过油印本）一书的分析中，这种悲观主义已经得到了理论化。

阿多诺和霍克海默对启蒙的分析，为批判理论的后续发展确立了日程表。他们的理论始于黑格尔的假设（马克思也同意）：人类以精神和物质活动（或者如马克思所言，通过脑力或体力劳动）塑造或决定了他们身边的世界。然后他们加上了一条历史命题：到18世纪，工具理性，即对于完成既定目标或满足既定欲望的最有效方法的思考，已经成为主要的知识形式。启蒙的历史进程，赋予了自然科学和技术上可用的认知形式比其他知识形式更高的地位。阿多诺和霍克海默声称，自然科学对外部世界作出了可验证的归纳和预言，它是手段/目的推理的一种隐蔽形式。从人类学的角度来讲，科学不过是深化人类掌握和控制环境的根本需要的一种工具。技术和工业就是这种工具的延伸和应用。

阿多诺和霍克海默宣称，工业化和官僚化的现代世界形成于一种合理化进程中。20世纪的社会是人类活动的结果，而人类的理性能力已经退化，变成仅仅是对如何以最有效方式达成既定目标的一种计算。世界的日益数学化和客观化，造成了神话世界观和宗教世界观的终结。同时，人类赖以认识世界的概念又来自于特定的历史和社会环境。阿多诺和霍克海默认为，制度化的生活愈加受到科学和技术，即工具理性的形塑。社会性的各种现代形式（工具理性的制度化形式），依次引发了工具性概念、表现形式以及思考世界的方式：它们造成了一种科学的、计算的、实用的思想倾向。继之而来的便是工具理性地位的恶性螺旋式上升，它逐渐取得了独一无二的排他性地位。

科学和理性服务于人类操纵、控制外部世界的基础性需要——这样一个假设有其阴暗的一面，即承认支配和统治这两者与理性具有非常相近的同源关系。不仅是科学和技术，理性本身与支配就有牵连。在阿多诺和霍克海默看来，即使是原始的理性形式，例如魔法，也是人支配自然和他人的雏形。魔法师施法的目的就是要掌控自然界，由于手握魔法力量，他们便成为了社会中的统治阶级。

具有讽刺意味的是，根据卢梭、伏尔泰、狄德罗、康德等18世纪启蒙思想家的观点，启蒙运动就是要将人类从自然界解放出来并将人类引入自由与繁荣状态，现在看来，这一运动事与愿违。随着工业化和资本主义在19世纪的强盛，人类逐渐受到更为广泛的行政力量的约束和管制，逐渐受制于日益强大、难以驾驭的经济体系。启蒙不仅没有把人类从自然界解放出来，相反，它禁锢了作为自然之一部分的人。想要经济繁荣、物质丰富，得到的却是贫穷和苦难；想要道德进步，得到的却是向野蛮、暴力与褊狭的退化。这就是“启蒙辩证法”，它使霍克海默和阿多诺认识了他们所处的社会，并影响了他们对于那个社会的弊端的分析。

在年轻的哈贝马斯眼中，这种无法求证的悲观主义削弱了社会理论的批判指向。如果霍克海默和阿多诺对启蒙的解读是正确的，如果旨在带给人类自由和富足的启蒙自肇始就注定要把人类推入不自由和悲惨的境地，那么批判的社会理论就陷入了困境。社会理论自身就是一种启蒙形式，因此按照阿多诺和霍克海默对社会理论的广义理解，它就是一种可以帮助人们更好地认识社会、改良社会的理论。在这种情况下，正如阿多诺和霍克海默在《启蒙辩证法》一书序言中所承认的，启蒙既是必要的，又是不可能实现的。之所以必要，是因为若没有启蒙，人类就会继续滑向自我毁灭与不自由；之所以不可能实现，是因为启蒙的实现有赖于人类的理性活动，而理性又恰恰是问题之所在。这样一个疑难（aporia），使得霍克海默和阿多诺在论及批判理论的现实政治目标时更加慎重。（aporia是一个希腊词，字面上的意思是“无路可通”，喻指“困惑混乱”。）阿多诺最初对于理论可以指引社会、政治或道德解放所怀有的信仰，很快就溃散了，他甚至认为几乎所有的集体政治行动都草率、专断、徒劳。哈贝马斯和他的师长之间的区别在于，后者认为疑难实际存在，而哈贝马斯认为疑难只是后者理论分析中的一个缺陷所致。

哈贝马斯的最初回应

哈贝马斯的第一部主要作品——《公共领域的结构转型：论资产阶级社会的一个范畴》（1962），是对霍克海默和阿多诺的批判理论概念作出的建设性批判。虽然在20世纪60年代早期的西德这也算得上是部名著，但是直到1993年才被译成英语。该书试图解决第一代法兰克福学派批判理论的问题，同时坚持这种理论的最初宗旨、保留其对社会弊端所作分析的某些方面。

《结构转型》一书对于批判理论最初范式的坚持，表现在以下几个方面。首先，这本书是跨学科的结晶，它融合了来自历史学、社会学、文学和哲学等学科的深刻见解。其次，它试图指出现代社会进步的和理性的方面，使其区别于反动的和非理性的因素。第三，与在他之前的阿多诺和霍克海默一样，哈贝马斯运用了被称为**内在批判**的方法。与外部的批判相对而言，这种方法也可以被称做内部的批判。批判理论家认为，这是由黑格尔和马克思首创的方法。从某些角度而言，它与苏格拉底的论辩方法更为接近。苏格拉底式的论辩采取对话的形式，这是为了便于辩论，论辩者实际并不认可某个观点，论辩的目的是为了揭露观点的不连贯与不真实。不管这个方法源自何处，批判理论家是想从这一方法本身出发，而不是以超越于该方法之上的价值或标准为基础来批评某个对象——某个社会观点或某部哲学著作，使其不真实性大白于天下。

《结构转型》是对“公共领域”范畴的一次内在的批判。“公共领域”一词翻译自德语 Öffentlichkeit，包括了公共性、透明性和开放性等意思。在哈贝马斯看来，历史上启蒙运动的理想——自由、团结、平等——是公共领域这一概念的题中应有之义，这些理想为内在的批判提供了标准。比如，18、19世纪的资产阶级社会会因为没有实践自己的理想而受到批判；同样，西德社会也会因为与那些理想所预示的包容、平等、透明的社会不符而受到批判。因而，《结构转型》坚持了批判理论的原初范式在理论和实践方面的理想：认识社会领域并且通过阐明社会变革的潜能指引社会变革。

然而，哈贝马斯对于社会、政治与文化形态的历史分析与霍克海默和阿多诺截然不同。直到两人身后将近二十年，哈贝马斯才对他们发表公开批评，认为两人对于合理化的阐述过于片面、消极，他们的启蒙辩证法概念又缺乏经验的、历史的正当性和内在的一致性。哈贝马斯自己的著作则试图拯救批判理论的初衷：他将启蒙运动的一种表述得更细致、更具有正当性的历史，与一种更有内在一致性的社会理论模式联系了起来。

资产阶级公共领域概念

《结构转型》记录了理性的公共领域从沙龙、俱乐部、咖啡馆等18世纪欧洲的文艺性公共团体中诞生的过程，又描述了这个公共领域的逐步衰落和瓦解。哈贝马斯的叙事细致入微，征引内容极为广泛。

18世纪初，公民权的确立保证了个人享有结社和言论的自由，出版自由的确立又促进了咖啡馆、沙龙这样的有形空间和可供市民自由参与公共讨论的文学杂志的形成。在这样的论坛中，人们可以自愿集会，作为平等的人参与公共论辩。这些论坛享有两种意义上的自主权：首先人们是自愿参与论坛的讨论，相对不受社会经济和政治体制的影响。公共领域的成员通过交换和契约完成经济上的交易，不光是为了追求个人利益。公共领域存在于自愿的结社之中，作为个人的公民统一在一个共同目标之下，利用他们自己的理性展开不受束缚的、平等主体之间的讨论。很快，共享的文化氛围得以形成，与其他因素一起，使公共讨论的参与者得以发现自己的需求和利益并加以表达，并使他们形成共同善的概念。哈贝马斯认为，公共舆论的标准概念是围绕着共同善的概念形成的，共同善的概念正是在这些脆弱但又受到庇护的公共商谈论坛中确立的。

随着公众的权威和影响的扩散，公众舆论开始逐渐发挥作用，对缺乏民意基础和开放性的政府的权力施以监督约束。通过检验法律政策是否符合共同善，公众可以有效地审查它们的合法性。虽然公共领域开始发挥政治和社会功能，但是，它不能被视做任何具体的政治机构或与这类机构联系起来。公共领域是一个非正式社会领域，它介于资产阶级市民社会与国家或政府之间。

作为理念和意识形态的公共领域

正如哈贝马斯在《结构转型》中所阐发的，他的批判理论是内在批判的一种变化形式，又被称为对意识形态的批判或意识形态批判。为了理解这一称呼的内涵，有必要探究一下意识形态这一概念。阿多诺把意识形态定义为“必要的社会幻觉”或“必要的错误社会意识”，年轻的哈贝马斯持有与此类似的理解。据此来看，各种意识形态都是关于其自身的错误观念和信仰,社会总以某种系统的方式促使人们认同这些错误观念和信仰。但是,意识形态又不是普通的错误信仰,比如将杯子里的咖啡误认为是茶。意识形态是被广泛视为正确的错误信仰,因为事实上所有社会成员都在某种程度上被诱导着去相信。此外,意识形态是功能性错误信仰,部分地由于被广泛接受,意识形态可以支撑某些社会机制、支持其维护的支配关系。正是在这个意义上,意识形态具有**社会必要性**。

这样来看,意识形态可以以不同的方式发挥其社会功能。它能使实际上属于社会的、人为的,因而原则上具有可变性的机制显得恒定而自然,或者它能使实际上服务于一小部分阶层利益的机制看起来是为每一个人谋福利的。比如,假如每一个人都相信经济规律是独立于人类而自然存在的,那么工人就更容易接受低工资作为他们的劳动回报,而不是把这种交易看成是需要改革的结构性不公。因而,意识形态批判作为一种内在的批判,能揭露此类必要的社会幻觉,并被寄予厚望来使遭到批判的对象——在这里是制造幻觉的社会结构——更具流动性和可变动性。

哈贝马斯认为,公共领域这一概念既是一个理念也是一种意识形态。公共领域是供平等的主体参与理性讨论以求得真理和共同善的空间。作为理念,开放、包容、平等和自由都无可指摘。然而事实上,这些理念不过是意识形态或者说幻觉罢了。因为现实中,能够在18世纪欧洲的咖啡馆、沙龙和文学杂志等公共领域参与讨论的人,总是限于少数拥有财产、受过教育的男性。财产和教育是两项未予明说的资格要求。实际上,大多数的穷人和未受教育者,以及几乎所有的女性,都被排斥在外。所以,公共领域的理念依然只是乌托邦,一个关于值得追求的平等、多元社会的梦想，从未彻底实现过。在第二层意义上，资产阶级公共领域的概念也仍然属于意识形态。因为，文化公众和理性公众共享的文化所催生的共同善和公共利益的观念，将实际上是少数受过教育、拥有财产的男性的利益呈现为全人类的共同利益。

哈贝马斯研究方法的关键之处在于，它表明了资产阶级公共领域尽管存在局限性，但绝不**仅仅**是一个幻觉，因为它**原则上**是开放的：只要拥有独立的财产并受过教育，不论声望、地位、阶级或者性别，都有权参与公共辩论。没有人在**原则上**被拒斥在公共领域之外，虽然在**实践中**对于很多人来说不尽如此。毫无疑问，个人自愿参与、任何人都能加入、人们在其中作为平等的成员展开不受拘束的辩论以探求真理、追寻共同善，这样的组织是一个乌托邦，但是，这是一个在过去和现在都值得追求的乌托邦。在18世纪一段短暂的历史里，这个乌托邦不仅在知识界获得认同，而且开始在社会、政治实践中暂时地、部分地得到了实现。

公共领域的衰落

《结构转型》的第二部分描述了公共领域的瓦解和衰落：随着报纸和杂志逐渐获得巨大发行量，它们被服务于少数强势个人之私利的资本主义大公司所吞并。在失去批判功能的同时，公众舆论也逐渐失去了其双重的自主性。到了19世纪和20世纪，公共领域于是不再是孕育理性观念和可靠信仰的温床，而是蜕变成操纵、支配民意的舞台。作为大众传媒的报纸、杂志和畅销小说同广播电视一起，变成了消费品：它们不是促进而是开始遏制人类的自由和发展。毋庸置疑，国家、经济和政治机构越来越谙熟于取得公众的拥护与支持，从而给自己披上一层合法性外衣。然而，这种支持的基础在于卑躬屈膝、不作批评、经济不独立的消费者的个人意见，而与形成于理性的公共辩论中的健康的公众舆论无关。

对于文化工业如何制造着越来越多千人一面、驯顺盲从的消费者，阿多诺和霍克海默有过描述；上述对于20世纪西方资本主义发展的严厉观点，与阿多诺和霍克海默的描述有诸多一致之处。哈贝马斯继承了法兰克福学派相当悲观的分析，认为美国的垄断资本主义和福利国家自由主义最终导致了个人自由的萎缩和民主政治的空洞，它们并不能有效避免像屈从于纳粹主义的魏玛共和国那样脆弱的社会秩序。但是，哈贝马斯比阿多诺和霍克海默更清楚地知道，也更坚定地坚持该走哪一条路。公共领域事实上已经衰落了，支离破碎了，它本应深化、拓宽政治经济系统，继续发挥批判作用，为其合法性进行辩护，从而将政治经济系统推入民主治理的轨道。在《结构转型》结论部分，哈贝马斯在最后的分析中提出了一个怀着希望的推测，认为现有的内在于政党这类机构的公共领域，仍有可能发挥上述功能。只要有合适的政治与社会环境，公共领域理念和社会政治现实之间不断扩大的裂缝也许能够再次弥合。

哈贝马斯的批判理论观念

哈贝马斯之所以对公共领域概念感兴趣，是因为他将公共领域视为民主政治理想的母体，视为道德价值观与认知价值观的基础，这些价值观能够培育并维持平等、自由、理性、真理等民主精神。哈贝马斯著作与其法兰克福学派导师著作的不同之处在于，他总把对个人自由的深度关切与民主制度的命运和民主政治的前景联系在一起。相应地,哈贝马斯比霍克海默和阿多诺两人都更加关注民主社会的具体制度结构。在他看来,批判理论必须言及社会制度的选择,即什么样的制度能使个人既不受政治极端主义的吸引,又免受迅速成长的资本主义经济之戕害。

和前辈马克思一样，阿多诺罕言美好社会或理性社会;同时他又像后来的米歇尔·福柯(1926—1984),对所有的制度都持高度怀疑的态度。阿多诺批判理论的实际目标,是想赋予个人一种能力,来抵御被整合进资本主义社会必然出现的同质化机制。个人自主权是这里面最重要的一种能力,用伊曼努尔·康德(1724—1804)的话来说就是Mundigkeit(有时译为"成熟状态")——使用理性独立思考的能力。只是对于阿多诺而言,成熟状态与解放的关系是完全消极的:解放在现存的状况下只是意味着抗拒既定秩序,只是一种说"不"的能力,一种拒绝适应社会现实的姿态。与阿多诺不同,哈贝马斯想要弄清自主权产生于何种社会条件与制度条件:解放意味着创造出真正的民主制度,这样的制度有能力反抗资本主义与国家行政力量的侵蚀。

因此,启蒙的图景在《结构转型》一书中要比在《启蒙辩证法》里更为明朗和乐观。《启蒙辩证法》中的观点是,理性自身既是支配关系产生的必然原因，也是支配关系可能瓦解的途径。阿多诺和霍克海默的理论具有自觉的悖论性,它们为理解一种没有出路的困境提供了视角。而哈贝马斯关于公共领域的理论,则推崇在平等个人之间展开自由而理性的讨论;虽然这样一种讨论现在尚未实现,但无疑是值得追求的。

第二章

哈贝马斯研究社会理论的新方法

哈贝马斯早期作品

《结构转型》面世之后近二十年，哈贝马斯出版了第一部阐明其成熟理论的主要作品——《交往行为理论》。两部作品中间相隔的二十年绝非哈贝马斯的沉默期。事实正好相反，在这期间，哈贝马斯的创作尤其活跃，出版了好几部重要作品。如果说《结构转型》标志着哈贝马斯精神成长期的结束，那么之后几部作品则是他的探索之旅。在精神的征途上，哈贝马斯在他以前并不熟悉的黑格尔-马克思哲学传统中重新补课，定位了自己。他是通过提出三条相关的思路做到这一点的。

20世纪60与70年代期间，哈贝马斯对马克思及其思想遗产进行了长期的批判性研究。他的研究主要聚焦于马克思的理论假设：劳动是人类自我实现的基本范畴；人的自由可以意味深长地被视同生产力的解放和生产关系的变革。

正如法国社会理论家西蒙娜·韦伊（1909—1943）等前人所指出的，上面设想的自由并不能给人类带来解放、结束社会压迫。人与人的关系、人与人的交往不能混同于劳动和工作，因为后者是主客体之间的工具性关系，仅此而已，但是前者却是主

图8 卡尔·马克思。作为马克思主义社会理论家，哈贝马斯对马克思的社会理论持严厉批判的态度。

体与主体之间的关系，主要是非工具性的关系。针对这个问题，哈贝马斯开始了对规范性结构的历史变革以及道德意识历史发展的研究，以此作为对马克思主义思想的补充和纠正；在他看来，马克思主义过于关注生产方式的发展了。通过这些研究，哈贝马斯获得的对社会的、人类交往的认知，要比马克思主义理论视野所能容纳的丰富得多。

在他学术的第二个阶段，哈贝马斯对威廉·詹姆斯（1842—1910）、约翰·杜威（1859—1952）、乔治·赫伯特·米德（1863—1931）、查尔斯·桑德斯·皮尔斯（1839—1914）等创立的美国实用主义传统，和从威廉·狄尔泰（1833—1911）到汉斯-乔治·伽达默尔(1900—2002)的德国阐释学传统产生了兴趣。这两种传统并非毫无关联,它们有一个共同的重要假设:哲学必须同现实生活发生并保持联系。哲学理论和概念必须对活生生的人在真实世界中的生活和经验产生影响,如此才有存在的理由。

第三,在批判马克思主义、研究阐释学和实用主义的同时,哈贝马斯开始了对科学、技术以及科学主义、实证主义思维方式的批判。虽然哈贝马斯比阿多诺和霍克海默受到了来自维也纳学派逻辑实证主义的更多影响,他对所有知识,尤其是社会知识,必须服从自然科学准则这一观点仍持批评态度。最终,哈贝马斯形成了一个观点,认为不同类型的知识——理论的、实践的、批判的——产生于不同背景,并服务于不同的人类愿望。理论知识建立在人类用技术控制自然的愿望上,实践的、道德的知识则建立在人类互相理解的意愿上,而社会批判理论和心理分析则是分别建立在集体和个人对于获得解放、摆脱幻觉、拥有自主权和实现美好生活的愿望之上。

虽然孕育着典型的哈贝马斯式主题,这些早期作品现在看来更多地具有传记和历史意义。通过《交往行为理论》(1981)一书,哈贝马斯的广泛影响力开始渗入一个完整的社会理论体系;从这一体系出发,他的社会、道德、政治理论得到了展开。这本书主要探讨社会学家马克斯·韦伯(1864—1920)、埃米尔·涂尔干(1858—1917)、塔尔科特·帕森斯(1902—1979),探讨黑格尔-马克思主义者乔治·卢卡奇(1885—1971)以及阿多诺和霍克海默的批判理论。这种探讨并不是文献综述。哈贝马斯采用了重建而非历史的方法,批判地借用了各种竞争的理论和历史先例。在为这种方法辩护时,哈贝马斯申明了他的主张:社会科学的范式(与自然科学的范式不同)相互之间并非历史承接关系；社会科学家并不因为偏好某个更好的理论而放弃原先的理论，因为社会理论之间是竞争的、可相互替代的关系，即似乎“具有平等地位”（《交往行为理论》上册，第140页）。相应地，所谓好的社会理论的一个标准，就是在何种程度上该理论能够与先驱理论和竞争理论相衔接，既阐明、保留它们的成功之处，又能补救它们的缺陷。为此，哈贝马斯提出了所谓的“系统目的之理论历史学”：正是这种结构精巧的综合性方法论，成就了哈贝马斯主要作品之宏富，也造成了这些作品令人生畏的冗长。

所以，我无意探讨哈贝马斯对于社会理论的历史的阐发，因为其本身可能带有相当的个人偏见；在此我准备讨论哈贝马斯著述的系统性意图。在《交往行为理论》一书中，他的直接目的就是要解决三个问题，在他看来这三个问题使属于上述传统的思想家们陷入了困境。

社会理论的三个问题

1.社会科学中意义理解的问题

社会科学中意义理解的问题就是如何解释人类行为（或者说如何理解人类行为的意义）的问题。这里所谈的意义对应着德语中的Sinn。对于20世纪的读者来说，Sinn一词作为术语有两个截然不同的用法。威廉·狄尔泰等人首先使用了这个词，用它来表示人类行为的象征性意义。这里，它与短语“生活的意义”中的“意义”是同一个意思。但是，容易引起误解的是，戈特洛布·弗雷格（1848—1925）又用同一个词Sinn来表示词或词组所指称的对象被归入主项的方式。弗雷格区分了内在于语言的词的意义（Sinn）和该词处于外在世界的所指（Bedeutung）。“晨星”与“晚星”含义不同，但是两者都指金星这一行星。不过，我们暂时可以把Sinn的弗雷格式用法放到一边。

狄尔泰认为，人文学科（或Geisteswissenschaften），比如历史、哲学、法学、文学，是与人文研究有关的学科，它们在方法论上与自然科学并不相同。人文学科研究的是理解人类社会的方式，而自然科学必须解释外部事件或自然现象。狄尔泰认为，自然科学的、因果式的阐释不足以提供对人类心智和精神生活的理解。借助由经验观察所支持的理论，科学从外部解释事物；但是，人类行为还必须借由主观经验的立场从内部加以把握。比如，科学可以对人类身体的运动从物理学和生物力学的角度作出充分解释，但它却无法告诉我们奔跑这一行为的任何意义；它无法让人知晓，跑过我们身边的人是在赶时间，是在逃跑，还是在锻炼。要理解这一行为的意义，我们必须根据那个奔跑的人的主观经验来阐释。

狄尔泰之后，韦伯同样认为，必须把对人类行为的外部观察同对人类行为“内在”主观意义的理解结合起来。要实现后面这一点，就必须在与该行为相关的人类目的、价值观、需求和欲望的背景下去阐释人类行为。韦伯坚持认为，如果行为可以与恰当的目的和手段联系起来，即该行为可以被理解为具有动因，这一行为就在主观上具有意义，因而是可以理解的。如果不是这样，行为便**毫无意义**，和大部分动物习性无所区别，只能被解释为对外部刺激的反应。韦伯把对人类行为意义的追问，同对人类行为动因的探索联系了起来。

韦伯的行为理论较狄尔泰的理论自有其优点，同时也有很多缺陷。韦伯认为，阐释者只有移情式再现或复制被阐释对象的主观心理活动，才能理解被阐释对象行为的意义；但是，韦伯并没有充分说明这种移情式的理解到底是什么。韦伯对于行为持有一种二元论的观点，认为人类的内心世界是与人类外在的身体相分离的，所以身与心的关系在本质上依然是神秘的。结果，韦伯无法说明是什么条件约束了对于行为意义的阐释；这也意味着他无从解释，为什么行为人对于理性和非理性行为的判断可以与行为阐释者的判断相一致。因而，韦伯最终不能说明，为什么一个行为的意义可以在时光变迁中保持稳定并且经得起检验。

切入这一系列问题的一个更有成效的方法，是弄清哪些是行为人的主观信仰、欲望和态度，哪些是他们客观的“陈述性”内容。这样做了，我们就可以通过将行为人的主观目的或意图重构为实践推理的一个例子，来理解行为的意义。

1. 史密斯想要取暖。
2. 史密斯有一个烧木柴的火炉使房子变暖和。
3. 史密斯用光了烧炉子的木柴。
4. 史密斯知道他可以去拾些木柴劈成柴火，给炉子准备燃料。
5. 因此，史密斯应该去捡木柴、劈柴火。

以上推理表明，在上述情形下史密斯有理由去捡木柴、劈柴火。作为阐释者，如果我们假定史密斯对此推理过程的理解促成了他去捡柴劈柴的行为，我们便可以基于其外在行为表现，对其行为的意义获得充分的理解。史密斯行为的意义取决于从一到四几个命题的真实性，也取决于达到第五步的推论的有效性，这一推论既独立于史密斯也独立于阐释者的心理状态。

现在，这个接近标准的阐释行为的方法以韦伯的说明解决了问题。虽然哈贝马斯没有采取这个方法，他还是同意行为意义理论取决于语言意义理论，并赞成下列观点：

1. 要理解行为的意义，仅对行为作第三人称的外在描述是不够的。
2. 对于行为意义的正确理解取决于对行为动因的正确把握。
3. 行为动因以及行为本身，只有借助关于人类目的、价值观、需求、欲望和态度的背景知识才能得到正确阐释。
4. 行为意义以及行为动因，原则上可以为阐释者和行为人所共同认识，而非仅限于后者。

虽然如此，在哈贝马斯的眼里这个标准方法还是有缺陷，因为它错误地假定了人类是需求和欲望的前个体化的和前社会的载体。此外，它还假定每一个个体的人都是从个人的观点出发工具性地运用理性，因此公共的、共有的意义不得不依赖于私人的、个体的理性。最终，该方法抛弃了狄尔泰阐释学式的和韦伯心理学式的“意义”（Sinn）观念，而采用了与弗雷格式的“所指”（Bedeutung）更为接近的观点。与此相对，正如我们在下一章将会看到的，哈贝马斯认为语言学意义不能被简化为命题的真实性条件。

2. 非理性与意识形态批判的问题

路德维希·费尔巴哈（1804—1883）和卡尔·马克思之后的社会理论家都问过一个问题：为什么行为人那么心甘情愿地维护、复制那些妨碍甚至是阻挠他们实现自身利益的社会制度？

为什么穷人、边缘人群、受压迫者会遵从那些制度与规则,不论它们是宗教的、经济的还是政治的,正是这些制度与规则将上述人群推入贫穷境地、将他们边缘化并且压迫他们？这些社会理论家对此的回答是:这些社会群体之所以会作出这样非理性的行为,是由于他们对于自己真正的利益是什么抱有错误的信念。马克思用"意识形态"(第一章中我们已经接触到了)这个术语来表示这样一种错误的信念。他已看出,作为社会哲学家,仅仅让受压迫的人意识到他们错误的信念是不够的,单凭用正确信念来取代错误信念不能带来社会变革。正如柏拉图曾说的,这不是一个把光线注入盲人之眼的问题。社会(对于马克思来说则是经济结构)有一种特质,能够使身在其中的人吸纳并追随这些意识形态,不论社会哲学家付出怎样的努力来为人们打破幻象。更糟的是，这些社会意识形态的长期存在对其母体——压迫性的社会制度——为虎作伥地起到了复制和支撑的作用。马克思主义社会理论家所面临的实践问题,就是要弄清并改变制造意识形态的机制,正是这些机制使人的所作所为损害了自己的真实利益。

这样的解释策略对人不无直觉上的吸引力,但缺陷也是存在的。一方面,马克思主义者在对意识形态进行批判时,必须为自己找到关于什么是意识形态发生机制的可靠信息,必须很好地解释，为什么他人的信息都容易受意识形态的蒙蔽而出错,唯独马克思主义者自己的不会。意识形态的批判者有两个选择。第一个选择,他使自己的理论免于被怀疑为意识形态幻觉。要做到这一点,他必须能够不受欺骗,对骗局的发生有足够的了解,从而能够避免错误观念的形成。(当我们了解纸牌魔术的玩法之后,就不会再认为这是魔法)。第二个选择,他不使自己的理论免受怀疑；在此情形下，就没有更多的理由对意识形态的批判者比对意识形态本身持有更多的信任。面对两难的困境，霍克海默选择了前者。根据其独创的批判理论观念，批判理论的跨学科性、反应性和辨证性应该可以使其免受意识形态的影响，从而使理论家对社会现实产生独有的洞察。类似地，阿多诺曾经宣称，由于成长过程中的一次意外，他幸运地对意识形态产生了免疫力。然而，批判理论家依旧身处尴尬境地：制造幻觉的社会机制越是深入，越是凶险，他们的主张就越不可能不受这种机制的影响。

另一方面，现在人们已普遍同意，意义的阐释必须建立在一个假设之上，即人总体上是理性的，且他们的信念大体正确。如果阐释者愿意接受在阐释对象中广为传播的错误和非理性，她实际上也就接受了太多对于阐释对象的行为的可能解释。（也许跑过你身边的那个人认为有一头看不见的熊在追赶自己。）这样一来，阐释者就失去了任何可靠的途径来确认哪种阐释是正确的，因而也没有途径去理解相关行为的意义。意识形态幻觉的观念如果不进行自我消解，就无法延伸至广泛的层面。假如过于随意地将许多东西归因于非理性，社会就将变得无法理解。正如我们在第四章中将看到的，哈贝马斯的社会理论回应了这个问题，他的做法是通过对交往行为和工具行为的区分来重铸意识形态观念以及与之相关的意识形态批判。对哈贝马斯而言，问题的答案并不在于很多人在自己没有意识到的状态下采取了非理性的做法，而在于他们由于受到经济、行政体制的塑造，表现出某些工具理性的行为特征。

3. 社会秩序的问题

与很多理论前辈一样，哈贝马斯对于社会秩序如何可能的问题颇感兴趣。这个问题常以托马斯·霍布斯（1588—1679）曾用的发问形式出现。霍布斯探究的是，具有可预测性的稳定社会秩序是如何从众多单个分散的个人的行为中产生的，这些个人当中只有极少数互相熟识，只有很少一部分人偶尔能通过明确的协定来协调各自之间的行为。霍布斯给出的答案是，社会秩序产生于法律和全能统治者的权威，并由武力和凛凛刑威作后盾。

对社会秩序难题的霍布斯式解决所带来的问题已为人熟知。从个人的角度来看，违法、不服从社会规范的预期成本——惩罚——有时会远远小于这样做所带来的利益，在此情形下违法而非遵从法律才是合理的选择。工具性社会理论，即声称服从已有法律总能给每个人带来好处的理论，不能解释"搭便车"问题，无法说明为什么人们在违反法律似乎是合理选择、自己能从他人对法律的服从中获益的时候，还会去或者还应该去遵守法律。因此，社会秩序的难题并没有得到完全的解决。

面临这样的诘难，哲学家于是转向社会契约理论寻求社会秩序问题的答案。社会契约理论主张，社会秩序取决于明晰或默认的契约关系网络。然而，契约理论同样难以解释那些应该遵守契约条款的人们是何时并如何达成这一契约的，虽然这种解释并非完全不可能。此外，正如涂尔干所指出的，并非所有契约性的社会内容都已写入了契约。契约的观点并没有解释社会规则和规范为何存在，而是预设了一整套的社会规范，尤其是那些把尊重契约列为条件的规范早已存在。

涂尔干自己解释社会秩序的方式，是假设行为人遵从组成社会集体道德意识的规范。涂尔干认为他们这么做是出于积极和消极的两方面原因。通过社会化过程，他们逐渐将特定的制裁同违反规范联系了起来，并学会通过自觉行动避免受到这样的制裁。同时，他们逐渐习惯认同于或准备认同于他们所生活的社会的集体道德意识。美国社会学家塔尔科特·帕森斯发展了这样的观点，并形成了更为深奥的理论，认为成体系的规范和价值观念促成了社会合作与稳定。他声称，行为人获得了两种倾向，一是将道德的（非工具性的、他人导向的）考虑置于非道德的（工具性的、自我导向的）考虑之上，二是惩治不这么做的人。只要多数人形成了这两种倾向，社会秩序就得以维持，哪怕有人不时背离社会规范。即便确保服从的规范性机制有时不能正常运作，一种工具性的安全网络依然就位于其后，因为人们总是害怕不按道德要求去做就会受到惩罚。

哈贝马斯对于社会秩序问题的解答，是用创新的方式重组了这些理论的不同部分。我将在这里扼述其要。哈贝马斯说，人类行为总是主要通过说话或语言运用来调节的；每当行为人通过语言来协调其行为时，他们就承诺要通过充分的理由来证明他们行为（或言论）的正当性。哈贝马斯把这些承诺称为"有效性主张"。在后面几章里，我们将探究他所说的"有效性主张"和"有效性"所表达的意思。现在我们只需留意到，这些承诺有一种**道德**性质，因为它们对于行为人具有普遍适用性，是无法回避的，对于其他语言的运用者也能形成约束。有效性主张还具有**合理性**的性质，因为它们与充分的理由联系在一起。一个有效性主张就是一个承诺，证明某人向他人发出的行为和言论的正当性。这不仅仅是语言学和语义学的现象。有效性主张有一种实际的功能，它引导着社会行为人的行动。在现代社会，身处任何状态的任何行为人都会被要求证明自己行为的正当性，他们也预先承诺了这么做。这样，理由就为一系列互动提供了可见的边界，这些边界能引导行为人远离冲突。当社会行为人习惯于以语言和对充分理由的相互承认来引导他们的行为时，相对稳定的社会秩序的模式就开始成形，这样的模式并不直接依赖于刑罚的有力威慑，也不依赖于共同的宗教传统或先前的道德观念。

以上是对哈贝马斯成熟理论之观念基础的简要概述。这并不只是他的意义和合理性理论的基础，也是他的社会、道德、政治、法律理论的基础。这也意味着，我们要到第九章才能完整把握哈贝马斯对社会秩序问题的回答。但这并不是说，哈贝马斯的道德、政治理论只是他的社会理论的一部分，也不是说他的著述只是特别冗长和详细地解答了社会秩序这唯一的问题。哈贝马斯对于社会哲学、道德哲学、政治哲学的研究都具有独立的引人之处，但是正如你可以从之前的图表（表5）中发现的，它们之间又是互相支持的关系。哈贝马斯的道德和政治理论渗透于其社会理论，这折射了一个事实，即现代社会高度复杂，道德规范、国家法律、经济体制、行政体制和政治体制都是社会结构的基本部分。

第三章

语用意义专题

语言学转向和意识哲学的终结

哈贝马斯声称自己已经开创了社会哲学研究的新方法，这种方法始于对语言运用的分析，并能确定在言语中协调行为的理性基础。他把这种新方法同哲学中一个更大的转变，即“语言学转向”联系了起来。20世纪的许多哲学家试图通过对言语运用中固有的概念性事实的分析，来解决表面上看来很棘手的认识论和形而上学的争端，语言学转向这个短语最初就是指这些哲学家所作的不同努力。基本的理论方法就是，把关于何物存在、何物可知以及如何认知的问题视做语义、指代或意义如何产生的问题。哈贝马斯把类似的方法用于对社会的本质和社会秩序可能性的探究。

哈贝马斯的语言学转向不仅是朝向语言的一次转变，还是从他所称的“意识哲学范式”的一次转身。这两个转向是相辅相成的。意识哲学指的是一种极为广泛的哲学范式，可被总结为几个典型观点：

1. **笛卡尔的主体观**：这是一个为人熟知的观念，认为存在着某种被称为主体(或自我)的东西,它是心智的中心,被想象成由观念和感知构成的内在精神领域。

2. 另一个常一起出现的观点是**形而上学二元论**,认为存在两种不同的本质:思维和思维的派生物。这有时也被称为**笛卡尔的二元论**或**心物二元论**,因为笛卡尔认为心灵和肉体是两种根本不同的存在。

3. **主体-客体形而上学**:这是一种更一般性的观点,认为世界由作为整体的客体和众多的思维并行动着的主体组成,客体居于主体之上并与之相对。不把主体视为对象世界的一部分,这是该观点的显著特征。(并非所有的具有此特征的理论都是形而上学二元论。例如,黑格尔从内部改造了主体-客体范式,把世界看做具有自我意识的单一主体性精神的产物。所以黑格尔是一元论的主体-客体形而上学。)

4. **基础主义**:从狭义来说,基础主义指的是维也纳学派或"逻辑"实证主义的认识论教条,即知识的基础是感觉材料,或是一组原始的观测性句子。从广义来看,基础主义指自笛卡尔肇始的以寻求确定性为认识论目标的大部分现代哲学。

5. **第一哲学**:这种观点认为哲学要先悬置自然科学所确认的真理,而去为自然科学研究模式的有效性提供证明。在广义的基础主义哲学家那里,这种观点是很常见的,比如笛卡尔和康德两人都认为哲学的主要任务就是为正确的知识确立标准。

除此以外还有哈贝马斯认为与意识哲学有关的两个观点,这两个观点更直接地对社会理论产生了影响。

6. **社会原子主义**:社会哲学、政治哲学中的常见观念,认为单个主体在逻辑上、本体论上、解释方面要优先于社会的、政治的或伦理的现实。根据这种观点，共同体是离散的、纯建构的、前社会的、前理论的主体之间关系的总和。社会原子主义的中心论点是，单个的主体不是由单个主体之间的联系或者单个主体与整个社会之间的联系建构而成的，但是，社会或共同体是由单个主体间的联系建构而成的。这产生了一个结果：共同体不再被视为具有任何内在的价值，共同体的成员资格不再被认为本质上是有价值的。相反，共同体的存在是为了服务于单个主体先于共同体而存在的利益和愿望，共同体的成员资格只具有工具性价值。

7. **作为宏观主体的社会**：这种观点认为社会是一个宏观主体，在柏拉图、卢梭、席勒、黑格尔、马克思和涂尔干的作品中都有关于宏观主体的论述。该观点认为社会是一个统一的有机整体，不是单个人的集合或聚合，而是一种集体人格。

哈贝马斯并没有说，处于这种范式的所有哲学家都会接受意识哲学的全部代表性理念。实际上他们不能，因为这些理念之间并不一致。比如，第6和第7个理念之间明显不一致。历史证明，这些观点都发挥了重要的影响力，都深植于现代哲学，而哈贝马斯全部抛弃了它们——认识到这一点就可以了。

从语言学转向的分析开始，我们可以勾勒出哈贝马斯哲学的粗线条。首先，哈贝马斯的社会理论并没有把社会视做与众多主体相对立、偶尔发生互动的客体（或客体的集合）。社会世界不是一个对象，或者对象的集合，也不是严格意义上独立于我们的事物。相反，社会是我们栖息于其中的一种介质。我们“在社会中”，社会也“在我们中”，在我们思考、感觉、行动时。

哈贝马斯从青年时期对海德格尔的研究中学到了这样的观点。第二个重要方面是，哈贝马斯并不将哲学视做学科中的学科，优先于自然科学的学科。哲学的任务是要从自然科学和社会科学中汲取素材，在学科间展开合作性研究。必要时，哲学要充当哈贝马斯所谓的“有坚决的普遍主义主张的经验理论”的替身，也就是说，哲学通过为经验性证明提供假说来填补自然科学中的空白(《道德意识与交往行为》，第15页)。最后一点是，哈贝马斯的社会理论把社会现实的主体间性这一维度放在了首位。社会不再是离散的单个主体的聚合，也不再是一个有机整体，每个部分都要服从于整体的目的。社会不是一个“宏观客体”，甚至也不是统一的。在第五章我们会看到，社会是一个复杂而成分多样的主体间的结构，有明显重叠的领域，身处其中的个别行为人之间存在着互动。

哈贝马斯的语用学意义理论

正面看来，哈贝马斯的**语言学**转向还是一个**语用学**转向。哈贝马斯试图通过一种特殊的意义理论——语用意义理论的帮助来改造社会理论。20世纪90年代，哈贝马斯在他法兰克福大学的同事卡尔-奥托·阿佩尔的影响下，认为语言的意义并没有被命题意义所穷尽，意义具有“施事-命题的双重结构”，或者说命题意义和语用学意义是不可分割的。为了理解这个观点及它对哈贝马斯理论的影响，让我们对其展开独立的考察。

命题意义

根据当前标准的意义理论，句子的意义取决于它的真值条件。要理解句子的意义，只要弄清楚是什么决定了这个句子的真伪。意义的真值条件理论已被证明是持久和有用的。一方面，它可以解释一个关于语言的不寻常事实，即为什么从有限的有意义的词汇和用于组合的语法规则中可以生成无限的、复杂的有意义的句子。接着，这又解释了为什么我们可以理解从未听过的句子的意思。

但是，意义理论的真值条件模型也遇到了一个难题，即看起来它只对语言的一小部分——命题和描述具有合理性。它能很好地分析"雪是白的"这样的断言，但是，对于"你好吗"这句话就不大奏效了。要理解"你好吗"这个表达，必须知道这句话为真(或伪)的条件——这看来是一个荒谬的主张。有时语言本身的意义毫无问题，但是要说句子的意思或句子的部分意思依赖于它们的真值条件，听起来却很怪异，很多例子可以表明这一点。所以哈贝马斯认为真值条件语义学犯有"描述性谬误"。真值语义学把只适用于语言的某些方面的意义理论，即事实上的确具有描述或代表功能的命题，进行扩大而适用于语言的全部，这就犯了错误。这是哈贝马斯倾向于语用意义理论的原因之一。

语用意义

因为着眼于语言能**做**什么，而非语言**说**了什么，哈贝马斯的意义理论是语用学的意义理论，是关于语言**使用**的理论。他是从德国语言学理论家卡尔·比勒(1879—1963)对语言的定义入手的，这位理论家把语言定义为"人们交流关于这个世界的知识的工具"。比勒赋予语言三种功能，这三种功能分别对应着第一、第二、第三人称视角。这三种功能是：代表事态的"认知"功能；向听话人提出要求的"诉求"功能；描述说话人经历的"表达”功能。比勒用一张表格把语言的三种功能表示得清清楚楚。

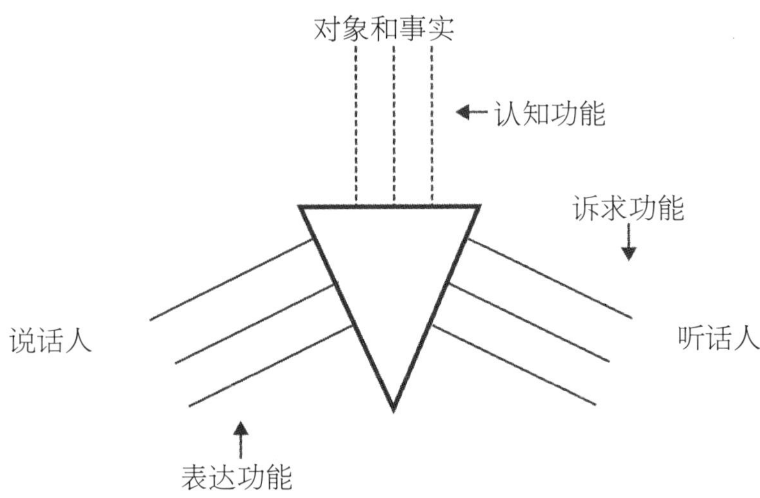

图9 卡尔·比勒的语言功能模型

比勒主张语言应用的任何例子都要涉及说话人、听话人和世界这样一个三角关系，语言理论必须顾及任何一方。哈贝马斯同意他的说法，认为真值条件意义理论错误地只重视语言的认知功能，忽略了其他两个功能，没有考虑到说话人和听话人的关系。所以，真值条件意义理论无法充分解释为什么我们使用语言时，会用如此之多的不同方式来相互交流、协调行为。

哈贝马斯的观点是这样提出的：他认为言语的语用功能使对话者走向共同的理解并达成主体间的共识；相对于语言的认识世界的功能，语用功能具有优先性。真值条件意义理论把命题作为语言中基本的意义单位，而语用学意义理论则把说话当做语言中基本的意义单位。一句话由单词构成，在特定的情况下出于某个特定的目的，说话人对听话人说了一些单词，比如“窗户开着”。命题是单词所代表的内容或思想，在这句话里，命题就是**窗户是开着的**。在实际生活中，命题总是嵌在话中。不能说是哈贝马斯抛弃了真值条件意义理论，首先他只是否认它是意义的一种全面描述，其次他否认真值条件意义是基本的意义。相反，他认为通过分析言语的语用功能能更好地揭示意义和理解。

> 如果不弄明白如何利用说话就某事达成理解，人们就不知道理解说话为何物。
>
> （《论交往的语用学》，第228页）

共识与协定

哈贝马斯认为言语的基本功能就是协调众多独立的行为人的行为，并为交往互动有秩序、不起冲突地展开提供可遵循的看不见的途径。语言之所以能够实现这样的功能，是因为语言的内在目标（或终极目的）就是要达成理解并产生共识。哈贝马斯认为这是一个事实，即"达成理解作为人类言语的终极目的内在于人类的言语中"（《交往行为理论》上册，第287页）。他用德语单词Verständigung来表示达成理解和协定的过程，又用德语短语rationales Einverständnis来表示这个过程的结果，即所达成的合理的理解或共识。上述两词都源自动词sich verständigen，意指使自己被别人理解，但也指与别人达成协定。这是一种重要的模糊性，对解释社会秩序起到了关键作用。接下来，出于方便的考虑我将使用"共识"这个不甚准确的词，但请不要忽略上述模糊性。

哈贝马斯的理论声称，言语的语用意义表现在，言语具有建立说话人主体间共识的功能，共识又形成了他们接下来的行为的基础。哈贝马斯认为，言语能够完成这个功能，是因为说出的话的意义取决于说话背后的理由。我称此为理性主义观点，因为认为意义取决于动机是理性主义的一种表现。哈贝马斯称这个观点为“意义的有效性基础”，这样说也许更准确，但是也会造成误导，因为哈贝马斯是在特殊的意义层次上使用“有效性”这个术语。他是在语用学而非形式逻辑的意义上使用这个词。在命题逻辑中，“有效性”这个词指形式完整的句子之间的保真推论关系；而哈贝马斯用有效性（Geltung 和Gültigkeit）这个词来指代的却与之大相径庭，在他那里，有效性指动机和共识之间的密切关系，用他的话来说，就是“与理由之间的内在联系”（《交往行为理论》上册，第9、301页）。

我所称的哈贝马斯的理性主义观点，其关键之处在于：言语的语用意义取决于其有效性，而说话人为达成共识而提出的理由则是有效性的基础。哈贝马斯还坚持认为，行为、言语、命题本质上是公共的、共享的；这是因为意义取决于理由，而理由本质上是公共的、共享的。共享的意义取决于共享的理由。（就此我们可以看出，哈贝马斯的语用学意义理论如何以截然不同的术语重构了公共领域主题，并且比起他的早期著作，更具有理论抽象性。）

现在，让我们来细察一下这个理论的具体内容。哈贝马斯认为，任何真诚的言语行为都提出了三个不同的有效性声称：真实性的有效性声称、正当性的有效性声称、真诚性的有效性声称。这些都是我们在前面一章结尾时接触到的承诺概念。有效性声称是**必要的**，因为它们总是可以理解成在言语行为中已经被提出来了：如果不预设我们说的话是出于真诚，是真实的、正当的，并且把这个信息传递给别人，我们就无法让别人理解我们，也无法说出任何有意义的话来。作为一个正当性有待证明的承诺，有效性声称承诺了提供合适理由。哈贝马斯称，在所有交往行为中，说话人必须提出全部三个有效性声称。根据言语行为的不同，比如是断言、是请求、还是声明，只有一种有效性声称能被听话人当做主题并接受。

当说话人提出一个关于真实性的有效性声称时，比如"雪是白的"，她其实暗示着有充分的理由使人相信这一点；如果有必要，她可以用这些理由来使听话人相信这句话的真实性。听话人在这些理由的基础上将会理解这个断言。情况实际上没有看起来那么简洁明了。问题是，当我对"雪是白的"这句话提出真实性的有效性声称时，我是在声称这句断言的内容，即"雪是白的"这一点是真实的呢，还是在说"雪是白的"这句话本身是真实的？一开始，哈贝马斯没有就这一点作详细说明：他声称说话人"可以理性地促使听话人接受他言语行为表达的意图，因为……他可以**担保**提供……具有说服力的理由，这理由能够经得起听话人对言语有效性声称的质疑(《交往行为理论》上册，第302页)。现在，他主张真实性是同时针对言语的内容和言语本身提出来的。

对正当性的有效性声称，如果有什么区别的话，那就是更复杂些。哈贝马斯称，当我对言语的正当性提出有效性声称时，我同时对潜在的社会规范提出了正当性声称。例如，当我说"偷窃是错误的"，我就含蓄地表明了我能够给出理由，让听我说话的人相信偷窃是错误的。这里有两重复杂性。首先，哈贝马斯认为道德陈述，如"偷窃是错误的"并非真正的命题，并不具有真值。"偷窃是错误的"是"不要偷窃"的晦涩表达，说"不要偷窃"是真的或假的，没有任何意义，因为我们不会断言祈使句的真伪性。所以,尽管"谋杀是错误的"这一道德言论的内容看起来类似命题"**谋杀是错误的**",实际上只是拐弯抹角地想说,"不要杀人" 这个祈使句所传达的潜在规范的正当性已经得到了证明。由此可以得出结论,关于正当性的有效性声称必须是对潜在道德规范的有效性的声称,是提供理由来证明规范之正当性的承诺。

"正当性"是一个含混的概念,这是第二重复杂之处;它可以表示合适的、合理的、道德上允许的或者道德上必须的。提出一个正当性的有效性声称,可能就等同于声称在现有情况下这个规范是合适的,或者是合理的;这个规范规定的行为是允许的,或者是必须的。哈贝马斯的观点似乎是:对正当性提出一个有效性声称,就是声称这个重要的潜在规范是合理的,是建立在同道德领域有密切关系的特殊理由之上的。当规范被正确运用于特定场合时,对于所有相关人来讲,行为是允许的、被禁止的还是被要求的,就一目了然了。

关于正当性的有效性声称,这里谈的已经够多了。在第七章我还会再回到这个话题上来。哈贝马斯的理性主义观点认为意义取决于有效性,因为要理解言语的意义,听话人必须能够思考(并且决定是接受还是否决)与有效性的证明有关的理由。这里起到实际作用的是理由和有效性,而非真实性,这是关键的地方。哈贝马斯并没有说要理解一个命题的意义,我们必须知道使这个命题或真或伪的条件;他宣称的是,要理解言语(也包括行为)的意义,人们必须能思考并且接受或否定可被恰当地援引来证明其正当性的理由。用他自己的话来说,"当我们知道什么使言语行为可接受时, 我们就理解了言语行为的意义"(《交往行为理论》上册,第297页)。

理解与意义

到目前为止，我一直都把哈贝马斯自称为形式语用学的理论描述为意义理论。读者也可能注意到了，我们一直都把意义的问题同理解的问题放在一起讨论。这并不奇怪，因为哈贝马斯社会理论新方法的提出，有部分原因就是为了解决意义的理解问题。哈贝马斯认为意义理论应该也是理解的理论，否则就把意义问题从说话人给予听话人素材、供其理解的背景中抽象出来了。换言之，他认为意义是关乎主体间的，而非一种客观事物。（请注意他的意义理论如何表明了他对意识哲学的舍弃。在哈贝马斯看来，意义不是由说话人同外部世界的联系决定的，而取决于说话人同对话者的关系；意义本质上是主体间的，不是客观的，不是词语与事物之间的两极关系。）

在哈贝马斯看来，言语意义的理解有四个不同的层面：

1. 辨明言语的字面意义；
2. 听话人对说话人意图的揣测；
3. 对用以证明言语及其内容正当性的理由的了解；
4. 对这些理由以及言语的恰当性的接受。

假设，阳光明媚的冬天，某一日在约克，我和我的邻居说"悉尼正在下雨"。尽管邻居知道这句话的字面意思，即真值条件，他还是不能算听懂了，因为仅仅根据这句话的字面意思，他仍然无法明白我说这句话有什么用意。假设这位邻居曾经告诉过我他准备移民澳大利亚，那么现在他对我的意图就会有所领悟了。也许我正在给他一个友好的提醒：地球另外一边的草并不总是更绿一些。但是,如果他认为我的天气预报没有什么依据,他也许会怀疑,也许会不相信我说的话。再假设,现在他知道我刚刚同在澳大利亚的兄弟打过电话,那么他就会考虑我的话的理由,从而对我的话达到完全的理解。为了理解,他必须考虑、接受我的话背后的理由,或者说认识到我的话关于真实性的有效性声称。

异议

比起其他的理论研究,哈贝马斯的意义理论招致了更多的批评。我们已经提出过一些棘手的问题:真实性的有效性声称是针对断言本身,还是针对断言的内容?抑或针对两者?正当性的有效性声称是针对言语、行动,还是针对潜在的规范?这里的正当性概念取的是哪一层意思?在此我无法详尽讨论所有对这些批评的迂回回应,然而,如果不对两种主要的反对意见加以说明,直接从语用学意义理论过渡到哈贝马斯理论的其他方面是不妥的。

第一种反对意见集中于哈贝马斯的两个术语,即Verständigung 和Einverständnis的歧义性上。主张社会秩序由共享的理解和意义决定,这与声称社会秩序取决于主体间的协定有明显相异之处。共享的理解和意义可能还远远不能促成协定的达成。很多社会理论家,比如契约论者,声称社会秩序取决于协定,并且遵守这些协定是有理由的。但是声称社会秩序只取决于共享的意义和理解又完全是另一码事了,如果这一主张成立,就更让人意外了。哈贝马斯的一个观点,即社会成员仅仅由于互相之间的理解就会遵守同样的社会规则和道德约束,常被指责为不合逻辑。

第二种反对意见针对的是那个有争议的观点,即存在着面对真实性、正当性和真诚性的三种不同的有效性声称。哈贝马斯否认只存在一种意义,即真值条件意义,也否定了不具有真值条件的句子,如“你好吗? ”或“不要偷窃! ”从技术上讲是无意义的。但是他提出的替代性主张,即存在着由三种类型的有效性声称所代表的三种意义,看起来甚至更无法说服人。以一个复合句为例:“她打了我一记耳光,这违反了会议规则。”这句话的前半句似乎作了一个真实性的有效性声称,而后半句似乎作了一个正当性的有效性声称。我们如何理解这整句话的意思呢?自然语言天衣无缝地把规范、认知、表述糅为一体,比如“这个学生剽窃了我的书!”这句话可以同时陈述一个事实、表达对践踏规范的行为的反对并且表露主观情感。哈贝马斯关于理解的理论似乎只是把这些不同方面拆散,再归入不同的有效性层面。

这些批评都可谓有的放矢,但是不要忘了,哈贝马斯对于语言、意义、真实的探究都被看做他的社会理论的前奏。比起社会理论对于意义和理解的理论的作用,他对意义和理解的理论对于社会理论的作用抱有更浓厚的兴趣,所以,他倾向于在语言哲学中选择有利的论据为己所用。我们不该因为哈贝马斯的意义理论中存在错误或误解,就抑制不住冲动去否定他的全部哲学。相反,我们应该重视哈贝马斯通过语用学意义理论为社会、道德、政治理论提供的洞见。

交往和商谈

交往行为和商谈的概念为哈贝马斯的语用学意义理论和社会、道德理论提供了链接的主要一环。目前的一般看法仍是,言语行为的意义取决于其有效性声称。有效性声称起到了一种保证或担保的作用,担保说话人可以举出支持性理由来说服听话人接受所说的话。很多时候,听话人默认这样的担保,这样的担保足以协调交流双方的互动。当某人理解了一个简单的口头请求并愿意答应时,说话人和听话人之间就通过达成共识,从交流直接过渡到行为,而这行为又是由有效性声称在暗中调节的。

那么,当交流失败、听话人拒绝了有效性声称时又是什么样的情形呢?当听话人要求说话人列出理由来支持其有效性声称时,行为人就在分歧的驱动下从行为进入了商谈。商谈是关于交流的交流,是在行为的情境下对未达成的共识的一种反思性交流。假设你要求我,当你在场的时候,不要在我自己的办公室里抽烟,我对你的请求表示抗议,因为我知道你也是个烟枪。我问你有什么理由这么要求我,你也许会回答说你最近戒烟了,不希望再受到诱惑回到老路上。听到这番话,我也许会接受你的理由,把香烟收起来。这样,按照哈贝马斯的观点,我们就进入了商谈(虽然持续时间很短),达成了理性推动的共识(rationally motivated consensus)(这个短语是对rationales Einverständnis公认的对等英语翻译),并自然地回到了行为的背景下。

关于商谈,必须指出四个重要方面。首先,商谈不是语言或言语的同义词,而是用来表示以理性共识为目的的反思性言语的一个术语(《交往行为理论》上册,第42页)。商谈原则上总是以理性共识为目标,即使在实际上无法达成共识的情况下也是如此。其次,"商谈"这个词并非特指哲学家和学究们所进行的罕见而特殊的语言活动,它指的是融入日常生活的普通推理和论证。然而,商谈并非只是语言游戏中的普通一种;根据哈贝马斯的观点，商谈在社会世界中占有一个特别重要的地位。他认为，商谈是调节现代社会日常冲突的缺省机制。这个假设是根据观察得来的经验。商谈的功能就在于更新或修复未达成的共识，并重新建立社会秩序的理性基础。这是基于商谈实践分析所提出的重构性主张。

第三，商谈概念和有效性声称概念密切相关。商谈始自听话人要求说话人支持其有效性声称的挑战。三种有效性声称（关于真实性、正当性和真诚性）分别对应三种商谈：理论的商谈、道德的商谈以及审美的商谈。

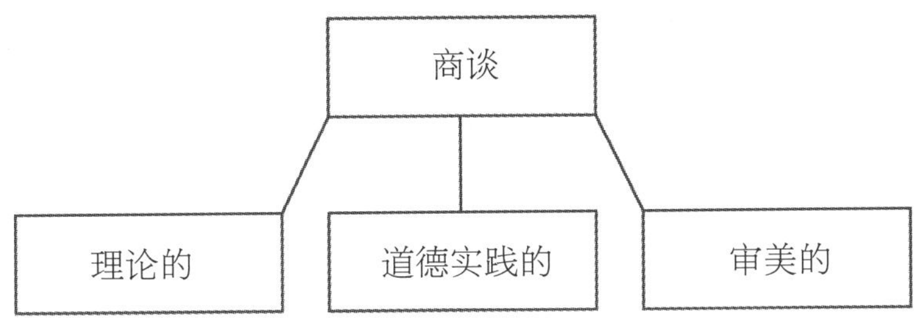

图10 三种商谈

例如，你要求我戒烟的请求引发了旨在支持关于正当性的有效性声称的商谈，这种商谈，根据哈贝马斯的理论，就是一种道德实践的商谈。任何由要求支持关于真实性的有效性声称引发的商谈就是理论的商谈。（此处必须注意，"理论的"这个术语在此适用的语境要比"规范的"更广。）

最后一点，商谈是高度复杂、具有严格约束条件的实践，不存在想说就说的自由。这是因为，论证包括了某些明确的、定形的规则。哈贝马斯把这些规则称做商谈的"理想化语用学预设"，或简称为"商谈规则"。

商谈的规则

哈贝马斯提出了三个层次的规则。第一层是基本的逻辑和语义规则，比如无矛盾原则和连贯性要求(《道德意识与交往行为》，第86页)。第二层是主宰过程的规范，比如真诚性原则，即每一个参与者必须心口如一；以及责任原则，即参与者同意应要求证明其断言，或不作论证但陈述理由。第三层是使商谈过程免于胁迫、阻挠和不公正的规范，这些规范能确保唯有"更优论证在无施压的情况下"能够胜出。这些规范包括以下规则：

> 1. 凡具有言语和行动能力的人都能参与商谈。
> 2. a) 每个人都有权质疑任何断言。
>   b) 每个人都有权在商谈中提出任何断言。
>   c) 每个人都有权表达自己的态度、愿望、要求。
> 3. 没有人会因为来自商谈内外的胁迫而无法行使上述1、2两条规则所赋予的权利。
>
> (《道德意识与交往行为》，第89页)

哈贝马斯称商谈的规则为"语用学预设"，因为这些规则是商谈**实践**中潜在的预设。商谈的规则不怎么像拼字游戏或象棋的规则，后者有文字的表述；它更类似于语言的句法规则。我们可以顺利地遵循商谈规则而无须知道这些规则的内容或意识到自己在遵守这些规则。哈贝马斯坚持认为这些商谈的语用学预设是**必要的**，因为商谈的参与者没有人能够在陈述理由或者接受理由的时候不作这样的预设。要进入商谈就必须允诺真诚、论证自己说的话，就不能自相矛盾、排斥其他参与者，等等。

反过来说，这些规则也是必要的。对于现代社会的行为人来说，交往和商谈是解决冲突的必然路径，这些规则已经深植于社会和每个人的品质中了。

最后，商谈的规则具有**理想化**的特征，因为这些规则引导商谈参与者以理性共识的理想为目标。有一种商谈，在其中所有意见都得到倾听，没有论证被武断排除在考虑之外，只有更优论证的力量能获胜，这样的商谈假如成功的话，就能基于所有人都接受的理由而产生共识。在现实生活中，由于时间有限并且参与者易于犯错，商谈只能是或多或少地接近理想。但是，这样的商谈仍然能够具有调节的作用，能够确保包容性、广泛性，防止欺骗和胁迫行为。这些理想是调节性的，但同时又是真实的，只要包含这些理想的论证实践是真实的。

如何识别商谈的规则，这是一个难以回答的问题。哈贝马斯认为，可以通过言语表述是否自相矛盾的判断方法，来表明商谈的所有规则都是真正必须的预设。“天要下雨了，但是我不相信”和“雪是白的，但雪并不真是白的”这样的句子都是自相矛盾的，因为说话人含蓄表达的真实性声称同句子的内容明显抵触。哈贝马斯声称，这是由于此类句子的语用意义同命题意义相矛盾。类似地，他认为，像“通过将一些人排除在商谈之外，我们取得了理性共识”这样的句子也包含了表述与行为的自相矛盾。这样，判断表述与行为是否存在自相矛盾的方法可以用来证明第一条商谈的规则；以此类推，全部的商谈规则都可以用这一机制来证明。判断一条规则是否是真正的商谈规则，只要看明显地违反这条规则是否会导致表述与行为的自相矛盾。

有效性、真实性、正当性概览

对共识、理性主义、商谈等命题加以综合观照，哈贝马斯的语用学有效性概念就有了明晰的重点。可以用有效性-共识的条件句来最简洁地阐明这一点：

有效性→共识：对于任何言语p：假如p是有效的，那么p便会服从理性共识的要求。

我试图用这个公式以更为形式化的方式，来表示有效性这个哈贝马斯哲学中的基本概念的结构。必须提醒的是，在哈贝马斯的作品中我们无法找到这个或者接下来的两个公式。它们只是非常简明的抽象，我希望它们能有助于把握哈贝马斯对有效性、真实性、正当性相当冗长、散漫的表述，并使三个概念之间的关系澄明起来。

说一句有意义的话或者同他人进行交流本质上就是提出有效性声称，提出理由来说服根据上述规则参与商谈的人。与其说是真实性，毋宁说是有效性构成了意义理论的基本概念——这只是哈贝马斯的一个观点；他还强调，真实性本身就可以被理解成有效性这个基本类属概念下的一个实例。他这么说是想表明，真实性概念同理由有同样的关系，具有同样的引出共识的语用功能。

真实性→共识：对于任何言语p：假如p是真实的，那么p便会服从理性共识的要求。

进而，哈贝马斯认为正当性也可以被理解为这个基本概念的一个实例。正当性概念因此可以用下面这个略有变动的公式来表示：

正当性→共识：对于任何规范n：假如n是正当的，那么n便会服从理性共识的要求。

当我发表道德意见时，我默认了行为背后的规范。正如我在断言p这一行为中承诺了p的真实性，所以当我说“偷窃是错误的”时，就承认了这句话背后的规范：**不要偷窃**。基本的一点就是有效性的不同方面：一面是断言，另一面是道德行为和言语行为，与命题和言语表现有同样的结构和语用功能。

哈贝马斯的结论是，真实性和正当性这两个概念具有类似的结构功能，上面的几个公式表明了它们之间的相似之处：都是条件命题，左边是有效性、真实性、正当性，右边是理性共识。所有被称为有效、正当或真实的，都必然会在符合规则的商谈中从参与者那里获得认同。这里“必然”两字只适用于特定的语用意义，即说话人、听话人和通常意义上的行为人都不可避免地要在有效性声称和共识之间寻找联系。“假如……那么”句式中的关联词表示的是语用学的意义，而非逻辑联系。

最后，哈贝马斯为我们提供了针对这种类似关系的解释。真实性和正当性之所以具有类似的结构与功能，是因为两者都是正确性这唯一的基本范式的具体表述：真实性和正当性是有效性这个属下面的类。

在后面的章节里，我将对正当性以及正当性与真实性的关系作更多的探讨，对商谈的概念的论述还要更多。现在我们必须适时转而讨论哈贝马斯的社会理论专题了。

第四章
社会理论专题

哈贝马斯的社会理论提出的基本问题是：社会秩序是如何可能的？哈贝马斯的回答是，在现代世俗社会中，社会秩序主要取决于交往行为（通过有效性声称协调的行为）和商谈，这两者是建立、维持社会的完整性的基础——它们为社会的一体性提供了黏合剂。哈贝马斯对该问题的回答借助了一个理论，该理论由两个互相支持的部分组成，两个部分大致对应于《交往行为理论》的上册和下册。第一部分主要是概念性的。哈贝马斯区分了交往行为和工具行为（或策略行为）两个范畴，他还试图表明后者寄生于前者之上。第二部分是社会本体论，一种关于社会形态和社会构成的理论。哈贝马斯主张现代社会由社会性的两个基本领域，即生活世界和系统组成，它们分别对应于交往行为和工具行为，并且是这两种行为的发生场所。

概念之争

哈贝马斯区分了两种行为，一种是交往行为，另一种是工具性、策略性行为。（我把工具行为和策略行为归入了一类，但是，实际上这两种行为之间也有重要区别：根据哈贝马斯的看法，工具行为是指行为人将行事当做达到某个目的的手段；策略行为也是一种工具行为，但它指行为人支配其他人行事来达到自己的目的。对我来说关键的是，这两种行为都不同于交往行为。）

工具行为是工具理性的实践结果，是为了达到既定目标而对最佳途径的谋划。哈贝马斯认为工具行为有两个判断标准：首先，行为的目的是先于、独立于手段而设定的；其次，行为目的得到实现和对客观世界进行干预之间有因果关系。交往行为不符合这两个标准，因为交往行为的内在目标，即承认和接受有效性声称，不能独立于其实现的载体——言语——而被设定；这个目标也不能通过因果链实现。

为弄清其中原因，我们先回到之前举过的例子。为了不让我抽烟，你可以直接用灭火器指着我，说“如果你点燃香烟，我就用这个把它扑灭”。假定我完全有理由相信你会说到做到，也不想浑身湿透，那么你就成功地使我顺从了你的意愿。但是，我的服从不是心甘情愿的，因为认真考虑之下我无法选择拒绝。所以，你是强迫、胁迫我答应了你的要求。上一章描述的则是另外一种情况，你在我接受你所提出的理由的基础上取得了成功（我答应了你的要求）。这样的接受或者说共识的达成不是你强迫的结果，而是双向交流的结果，好似你邀请我参与到这个交流过程中来。

哈贝马斯认为交往行为和工具行为是完全不同的行为类型，但是它们又是基本的行为类型，不能再分解成其他更简单的行为类型。两者之间的区分既是概念性的，又是现实的。理解行为的途径有两种，真实的行为人同社会世界进行互动的途径也有两种。

哈贝马斯论证的第二个环节更难以理解。他想要得出的结论很清楚，但是论证过程却并非如此。他想要表明，首先，要充分解释社会，就必须把交往行为概念放在首位；其次，在现实世界中，所有成功的行为都取决于达成共识的能力。为了说明这个结论，他对言语行为理论展开了分析，尤其是对**以言施事**和**以言取效**两种作用进行了区分。牛津哲学家J.L. 奥斯汀(1911—1960)，普通语言哲学的开创人之一，首先提出了这个区分。一如往常，哈贝马斯改造了奥斯汀的区分来为自己的理论服务。对哈贝马斯来说，言语行为的以言施事作用的目的就是要引出理性共识，或者说通过达成共识来实现一个目的(比如，让我不吸烟)。前面一章的例子已经很好地说明了这一点。你话中的以言施事目标不仅要我放弃吸烟，而且要我接受你的请求，将其视为有效的或是合理的，**并且**要我自觉地顺从你的请求。与此相对，以言取效是言语行为的效果，它与促成理解无关。我的警告对你也许是一个警醒，也许更有可能让你发笑。以言取效的作用须待后观，也许是正面的，也许是负面的，也许两者都不是。

哈贝马斯认为言语行为具有自我阐释的能力。看到有人在我前面沿着道路奔跑时，他也许正在逃跑，也许正在赶往某地，也许正在锻炼。通常，我会根据他的行为或者外表以特定的命题态度看待他，从而解释他的行为。我们在第二章的劈柴人例子里就是采取了这样的做法。但是对于言语行为我没有必要这么做，因为言语行为以言施事的目标是公开的。例如，在一个研讨会上，我要求坐在窗户旁的一个学生打开窗户，她知道我的目的是什么，很可能对于我的动机也很清楚。我的言语行为表明了我的意图和目的。但是，言语也可以策略性地用来达到隐蔽的目的或发挥以言取效的作用。我可以大喊“着火了！”来疏散图书馆里的人，只要我保持适度的惊恐状态。但是只有听见的人认为我真的是在警告他们着火了，我的意图才能成功实现。他们也许能理解我**说**的是什么意思，但是却不知道我说这话实际上在**做**什么，因为我的言语的以言取效目的并不是大家都知道的。要了解我的言语的真正用意，听话人必须多少领悟我潜在的或隐藏的策略性目标。只有通过以言施事的言语行为，这种领悟才有可能实现。哈贝马斯对言语行为的分析想要表明：由于以言施事的目标原则上是公开的，所以从理论和语用学角度来看它要比以言取效的目标更为基本。哈贝马斯把这个观点推而广之到工具行为和策略行为，并推出这两种行为寄生于交往行为之上，而后者是基本的、独立的。在哈贝马斯看来，你用灭火器威胁我的举动也许能产生想要的效果，但是我只有在理解并接受你这么做的理由之后才会完全理解你行为的意义。

哈贝马斯的分析是有争议的，他的推理过程也很难把握，但是我们可以看到他的目标结论：言语行为和一般行为的意义无法从工具的角度加以理解。在哈贝马斯反驳针对社会秩序的个人主义和工具性描述中，这是一个关键之处。原子主义和工具主义对社会的理解不能解释行为人之间的交往现象，因此忽视了交往的社会整合作用。现在我们可以理解为什么哈贝马斯认为，理解行为意义这一问题的标准答案将错误的意义理论与对合理性的错误理解结合了起来。通常的观点认为，行为的意义取决于根据单独个人的外部行为表现而得出的命题态度的真值条件，还取决于这些个人头脑中的逻辑推理。该观点的结果是，会把社会误认为是单个理性的人的集合体，每个个人都在考虑实现个人目标的最佳途径。这样的社会认识与流行的人类学观点相一致，这种从古希腊经过早期现代哲学流传至今的人类学观点认为，人类本质上是自私利己的。在霍布斯或理性选择理论的影响下，当代社会哲学以同样的眼光看待社会。在哈贝马斯的眼里，这样的理论忽略了交往和商谈在促成行为人之间形成社会纽带方面所起的关键性作用，因而对于人与人之间的关联认识不足。

社会本体论

哈贝马斯的社会本体论是关于20世纪晚期社会结构的理论。在他理论的中心是生活世界和系统的区分，生活世界和系统是两种完全不同的社会生活领域，拥有各自独特的规则、机制、行为模式等等。生活世界和系统分别是交往行为和工具行为的母体。在他的理论中，哈贝马斯又一次强调后者，即系统，依赖于前者。在探讨生活世界和系统的关系之前，我们需要仔细分析这两个概念。

生活世界

生活世界指我们与他人共同生活于其中的平凡世界。德国哲学家埃德蒙·胡塞尔（1859—1938），现象学的创立人，马丁·海德格尔的师长，首次使用了这个词来强调普通人的自然的、前理论的世界观同自然科学的理论的、客观化的、数学化的视角之间的对比。哈贝马斯遵循同样的理路。他用生活世界来表示非正式的、未市场化的社会生活领域：家庭和家务、文化、非党派政治生活、大众传媒、志愿者组织等等。

这些未经调节的社会领域提供着共享的意义和理解，并为日常社交提供了社会视野。这个视野是交往行为发生的背景。

对视野进行的现象学比喻是有教益的。视野标示了人类在正常情况下视界的局限性。视界是统一的，但并不完整，因为视界不能一览无遗。我们不能把整个视野尽收眼底，我们只能一次注视一个方向。视野也是被视角所分割的：虽然程度很微小，但当我们移动时界线在变动。相反，几何图形的界线，或者一片土地，都是固定的、可以量度的。

通过类比，关于生活世界的共享的意义和理解形成了一个统一体，但并非整体。这张统一体之网的任何部分都可以主题化或者被纳入视野，但是整个统一体却不能同时主题化。生活世界的内容可以修改或变动，但是在生活世界中，任何变动都必须是极微小和渐进的。要注意的是，这种变化虽然是渐进式的，却可能带来根本和彻底的变革。为什么生活世界的每一个部分最终不应被改变或替换，这一点原则上无法解释，这是生活世界和语言所共有的特征，并且不是出于偶然，因为交往是生活世界的中介。奥图·纽拉特（1882—1945），维也纳学派语言哲学家，用一个生动深刻的意象点破了我们的语言状况。在公海泛舟时，无法把船送进无水的船坞，从外部检查船的状况；但我们可以一次一块地换下腐朽的船板，同时继续漂浮在海面上。生活世界也是如此。在哈贝马斯的理论图景中，交往行为和商谈担负着不断修复生活世界腐朽船板的任务。

生活世界拥有许多功能。它为行动提供了语境，也就是说生活世界由共享预设和背景知识以及作为共识基础的共享理由组成。只要这个共享的语境存在于背景中，或者用哈贝马斯的话来说，未被主题化，它的作用就将是隐藏的，但它依然能发挥促成共识的功能。因而，一方面生活世界是社会整合的力量，同时，社会世界提供的协议平台也是产生批判性反思和分歧的可能性条件。

总而言之,生活世界起到了保存社会意义的作用,它使异议、分歧、误解发生的可能性最小化,而在任何个人交往与商谈中这些都是常见情况。每当交往行为取得成功时,所达成的共识就反馈到并且作为新鲜血液补充到生活世界中。这样一来,生活世界支撑了交往行为,交往行为反过来通过丰富共享知识繁荣了生活世界。生活世界从而扮演了防波堤的角色,阻止了社会的瓦解,抵制了意义的分裂,防止了行为冲突的爆发。

最后,生活世界是社会象征、社会文化再生产的中介。虽然传统的延续要穿过交往和商谈的批判透镜,生活世界却是延续传统的载体。在社会不发生巨变的正常情况下,生活世界充当了技术、实践、科学和道德等各方面知识传承和发展的中介。

系统

系统指的是积淀下来的结构和已确立的工具行为类型。根据它对行为人有何种外在目标要求,系统可以分成两个不同的子系统:金钱和权力。金钱和权力一方面形成了资本主义经济各自的“操纵媒介”(即内在的指导、协调机制),另一方面形成了国家行政管理及相关的机制,例如公务人员和国家认可的政党等。哈贝马斯认为金钱子系统和权力子系统深植于社会生活的表层之下,行为人很自然地陷入预设的工具行为的窠臼之中。例如,任何在公司工作的人,不管是上层管理还是下层雇员,在追求经济利益时都会受制于角色定位而表现出典型的行为特征。由于工具行为的目标是预先确立的并且不会考虑达成共识,所以大多数系统内行为的最终目标都是预置的,而非系统内行为人的自主选择。甚至,这些最终目标对于努力实现它们的行为人也不是显而易见的。不管他们意识到没有，曼联俱乐部球迷的行为是在给曼联公司送钱，以便于该公司为其股东派送红利。

金钱和权力这两个子系统的主要功能是进行社会的物质再生产，即商品和服务的生产与流通。除此之外，还有一个类似于生活世界所具有的重要功能，即对行为进行协调和独有的对系统的整合作用。哈贝马斯称这种作用为“系统整合”，对应于生活世界的“社会整合”作用。当社会随着工业化和现代化的产生发展而变得更大、更为复杂，同时人口流动性加大时，社会整合的目标就更难以实现了。在这样的情况下，经济和行政等系统减轻了交往和商谈的重负，对社会的整合起到了作用。

至此，我们已经可以看出哈贝马斯与阿多诺、霍克海默的区别所在，后者对一般意义上的工具理性和具体层面上的资本主义经济制度采取了几乎彻底否定的态度。哈贝马斯对于工具理性**本身**并无敌意，对政府和市场经济这类包含了工具理性逻辑的体制也无敌视态度。他认为两者都具有重要的、不可或缺的社会功能，废除或不设立两者都不是上策。

生活世界和系统的一些区别

哈贝马斯承认了系统对于社会生活的作用，但是同时他也尖锐地指出了系统整合所固有的危险。一方面，金钱和权力这两个子系统使行为人的目标与理解和共识相脱节，导致了两个后果：首先，我们可能（实际上也经常）忽视经济行为和行政管理行为的深刻意义或重要性。系统创造并加强了行为类型，身处这些类型之中的行为人隐藏了他们的目的，对行为的结果也并不加以反思。系统因此具有内在的不透明性，同生活世界（交往行为的发生场所)形成了对比:在生活世界中,行为、言语以及行为目标的意义能够容纳不同意见并可以被理解。其次,系统内行为人的最终目标(与生活世界中的行为人不一样)并不能真正由他们自行决定。他们可以选择行为的方式,但是不能选择行为的最终目标。所以,一般来说生活世界有助于自主权的形成,我们可以把自主权看做以系统所不能的方式对自定目标展开的追求。

行为人可以通过以下方式认识这一区别:生活世界中的行为人通过有效性声称来协调各自的行为。这一过程加在行为之上的约束条件是行为人所自愿承担的,它们来自于且内在于行为人对有效性声称的相互承认。与此相对,金钱和权力系统把外在约束条件强加于行为人所无从自主选择的行为之上。这样一来,系统就呈现出哈贝马斯所谓的“准自然实体的堡垒”的面目:这是一个人力所无法控制的、具有自主逻辑内核的独立实体,对此实体人类不能也不必负责。

生活世界的殖民化

哈贝马斯已经表明,现代社会存在于系统和生活世界的脆弱平衡之中。但是,由于系统内嵌于生活世界之中,实际上又是寄生于生活世界之上,所以生活世界享有优先权。哈贝马斯认为生活世界是独立又自给自足的介质,而系统却不是。系统只能在来自生活世界的意义资源的基础之上运行。这是个具有经验主义意味的命题。然而,这个命题又是哈贝马斯在对交往行为优先权进行概念性论证的基础之上提出来的。由于生活世界包含了各种类型的交往行为, 系统包含了各种类型的工具行为,而交往行为又优先于工具行为,所以生活世界必须优先于系统。

问题在于，虽然系统内嵌于生活世界并且依赖于生活世界，前者却倾向于侵蚀、取代甚至是破坏后者。系统这种对生活世界**进行殖民**的倾向导致了系统和生活世界之间平衡的脆弱性，乃至造成失衡和不稳定。生活世界殖民化这一观念指的是众多最终有害的历史与社会进程的集合。首先，作为主导机制的金钱和权力从生活世界中分离出来，资本主义经济和行政系统逐渐脱离家庭、文化领域以及如大众传媒这样属于公共领域的机构。随着工具行为之网越来越繁密，它们逐渐侵入生活世界并弱化了后者的功能。策略性决定留给了市场或者是被交到了专业控制者手中。生活世界的透明性蒙上了阴翳，公共监管和可能的民主控制对行为和决议的基础不再发挥作用。随着版图的收缩，生活世界渐渐呈现形形色色的病状，哈贝马斯称之为“社会病理”，其中包括市场在非市场领域拓殖产生的负面效应，但并不局限于此。

生活世界殖民化导致的病理

1. 共享意义和相互理解的减少(失范)
2. 社会纽带的侵蚀（分裂）
3. 无助感的增加以及缺乏归属感（异化）
4. 由此导致的不愿为自身行为以及社会现象负责的心理（道德沦丧）
5. 社会秩序动荡和崩溃（社会动荡）

最后，由于系统实际上依赖于生活世界，生活世界殖民化过程也导致了系统的动荡和危机。虽然哈贝马斯没有采取简单化的反市场或者反系统的立场，他对于系统（例如资本主义经济、国家以及其他管理组织等）对社会生活和社会成员可能造成的伤害却有非常清楚的认识。

哈贝马斯的社会理论是批判理论么？

哈贝马斯在《交往行为理论》一书中的主要目的之一，是要为阿多诺和霍克海默的批判理论提供一个更有成效的、经验上可靠的、方法论一贯的替代性理论。因此，他的社会理论就被设计成了批判理论。但是，到底是何种意义上的批判理论呢？一些比哈贝马斯更左倾的批评者认为哈贝马斯的社会理论根本不具有批判性。他们认为，哈贝马斯的理论分析是对混合经济和立宪福利国家所作的迂回冗长的正当性证明，同时又是对中间偏左的德国社会民主政治的辩护。这种评论不仅苛刻，而且错误。哈贝马斯关于生活世界殖民化的理论，为“现代社会到底出了什么毛病？为什么？”这两个问题提供了创新的、深刻的、精妙的答案，同时又解释了失范、异化、社会分裂这些现代社会所承受的病痛的病理。

哈贝马斯并没有仿效意识形态批判的模型，他的社会理论没有采用把广泛存在的过失和非理性归因于行为人这种自我否定的策略，来推定性地解释为什么行为人愿意承受压迫性社会机制和社会行为并且使之永久化。相反，哈贝马斯将它们归因于内在于系统的潜在或隐藏的策略性或工具性目标。压迫性社会系统之所以持续存在，不是因为行为人误解了自己的利益，而是因为他们的行为落入了预先确立的、极度复杂的工具理性模式之中。因为社会系统内在的不透明，行为人无法凭借自身能力理解行为的意义并为这些行为负责。

是否哈贝马斯社会理论的批判性来自于它能为病态社会提供补救措施？这也许是问错了问题。哈贝马斯提供了一种社会理论，但是理论并不提供药方。当然，如果哈贝马斯的理论正确，以下做法就是有益的：通过遏制金钱和权力系统来保护生活世界使其免于殖民化；确保有足够的未被监管、未被市场化的社会生活领域来创造社会整合，来嵌入金钱和权力系统。如果给出了暗示的答案，答案就不会是废除市场和行政管理（经济和国家），而是遏制两者。然而，如果可以在实践中实现这一遏制的话，又该如何来实现，由谁或什么来实现，这些问题依然没有明确答案。（有趣的是，哈贝马斯将此视做一个社会使命，而非政治使命；类似的结论可以在《结构转型》中看到，这本书寄托了哈贝马斯通过公共领域复兴带来解放的希望。）在《交往行为理论》中，哈贝马斯坦率地表示没有行为人（不管是集体还是个人）有能力完成这个使命。至于国家，只要它不是完全受到经济的约束，就还是系统的一部分，因而也是问题的源头之一，而非问题的答案。哈贝马斯将改革的希望寄托于民主福利国家系统，只要个人道德信念和具有政治诉求的非暴力抗议组织能够对这个系统施加影响。

问题是，这样的组织——时常被称为“新社会运动团体”——实际上并无权力。如果通过选举进入政府获得了政治权力，他们可能只是被管理和政治系统同化。哈贝马斯理论所指出的唯一社会变革力量处于劣势，不可能阻挡生活世界殖民化进程，更不用说扭转这个过程了。尽管哈贝马斯与霍克海默和阿多诺有诸多不同之处，在哈贝马斯理论中还是可以听到后两者的社会批判理论中的悲观主义回声。

这是否表明了哈贝马斯的社会理论批判性不足，或者干脆说他所作出的一个估计，即当代资本主义社会中能够阻挡市场和行政管理无情扩张的因素寥寥无几，是正确的、有现实基础的？首先，哈贝马斯否认理论能够具有马克思所说的那种革命性批判力量，历史上也不曾有过。对于社会理论所能达成的目标，哈贝马斯有着远为谨慎的想法。社会理论自身不是社会变革的工具。它们只是提出真实性的有效性声称。实际一点来说，社会理论至多是有用的分析工具，可以帮助我们区分现代社会有害的与进步的倾向。哈贝马斯当然想消除社会压迫，他的生平和他的著作都可以基于这个目标来加以理解。他一直都是一个激进主义者和改革家。然而，他又是一个现实主义者，知道他的社会理论能够直接起到的最重要作用就是帮助人们理解社会压迫的根源。

哈贝马斯的社会理论从其他角度来看也许算不上具有批判性，因为他刻意地避免对现代社会作任何明确的道德批判。有些话哈贝马斯不会去说，比如市场的扩张把人变得冷酷无情、锱铢必较、自私自利，使人只把他人看成实现自己目的的手段。他这么做是有充分理由的。哈贝马斯的社会理论同阿多诺和霍克海默的内在批判一样，意在同道德批判有所区别。他的理论意在公开表明自己的规范性基础，不依赖已有的关于善的道德理论或观念。哈贝马斯对于现代社会的批判在这个意义上是功能性的，而非伦理的或道德的批判。生活世界的殖民化是有害的，因为它阻碍了生活世界正常功能的发挥，剥夺了交往和商谈（共享的意义和观点、社会秩序、归属感、社会稳定性，等等）所能带来的社会利益。

尽管如此，由于交往和商谈的观念对于规范的强调，哈贝马斯的理论分析带有不可磨灭的伦理印记。交往行为建立在对有效性声称**相互承认**的基础之上。在生活世界中，言语的行为协调机制迫使人们重视其他说话人、听话人、行为人以及他们的理由。商谈存在于规则之中，这些规则保证了平等地尊重所有行为人，保证人们之间的普遍团结。平等、普遍性、包容这些理想已经铭刻在生活世界的交往实践上，行为人仅依靠交往就能遵从这些理想的要求。所以，生活世界的社会化就是一种道德化，即习惯于按照这些理想的要求行事的过程。相反，系统则不断强化以他人为手段的工具性习惯，并且鼓励对他人的目的采取冷淡态度。在这里，我们就不禁要回想起阿多诺对中产阶级冷漠、麻木秉性的评价，他说"没有这种秉性奥斯威辛就永远不可能发生"。两者的主要区别在于：根据阿多诺的看法，最终导致残酷人际关系的冷漠人性是从康德式道德自主、理性自律的消极面中产生的未曾预料的后果。对哈贝马斯而言，类似的现象要归因于系统对生活世界的殖民化的非**道德化**效应，而不能归咎于道德观本身。总而言之，哈贝马斯"社会病理"的医学比喻包含了未言明的、暗示的道德机锋。表面上来看，他的理论是说生活世界的殖民化导致了社会运转失灵；在更深处，他的理论暗示了这样的社会功能障碍产生了存在道德缺陷的个人。

第五章

哈贝马斯的现代性理论

哈贝马斯哲学既有系统性，也有历史性。通过对黑格尔、马克思和阐释哲学的研究，哈贝马斯意识到社会理论的目标和原理都有自己的历史。正如尼采曾经说过："只有不存在历史的事物才可加以定义。"社会有历史，所以无法定义，但这不等于说无法阐释社会，只是必须结合社会历史来阐释社会。哈贝马斯的哲学以一种风格（虽然这种风格有可能激怒历史学家）阐释了社会。到目前为止，我还没有谈及以下事实：哈贝马斯的社会理论诊断、批判了社会生活的**现代**形式，商谈伦理学则论证、阐述了**现代**道德观。现在，该重点探讨关于现代性和现代化的理论了，这有助于看清哈贝马斯社会理论隐含的道德之维。通过解释道德观和现代性的密切交织关系，可以揭示殖民化的有害社会作用为什么会对共同体的道德伦理产生影响。

在某种程度上，现代性标明了一个在时间上有起始点的时间段（或者是同某个时间段有密切关联的一套观念）。至于这个阶段是否已经成为过去，或者还在展开；假如这个阶段已经过去，我们是否应该额手相庆，欢送它的离去——这些都是在20世纪80年代《交往行为理论》出版之时极有争议的问题。（令人高兴的是，现代性被当做一个亟待解决的重大问题的阶段看来已经结束了。)然而，现代性不仅是一个时期，它还标明了同社会、政治、文化、制度、心理学有关并产生于特定历史进程的情境。

在这个意义上，现代性同“现代主义”这个标签之下的各种艺术作品和艺术风格有关，但与此又相区别。作为一个艺术家，是否接受“现代主义”是一种自我选择，但现代性不是这么回事。你可以选择(或者拒绝)现代主义，但现代性注定选择你。像我这样讨论哈贝马斯关于现代性的“理论”是合乎理性的做法，但是，这类讨论不像商谈伦理那样是一个独立的专题，而是被引入各类研究之中的观点和假设的一个集合。

粗略来讲，关于现代性的理论可以分成两个部分。在该理论中，关于西方社会从中世纪末到20世纪晚期发展的历史叙事非常宏富，其中尤为重要的是该时期中世俗道德观从基督教传统中诞生这一次级情节。另外，哈贝马斯对社会发展的内在逻辑进行了高屋建瓴式的重构，建立了关于社会进化的理论。让我们依次来解读这两方面。

历史叙事

现代化以及价值领域的分化

我们已经看到了哈贝马斯关于现代社会起源和本质的一些观点。根据哈贝马斯的描述，现代化是一个包含了各个相关发展阶段的过程，有些过程我们早已经历。首先，知识，尤其是自然科学知识，从17世纪起经历了巨量的增长。中世纪科学通过零星的观察把一些想当然的属性归给各类物质，这些不可信的方法主要建立在亚里士多德的权威之上。后来这种方法逐渐让位于两种新方法。一种是结合了精确测量技术和数学理论结构的更系统化的方法，另一种是用公式表达、验证预测性假说的新方法。这些新科学成功兴起并占有了一个显赫位置，由此导致（历经几个世纪，并同其他因素相结合）的结果就是亚里士多德传统的没落、教会权威的削弱，直至自然科学与理性的认知权威最终取代了前两者。哈贝马斯（作为马克斯·韦伯的追随者）认为，在这一转折过程中，有技术价值的知识的巨量增长导致了三个区别明显的价值领域的分化：

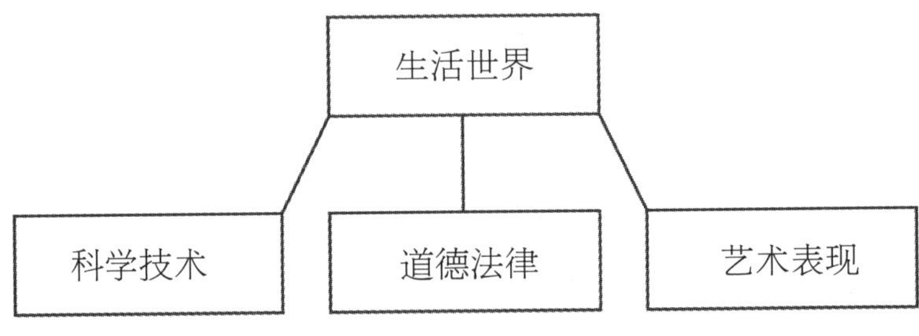

图11 三个价值领域

出现三个截然不同的价值领域不足为怪，因为这三个价值领域的分化紧随认知和实践权威从宗教传统向有效性变迁这一过程，而根据哈贝马斯的意见，存在着三种截然不同的有效性。

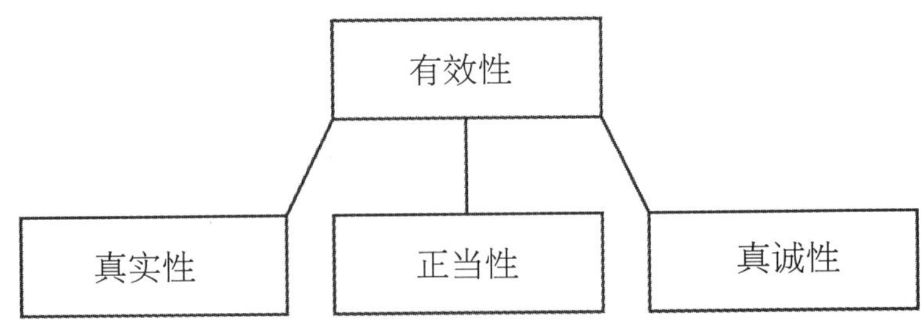

图12 三种有效性维度

这三种有效性依次同理论领域、道德领域以及审美领域（见第三章，图10）三个商谈领域一一对应。这就是说，当宗教世界观随着理性化过程而倾塌时，所遗留的问题转入了自然科学、道德观/法律、艺术这三个知识领域中的某一个，并在其中得到了解决。学习过程持续着，知识在深化，但是自此只在一个领域中进行。由此导致了双重的后果。现代性带来了专门知识在数量和深度上的巨大增长，但是这种知识在同一个过程中变成脱离了日常生活之本的无根之木，自由漂离于“在对日常生活的阐释中自然发展的传统之流”(《现代性：一项未竟的事业》，第43页)。存在于人类的知识和生存之间的裂痕扩大了。

现代性：未竟的事业

1980年，在领受阿多诺奖时，哈贝马斯题为“现代性：一项未竟的事业”的演讲引起了震动。演讲之所以造成群情激愤，是由于哈贝马斯惹眼地与当时汹涌的后现代主义思潮唱反调，而后者急于告别现代性和与此相伴的整个启蒙事业。哈贝马斯演讲的题目内含两个意思：其一，现代性是一项**事业**，而非一个历史阶段；其二，这项事业还没有(但是可以而且应该)完成。

哈贝马斯称现代性为**事业**是因为他视之为一种文化运动，这个文化运动产生于对上述现代化进程所带来的具体问题的回应。其中主要的问题便是，要找到一种方法将启蒙进程中产生的专门知识与常识和日常生活过程重新联结，将这种专门知识与生活世界和公共利益重新联结，以此来永久利用其潜能。这样一种现代性概念将哈贝马斯所称的“后形而上学”哲学放置到了现代生活及其所发出挑战的中心地带，而在哈贝马斯看来，“后形而上学”哲学的任务就是要替代并阐释专门化的科学学科。(值得再次提及的是，霍克海默和阿多诺的批判理论概念关注的是同一对矛盾，即技术性知识的增长和缺乏有价值的社会生活形式这两方面之间的矛盾。）

哈贝马斯之所以称此现代性为“未竟的”事业，是因为现代性所面临的问题仍然没有解决，因为哈贝马斯认为阻止、逆转现代化进程的企图是徒劳之举，还因为哈贝马斯认为现代性和现代化的替代性方案更不尽人意。这些糟糕的方案之一就是反现代性。反现代性的思想，比如阿拉斯代尔·麦金太尔（1929—）的社群主义，曾经通过某篇文章主张复兴托马斯主义传统的美德观；马丁·海德格尔的晚期著作看起来主张回归更具田园特点的传统生活。实际上这些方案不过是以不同的方式装扮了退回到前现代生活方式的企图。另外一个糟糕的替代性方案就是后现代主义。哈贝马斯料想，这样随意地鼓吹现代性的终结等于将启蒙运动的婴儿（人文主义理想）连同洗澡水（工具理性的滋长和对科学技术发展造福社会的信仰）一同泼了出去。他对于所有形式的相对主义和语境主义都保持高度警惕，并将它们同非理性主义混同起来，这也许能够解释在《现代性的哲学话语》一书中，他针对后现代主义的批评，这些批评在事后看来显得过于激烈。那时，从法国传来的后现代哲学正受追捧，哈贝马斯担忧它会成为特洛伊木马，导致非理性主义在德国的复活。

哈贝马斯坚信，我们绝不能牺牲现代性所带来的成果——知识增长，经济利益，还有个人自由的拓展。完成现代性不仅仅是接受现代性施舍给我们的每一个新生事物；它还意味着根据世俗的人文主义理想批判地适用现代社会文化的、技术的、经济的潜能。这不是轻而易举的事，这个任务首先要求“社会的现代化可以向**其他**非资本主义方向发展”（《现代性：一项未竟的事业》，第51页）。完成现代性要求生活世界在面对系统的侵蚀力量时能得到有效的保护，同时正如上一章我们看到的，现在仍然没有哪个人或哪种力量堪此重任。

世俗道德的浮现

根据哈贝马斯的历史分析,现代化把主体从传统角色和价值中解放了出来,同时又造成他们愈加依赖交流和商谈来协调行为、制定社会秩序。我把他的总结性观点称为现代性命题。

> 现代性不能也不会再采用旧有的标准,正是照此标准,现代性曾从其他时代所提供的模式中寻找定位;**现代性必须从自身中创造自己的规范性**。
>
> (《现代性的哲学话语:十二讲》,第7页)

这里所谓的"规范性"指从成功的商谈中产生的共享的意义和理解。由于这些意义和理解是从交流和商谈中产生的,所以是自我生成的;在这个意义上,行为人和商谈的参与者决定了规范性。规范性同时又是合理的,因为规范性的基础是对有效性声称的相互承认。

这个一般性叙述中有一个次要的方面对商谈伦理这个论题极其重要。它关乎世俗道德观从一神论的犹太-基督教传统中产生。哈贝马斯认为该传统包含了关于客观善和符合正义的生活的观念,根据这种观念,每一个人所面临的道德问题——"我应该做什么"——都能得到解答。

在转向现代性的历史时刻,关于善的具体而且实质的问题逐渐脱离关于正义和道德正当性的形式性发问,同时基于一元且同质的宗教传统的伦理被百家争鸣的善观念所取代。道德观逐渐由道德律令的集合转变为原则和有效规范所组成的体系。

现代道德观的有效规范有两个特征:普遍性和无条件性。哈贝马斯认为这些特征是犹太–基督教传统的遗产;然而,道德规范具有历史并不意味着道德规范只是旧纪元的遗产。道德观继续存在于现代性中是因为道德观仍然有其意义,能够有助于解决争端,有助于改造并且维持社会秩序。

到此为止,哈贝马斯一直都在细述可被称为"真实存在的道德观"的历史。与道德观发展相平行的是道德理论的历史,它探究的是道德观念的变化以及这些观念的理论表述。哈贝马斯认为康德是第一个道德理论家,他的理论反映了现代道德观念。康德关于绝对命令的首次表述,即"普遍法则公式",将道德权威的来源定位于普遍化的形式标准,而非实质性的准则和义务。借助普遍化的形式标准,道德原则被融入了意志。

> 行动依赖的唯一准则应当是人所欲遵守的普遍法则。

意欲某个准则成为法则是一种自由的行为,因此康德将道德行为当做意志自由的表达。哈贝马斯赞赏康德将道德观从实质善的观念中解放出来,并将道德观重新视为检验规范的程序,但是,哈贝马斯又批评他的一个假设,即每一个单独的个体都通过将绝对命令运用于某个准则来为自己确立一种道德规范的有效性,仿佛这是一种道德的脑力运算。在哈贝马斯看来,康德将道德推论视同**独白式**的过程,从而忽略了道德推论的社会性。与此相对,道德商谈理论,正如托马斯·麦卡锡所言,则将道德观念视为一种集体的、**辨证的**达成共识的过程:

从个人能够毫无冲突地意欲其成为普遍律的东西，到众人能够一致意欲其成为普遍性规范的东西，道德观的重心有了变化。

（《道德意识与交往行为》，第67页）

哈贝马斯的商谈伦理学发展了一种现代的、康德式的道德观，商谈的理想或规则引导着其内在逻辑。

哈贝马斯的社会进化理论

哈贝马斯还提出了一种关于社会进化的理论，该理论表现为一个极难论证的假设：从个人身上体现的发展性学习过程在合适的条件下可以被导入整个社会。换言之，关于社会世界的目的论观点，即总体来看社会是朝特定方向发展的这一观点，可以部分地加以采纳，前提是能够证明这个关于个人和社会之间学习过程的类比。

劳伦斯·科尔伯格的道德发展理论

维系这个类比的是劳伦斯·科尔伯格的儿童道德发展理论。科尔伯格（1927—1987），发展心理学家，认为主体道德能力的发展经历了三个不同层次，即前习俗层次，习俗层次，后习俗层次；每个层次又可以分成两个阶段。这个关于层次和阶段的结构被假定为“自然的”，因为它在文化中随处可见，可以部分地加以经验式证实。

科尔伯格的儿童道德发展理论

第一层次:前习俗道德观

在这一层次，儿童对于好坏、对错的评价能作出反应，但他们凭借自身行为的经验性后果来理解好坏对错的标准。

第一阶段:通过惩罚与服从来理解道德,道德就是不伤害别人。

第二阶段:道德被当做满足自己利益的手段,对他人的同样行为听之任之。

第二层次:习俗道德观

在这一层次,达到家庭的期望值是重要的,不管后果如何。典型的态度就是适应并且忠诚于社会秩序。

第三阶段:道德就是扮演好孩子的角色。做好孩子就要遵守规定,满足别人对自己的期望,表现出对他人的关心。

第四阶段: 道德意味着履行自己的义务，维持社会秩序,维护社会或群体的利益。

第三层次:后习俗道德观

第三层的道德观以在道德规范的有效性与群体或个人赋予这些道德规范的权威性之间作出区分的能力为标志。有效性不以个人对群体的认同为依据。道德主张反映了社会所有个别成员都认可或者能够认可的价值或原则，因为这些价值或原则体现了共同善。

第五阶段：道德观被视为社会的基本权利、价值以及合法契约，甚至当它们同群体的具体规则和法律相冲突时也是如此。在与群体相关的价值和规范，以及与群体无关的、不管主流观念如何必须受到保护的普遍价值和规范之间，主体可以作出区分。法律和义务可以建立在对整体效用的计算之上。

第六阶段：道德观被当做任何与普遍的、自我选择的道德原则一致的观念。在此阶段，人们选择遵守道德的原因在于：作为理性的人，人们能洞察基本原则的有效性，并且愿意承担这些原则带来的义务。有效性是由基本原则赋予准则或行为的。当某些准则或行为同原则冲突时，人们就以原则为行动依据。正义的普遍原则、平等以及对所有人尊严的尊重就是例子。

科尔伯格认为每个层次和阶段都属于学习过程，每个层次或阶段都要优于前一个层次或阶段，因为它变得更为复杂。每一个新层次都保持并提升了前一层次解决问题的能力，所以在每个新的层次中主体都力图更成功地解决道德问题和道德困境。因而，一旦道德主体实现了向较高层次道德意识的跃迁，他们在一般情况下便倾向于选择更高的道德意识层次而非较低的道德层次。

这个理论由经验式的假设和道德哲学组成，其中某些心理学命题，比如行为人倾向于选择更高层次而非较低层次的解决方案，是可以由经验性资料加以检验和证明的。然而，关于第六阶段较第五阶段更具理论优越性（康德式道德观优于功利主义）的断言则应该由哲学论证得来。经验性论据与哲学论证的相互支持被视为该理论之正确性的附带证据。

科尔伯格的理论遭到了严厉的抨击。例如功利主义者反感自己被置于永远屈居于康德主义者之下的位置，他们否认功利主义对于道德问题的解决方案“本质上”或在哲学论证上不如康德主义。同时，很多女性主义者声称，道德观中有别具女性特征的一点，即谨慎，而这一点的伦理意义却被科尔伯格出于各种理由贬低或忽略了。科尔伯格给男性提倡的“合理的”道德解决方案以优先权，无视女性提出的替代性方案，并错误地从关于男性道德发展的证据中推导出了一个关于儿童道德发展的命题。尽管存在着此类争议，哈贝马斯还是继承了科尔伯格的理论，只不过对此作了一处细微的改变。正如哈贝马斯对于世俗道德产生的历史说明并没有以康德主义收尾，而是以道德的商谈理论作了总结，哈贝马斯在科尔伯格理论的第六阶段中融入了自己的道德商谈理论（《道德意识与交往行为》，第166—167页）。吹毛求疵的人看到这里可能要怀疑性地耸耸眉了。哈贝马斯叙述的现代道德的历史发展，以及他重新诠释的道德心理学的发展，两者最终导向商谈理论，这看起来真是过于巧合了。

社会进化和现代化

哈贝马斯有一个宏伟的理论设想：既然个人的道德意识发展是一个在理论上可分成不同逻辑阶段的学习过程，那么整个社会的发展也可以相应地分成不同的阶段。毕竟，如果上述阶段和层次自然存在于个人的道德发展中，它在社会结构中就该有所反应。社会的进化过程中应该有前习俗社会、习俗社会、后习俗社会三种类型。哈贝马斯认为，可以从群体的不同历史形式中发现所有这些层次。主要建立在血缘关系和共同宗教传统之上的社群是习俗社会的类型,在这样的社群中道德标准由宗教、部落首领决定;建立在普遍的道德观和合理的法律基础之上的现代社会则属于后习俗类型。个人道德意识的第二和第三层次结构的社会类比代表了人类用于解决问题的共同规则。如果哈贝马斯的假设正确无误,现代化进程就可以被重构为日益复杂的社会结构的发展过程,这一过程使得个人解决行为问题和社会冲突的能力得到了加强。

然而,哈贝马斯的理论假设面临着几个严峻的挑战。例如,何种经验性论据有可能证实或推翻这个假设这一点尚无定论。另外一个问题则挑战了所谓个体的演化和种系的演化(个体和集体的学习过程)之间的类比。个体的行为是否与集体的行为有相似之处,这一点仍然不清楚。在科尔伯格的理论中,学习者是谁至少是清楚的,那就是作为个体的儿童。儿童有一种控制性意识,这种意识与集体层面的意识并无相似之处。作为整体的社会是如何学习的?哈贝马斯承认,所谓社会学习是一种派生意义上的说法,指社会为个人学习处理冲突、解决问题提供了框架。所以称从习俗社会到后习俗社会的转变为"学习过程",这是在极弱意义上而言的。

哈贝马斯在20世纪70年代对历史唯物主义从事批判性研究时产生了这个恢弘的构想。他关于规范性社会结构发展的理论被视为补充了马克思主义的一个观点,即社会发展由生产力的变革自下而上决定。从那时起,虽然哈贝马斯依然在自己的其他理论研究中采纳了进化理论的一些核心观点和假设,但却悄悄放弃了进化理论的大部分内容。他没有抛掉的是一个信念,即行为人如果通过交流的方式来采取行动、通过商谈的方式来解决争端，能够更好地应付现代社会生活中的冲突和复杂性。

完成现代事业

哈贝马斯的批评者常抱怨说他的著作无历史性可言。他只是从历史中翻检能作为自己理论研究之佐证的史料。例如，他说道德普遍主义是历史的结果，但是他还想论证尽管如此道德普遍主义还是比它之前的道德观**有所进步**。对于哈贝马斯来说，社会向交往和商谈走得越近，即社会中人越以共识为目标，对于他们个人和集体的益处就越大。在哈贝马斯的批评者听来，这论调太熟悉了，让人回想起黑格尔关于“历史理性”的声名狼藉的观点。

这些怀疑不无可取之处，但也并非如这些批评者说得那么在理。哈贝马斯并不认为现代事业中的主导政治、道德观点同它们产生于其中的特定文化背景有关联，即便这些观点诞生于特定的历史时期。哈贝马斯确实为社会进步的观点提供了像样的辩护。他认为，可以给社会进步的观点提供一种具有经验合理性（和形而上学崇高性）的阐释：社会发展可被看做一个学习过程，现代社会中的后习俗社会主体比前现代社会中的习俗社会主体和前习俗社会主体能更好地协调行动、维护社会秩序。但是尽管如此，哈贝马斯远非天真的乐观主义者。他摒弃了黑格尔的目的论社会观，认为这种观点把社会视做以自我了解为方向的自我发展精神的客体化形式。按他的描述，现代化对系统、生活世界和两者之间脆弱平衡的影响是多样化的，现代化的遗产也是含义未明的。在其资产负债表的债务栏中，现代化造成了种种社会病理——社会分裂、漂泊无根和异化感。在其收益栏，现代性在认知、经济、政治等方面带来了值得维持的收益。

哈贝马斯坚持认为，试图阻止或者逆转现代化终将是徒劳，逆转历史进程不像轻触开关那么简单。这不是说人类的活动对于社会就没有影响，而是说要顺应现代性的潮流，而不是逆现代性而动，因为现代化提供了可用来解决其问题、包容其危害的资源。归根结底，完成现代性事业就意味着找到途径和方法来减轻伴随着进入后习俗社会过程的阵痛；在后习俗社会中，主体在普遍的道德原则和正当法律的基础之上协调他们的行为并建立社会秩序。要想更详细地理解这一点，我们必须转而探讨哈贝马斯的道德和政治理论。

第六章
商谈伦理学一：道德的商谈理论

商谈伦理学是哈贝马斯哲学研究的核心:《交往行为理论》昭示了商谈伦理学的形成,《在事实与规范之间》则预设了商谈伦理。这一研究是从两薄本的论文集展开的:《道德意识与交往行为》(1983)和《证明和运用》(1991)。哈贝马斯写有社会政治理论专著,却并无关于商谈伦理的任何主要著述。然而,商谈伦理是哈贝马斯哲学的规范性内核,并且推进了哈贝马斯从语用意义角度对公共性、包容性、平等、友爱、正义等典型主题所进行的研究以及社会理论研究。

虽然一瞥之下无法窥其要旨,但是通过其他途径可以看出,商谈伦理学继承了法兰克福学派批判理论常遭世人忽略的道德关怀。在《否定的辩证法》中,阿多诺谈到了希特勒施加在人类群体之上的"新绝对命令",即"规整人类的思想和行动,以避免奥斯威辛以及类似事件的重演"。尽管他说过这样的话,阿多诺哲学的道德意义还是被忽视了,其中原因在于他否认人们有可能继续正直地在他所称的"受损的存在"中生活。在奥斯威辛和广岛核爆之后,不再可能继续过美好的日子,或者问心无愧地做人。人们最好的选择便是抗拒大众文化带来的生活意义的贬值(用傻瓜措辞来说,即抗拒"傻瓜化"),拒绝接纳俗众的道德观、拒绝适应社会规范。看来，这样的道德律令虽然振聋发聩、不言而喻，却给人一种自相矛盾的感觉。

“从劫难中吸取教训”是哈贝马斯著述中的重要主题。和阿多诺一样，他也经历过纳粹统治及其恶果。阿多诺的新绝对命令所表达的理想，或更准确地说是道德底线，对于哈贝马斯的道德和政治学说具有关键意义。不同之处在于对哈贝马斯而言，这有着具体的道德和社会的（我们之后会看到这也是政治的）内涵：防止奥斯威辛及类似事件的重演意味着要保护好生活世界，要创造条件使个人通过社会化形成后习俗道德观，要在可论证的有效规范的基础上建立社会秩序。

道德商谈与道德的社会功能

在本章中，我将着重讨论道德的商谈理论和道德商谈的概念。作为一种通常是规范性的、义务论式的道德理论，道德的商谈理论并没有直接回答“我应该做什么”的问题。相反，该理论力图揭示，在什么样的条件下现代道德行为人可以自己成功回答这个问题。哈贝马斯的道德理论可被视为对实现关于正当性的有效性声称意味着什么所作的阐释。在这个意义上，该理论是关于道德言语意义的语用学理论。但是哈贝马斯对道德语义学的兴趣仅属次要。他的主要目的在于揭示道德理论如何有助于回答其社会理论提出的问题。他的兴趣主要围绕几个问题，例如：道德的基本原则是什么？如何建立有效的道德规范？什么是道德的社会功能？他的回答是，在现代社会中有效的道德规范能够解决行为人之间的冲突并充实共享的规范资源。

在哈贝马斯看来，规范是行为的规则。规范通常采取律令的语法形式，例如“不要偷盗”。有效的（或正当的）规范可以调节我们在生活世界中的行为，并且让我们对他人行为有稳定预期。规范可使他人的行为具有可预见性，可创造通往无冲突行为的途径。

在哈贝马斯的社会进化理论中，现代社会被设定为后习俗社会。他假定，当社会化进程顺利时，成熟的道德行为人正处于科尔伯格理论的第六阶段，即原则性道德的阶段。在第六阶段，行为人并不满足于只是服从道德要求。他们也许会从《圣经》中寻找启示，也许会征求睿智师长的建议，也许会模仿同辈的行为。后习俗行为人知道为什么他们应该做该做的事，并只以他们认为合理的原则为行动依据。

哈贝马斯认为，当某个正当性的有效性声称被驳回时，冲突就产生了。于是，这个情境就将一个备选的规范从生活世界的潜在背景中输入到商谈这个显在的媒介中。行为人可能因为他人的行为或言语而感觉受到了不公正的对待，并且可能要求犯错的一方解释其行为。实际存在的争执可以有多种解决方案。哈贝马斯的论点是，只要行为人求助于商谈或道德讨论，其目的就是要通过建立争执双方都能理解并接受的行为规范来修复共识。

哈贝马斯对道德立场的阐述

将哈贝马斯的整体观点分成两个部分加以考虑是有极大助益的，它们分别是对于道德立场的阐述和证明。哈贝马斯对道德立场的阐述从我们的日常道德直觉这一道德现象开始。这是超验式的论证，从或然正确的经验式假设出发：比如，道德立场是社会世界的组成部分；又比如，存在着有效的道德规范。然后，这种论证又分析了这些假设的可能性条件。假如存在道德立场，那么必然存在作为道德和非道德因素分界的原则或标准，而且这种原则必然隐含在我们的道德实践中。哈贝马斯对道德立场的阐述就是以这种方式展开，并最终揭示了两个原则：商谈原则（D）和道德原则（U）。

商谈伦理学的原则

为什么商谈伦理学的原则是两个而非一个？问得好，只是哈贝马斯对这个问题没有直截了当的回答。最终他得出一个结论，即商谈原则（D）较道德原则（U）而言要更弱、更少争议，同时其合理性似乎也已得到了交往理论的证明。（U）是一个较强的原则，必须建立在以（D）为前提的论证基础之上。

哈贝马斯理论的基本论点即商谈可以更好地实现其社会实践功能，因为商谈是一个**对话的**过程，一个将人们召集起来纳入有意义的辩论的过程。证明某个规范有效性的过程总是要有一个以上的人参与其中，因为该过程涉及某个人说服其他人接受这个规范。哈贝马斯声称，（D）只是“表达了论证的后习

> 商谈原则（D）声称：
>
> 只有当有可能受影响的个人能以**合理商谈的参与者身份**赞同某些行为规范时，这些行为规范才是有效的。
>
> （《在事实与规范之间》，第107页）

俗要求的含义”。这句行话的意思是，（D）道出了道德行为人关于有效的规范必须获得广泛的赞同这一直觉。“商谈原则”这一术语容易让人产生误解，因为它没有将该原则同（U）的区别突显出来，（U）其实也是一种商谈原则。（D）的对象是“行为规范”，即广义的规范，既包括道德规范也包括法律规范；它从属

于关于规范的商谈，而非从属于商谈本身。并非所有的商谈都同规范有关，理论的和审美的商谈即属此例。所以，如果把(D)称为广义规范的有效性原则可能会更准确一些。

从形式来看，(D)的形式与第三章结尾处谈到的有效性→共识条件句(V→C)如出一辙。这是一个简单的条件句，有效性位于左方而共识位于右方。要注意的是(D)并非同时也是一个共识→有效性条件句(C→V)，(D)并不意味着规范只要能通过共识的检验就是有效的。所以，(D)只能行使消极功能，负责指明哪些规范无效。

如其正式名称所示，(D)的使命就是要指出商谈程序的要点。假如某个商谈的程序完全合乎要求(即没有明显的违反商谈原则的现象发生)，未能就讨论中的规范达成共识就表明了这个规范不具有效性。比如，假如不是每个受到影响的人都同意"不得吃肉"这个规范，那么就不存在禁止吃肉的有效规范。(D) 还告诉我们在哪种对象间达成的共识可以作为有效性的标志，它宣称：假如某个规范是有效的，那么所有"可能受到影响"的人就能"以合理商谈的参与者的身份"来接受这个规范。这个陈述其实并没有它看起来那么简单明了。可以想想"每个受影响的人"的范围有多宽泛。如果规范涉及面很广，那么要让每个可能受影响的人都参与讨论所面临的实际困难是无法克服的。所以，规范的有效性将取决于实际上无法参与商谈的众人的可预见共识。有些规范，比如中国只允许一对夫妻生育一胎的计划生育政策背后的规范，将会影响还没有出生的人。没有出生的人显然无法参与商谈，但是既然他们"有可能受到影响"，规范的有效性便有赖于他们的首肯，然而这又有悖于事实。(D)要求非常宽广的共识面，所以它提出了极为严格的约束条件。因而,能够指明某个规范为无效的商谈事实上少而又少。

哈贝马斯关于(U)的一个较新的表述是:

一个规范,**当且仅当**对它的普遍遵守对**每个人**的利益和价值取向的可预见影响及副作用能够为**所有**受影响的人自由地、**共同地**接受时,这个规范才具有有效性。

[《包容他者》(英文版),第42页,译文有修正]

哈贝马斯称(U)原则为"道德原则",或者说可普遍化原则。(U)自身并非道德规范。它是一种二阶原则,通过验证一阶道德规范是否可普遍化来判断其有效性。它的作用在于呈现道德论证过程,尤其是道德论证涉及的普遍化过程。

道德规范即关于义务的规则,它陈述责任,并采取祈使句的语法形式,例如:"汝不得杀人。"在前一章中已讨论过,哈贝马斯认为此类道德诫命是犹太-基督教传统的遗产。在现代化过程中,如恒河沙数般的话语渐渐从这个传统之筛中失落了,结果就是仍然具有意义的规范(如"不可偷盗"和"不可杀人")得以继续保存,而已经失去意义的规范(如"汝不得制作偶像")退出了历史。

乍一看,(U)原则和(D)原则有些微相似之处。但是,两者之间存在着重要的结构差异。(U)具有双条件句的逻辑形式(V↔C,即当且仅当C为真时V为真),而(D)则是一个简单的条件句(V→C,即当V为真时则C为真)。所以(U)较(D)而言是强原则:它表明在商谈中能够接受共识检验是道德规范有效性的充分必要条件。在实践中,这意味着(U)与(D)不一样,(U)具有**证明**和**证伪**两个功能。它不仅可以指明无效的规范,还可以证明有效的规范，进而表明何为道德有效性或道德正当性。所有受影响的、作为商谈参与者的人在他们自身价值观和利益的基础之上能够接受的规范才是有效的道德规范。

(U)与(D)的第二个大的区别在于，(U)的有效性来自规范实施后产生的“可见结果和副作用”的可接受性。通过这个短语，哈贝马斯在他的义务论道德理论中融入了一种后果论的直觉。这样，哈贝马斯就将商谈伦理学同康德拉开了距离，因为康德否认行为的结果与行为的道德价值有任何联系。这有些不同寻常，因为义务论道德理论通常认定是行为人的意图单独决定了行为的道德价值。(假如我朝地上唾了一口，口水沫子随风扬到了行人身上，那么后果论就会说我的行为是不道德的，而义务论会说只要我的行为并非鲁莽之举且没有害人之心，那么我的行为就不是不道德的。)

最后一个区别是，(U)较(D)提供了更多关于商谈中的可接受性和理性共识之基础的讯息。(U)提出，所有有效的道德规范必须“平等地关照”每个相关者的利益，同时必须能够为所有参加理性商谈的人所自由接受(《在事实与规范之间》，第108页)。简而言之，(U)声称某个规范为真当且仅当此规范确然包含哈贝马斯所称的“可普遍化的”利益。

作为普遍化过程的道德商谈

要理解何为可普遍化利益，我们必须看看(U)原则赖以得名的普遍化过程。康德是第一个将道德原则视做对可普遍性的验证的道德哲学家。康德对绝对命令的首次阐述(见第五章)，其目的可能就是要强调人不能以自己为道德例外这一普遍直觉。然而，康德的理论使他自己陷入了一些众所周知的难题，因为他将可普遍性偏颇地理解为仅是某些准则的逻辑或理性属性。例如,“信守诺言”这个准则放之四海而皆准,但是它自身不能揭示遵守诺言这一道德义务的根源。“早睡早起”是一个可普遍化的准则,但是虽然它可以是个不错的建议,却明显不能成为道德义务。同样,某个行为的道德错误可被解释为个人推理的逻辑矛盾,这一观点也是有问题的。违背诺言是缺乏逻辑一贯性的表现,因为人们不可能想要一个所有人都经常违背诺言的社会,但指出这一点并没有说明不守承诺的道德错误在何处。我们不会因为某人逻辑思维能力的不够格而从道德上谴责他。基于以上原因,哈贝马斯对普遍化的理解与康德的理解大相径庭,他不将此看做个人的思维程序,而是视为社会的进程。

哈贝马斯的普遍化概念来自美国实用主义社会哲学家乔治·赫伯特·米德。在《意识、自我与社会》(1934)中,米德写道:“我们是社会存在,也是道德存在。”他把普遍化的验证视做将个人整合入社会秩序的途径,社会秩序则被他称为“理想的角色扮演”。和团体项目中的队员一样,道德行为人设身处地考虑所有其他道德行为人的立场,以此展开合作。米德称这种换位思考为采取“推己及人”的态度,但他主要是指要和其他队员有密切的配合。

将自我整合到一个团队中相当劳神费力。如果只是想人之所想,为人之所为,这还不足以达到整合的目的。整合是一个反思的过程,包括采取二阶态度(即针对他人态度的态度)和根据二阶态度来调整一阶态度。类推到道德观上,即每个社会行为人必须根据对其他人行为的期待来调整自己的行为,这种期待是行为人采用换位思考,即从他人的视角来观察自我和相互观察的结果。

米德主张个人的视角来自个人的特殊欲望和利益：个人是由自我的利益组成的。所以，采取推己及人的态度就意味着采取“考虑所有人的所有利益”的立场。道德行为即根据对他人利益的理解和承认来调整自己的利益，这是指向“大我”——认同他人利益——的发展过程。

哈贝马斯从米德那里吸取了几个教训。首先，理想角色的扮演并不要求，事实上它阻碍了，第一人称视角向第三人称视角的转换。普遍主义者不应该试图通过脱离自己作为生活世界行为人的第一人称视角，转而采取一种超验的第三人称视角来审视自己的情势，以此来获得一种中立地位。道德义务以第一人称视角和我们对话，所以我们也应该以第一人称来理解道德义务。道德商谈参与者的理性能力并不完美，他们的选择也不完全基于理性。他们是真实的人，生活世界中的行为人，接受商谈规则的引导，商谈规则使他们将自己构想为哈贝马斯所谓的“理想的共同视角”的一部分。

> 所有人都必须能够将自身置于一种处境，即由于施行值得怀疑的行为或采用有问题的规范而受到影响的那些人所处的位置。
>
> （《证明和运用》，第49页）

第二个重要的教训是，假如有限的个人视角向“无限的交往群体”的调节性理想开始延伸，就必须开展实际的商谈（《证明和运用》，第51页）。即使必须扩展商谈到包括不存在的人，如果要证明某个规范的有效性，真实的商谈也必须实际进行（《道德意识与交往行为》，第94页）。第三个教训是，商谈本质上是**对**

话性的。与康德对原则的可普遍性的**独白式**验证不同，道德商谈不能只通过个人的推理能力得以贯彻。第四个也是最后一个教训被哈贝马斯总结为，商谈是个人借以融入社会的程序。适当社会化的道德行为人使自己的个人利益与身份同集体利益相一致。在以有效的规范为行动准则时，作为个人的行为人也在促进共同善。哈贝马斯的论点是，说有效的规范包括“可普遍化的利益”也就等于宣称有效的规范“对于所有人都一样好”。这样，就达成了一种不偏不倚的结局，但并没有以牺牲第一和第二人称视角为代价。

总的来看，道德商谈要求参与者置身于所有可能受备选规范影响的其他人的处境，以此来检验这个规范是否能够从他人的角度被接纳。例如，富人或受过教育、拥有谋生技巧的人也许会倾向于接受废除社会福利的观点，理由是社会福利给他们这样的人强加了不公正的税收负担。但是假如他们是穷人或身无长技，他们会接受这样的政策吗？通过要求他们和穷人或无谋生技能的人交换视角，(U)就消除了垂青于特定的人或群体的规范。

(U)的证明

哈贝马斯以对现代道德行为人的日常直觉的分析为形式阐明了道德立场，揭示了商谈伦理学的两个原则：(D)和(U)。这两个原则抓住了商谈程序的要旨，通过这个程序生活世界中的行为人能够判断道德规范的有效性，能够判断特定情境的特定行为是否正当。

对道德观点的阐述不是对道德观点的哲学证明，因为哲学证明是从对道德的假设开始的。它假定道德观点的存在并质问这是如何可能的。哈贝马斯对道德立场的证明并无此类假设。他对道德立场的证明采用了对道德原则(U)进行形式推演的方式。哈贝马斯认为只有当(U)可以通过形式推演、从非道德的前提中推导出来时,关于(U)是否"种族中心论偏见"的怀疑才会被打消。这种怀疑认为(U)不过是一套从文化和历史方面来说具有偶然性的价值观而已。可惜哈贝马斯自己没有能够提供道德原则的形式推演,虽然他经常(也许太过于自信地)假设这种推演确实存在。

话虽如此,哈贝马斯确实也告诉了我们(U)的两个推演前提:一是商谈的规则,二是"(D)中表达的规范性证明的广义概念"[《包容他者》(英文版),第43页]。问题是,如何仅从这两个前提进行逻辑推理便能得到(U)这个结果,这一点是无法看出的。商谈的规则(见第三章)和作为条件句的(D)原则里并没有任何内容足以让哈贝马斯推出(U),即(V↔C)这一双条件句。让我们回想一下,(D)不过是一个简单的条件句(V→C)。哈贝马斯不能从商谈规则中找出证据来证明,服从于共识的规范必须是有效的(C→V)。这种辩护性的论证,如果要有效的话,还需要辅助的前提假设。从现实出发,哈贝马斯只能从一个地方寻找这样的附加前提,那就是现代性理论。问题是,现代性理论几无可能独立于商谈伦理学而得到认可。如果有这种可能性,这个证明就是另一番情形了。最好的期望就是,道德观的商谈理论如果得到了证明,就可以用来作为哈贝马斯现代性理论的论据。这样,在(U)的形式推演缺位的情况下,商谈伦理就只能与哈贝马斯对道德立场阐述的合理性紧密相随了。

对(U)原则的异议

让我们看一些反对道德的商谈理论的常见意见。

冗余异议

我们已经看到对普遍化的验证的困难。根据(U),规范是有效的当且仅当这些规范显然能满足全体相关者的普遍利益并且在此基础之上为每个人所接纳。由于以(U)和(D)为目标的共识的范围是如此之广(想想看,是“全体相关者”的同意),理想的角色扮演过程要求又是如此之高,(U)的设定必须非常严格。能够通过如此严格的有效性检验的备选规范很少,能够通过的一定是极为宽泛的法则。

哈贝马斯对此异议的最初反应是,不承认假如他的描述真实则有效规范会如此之少。后来,他勉强承认了这种说法,但他并不将此看做他的理论的缺点,反而认为是优点。商谈伦理学准确地反映了现代道德观的现实。他认为,有效的道德规范在现代的多文化社会中数量减少了这是事实,但是剩下来的那些却更加核心和重要。(《证明和运用》,第91页)。哈贝马斯引用普遍人权的例子来说明,有效的道德规范确实是最核心和最重要的,有的已经被普遍接受。

这是否就是对冗余异议的令人信服的回答呢?是又不是。假如确实存在能被普遍接受的道德规范,这样的道德规范不会多,这是一个经验的事实。所以,不能因为这个原因而挑剔道德理论。话虽如此,哈贝马斯的商谈理论又开始着手解释道德基本的社会和实用功能。哈贝马斯退一步承认有效的规范很少,这便引起了一个让人困惑的问题:道德商谈为什么依然是生活世界中解决争端的默认机制，依然是社会整合的主要手段？有效的规范越少，道德商谈能够解决的冲突就越少。在这种情况下，难以理解为什么道德商谈还要在对社会秩序的解释中占据一个中心位置。维系社会的真正努力一定是来自其他地方，而非来自有效的道德规范。所以道德商谈的继续存在是由于其他原因，而非由于其在解决冲突方面的实用性成效。

除此之外，人权话语普遍稳固这一事实就是道德商谈一定在维系社会世界的证据——这一点并非显而易见。全世界的人都急于宣称自己的人权，背后原因也许是权利能维护拥有权利者的利益。权利使他人承担义务。然而，人们很少这样急于宣称并履行自己对于他人的普遍性义务。这就使人有理由怀疑，人权话语增殖的背后或许存在着——用哈贝马斯的话来说——系统的和意识形态的原因。人权话语也许自身就是生活世界殖民化的一个例子，而非反抗殖民化的一股力量。

对话性—独白性区分异议

另外的一套反对意见针对的是哈贝马斯在对话性和独白性的道德理论之间所作的严格区分。我们早已接触过其中的一种。哈贝马斯认为，康德那样的独白式道德概念与对话式的道德概念相形见绌，原因是独自进行推理的个人更容易由于视角而犯错、产生偏见。但是道德商谈的实际参与者人数可能非常之少，由于按常规遵循规范而受影响的人群则可能范围很广。哈贝马斯并无真正的理由来断定，对话式的问题解决方案（商谈）在实践中要在认识论上优于（更可能是更加正确）个人的独白式判断。可以认为，只要规范是建立在对于相关原因（比如，每个人的利益是什么，何种规范能够满足此类利益）的正确估计基础之上的，这个规范就具有正当性。假如很少的商谈实际参与者能够充分建立某个规范的有效性，那么原则上为什么不能每个人建立自己的有效规范呢？哈贝马斯认为共识的存在不一定意味着有效性，正如不能表明单个的人已经作出了正确的判断。

循环论证异议

最后，商谈伦理学还受到了循环论证的指责。这个指责瞄准的是哈贝马斯对（U）原则的推导、对商谈伦理的总体论证以及商谈的规则。循环论证异议产生的原因在于，商谈伦理学假定道德观必须在非道德前提假设下得到证明；商谈伦理学认为道德观必须是一种论证，甚至要能够说服道德怀疑论者，只要她是理性的。一方面，正如我们看到的那样，哈贝马斯必须提供的非道德前提假设还不足以维护（U ）原则的合法性。另一方面，只要哈贝马斯使用更充分的前提——现代性理论或商谈规则——这些理论规则就会暗中导入道德假说，引起循环论证之虞。商谈的规则就是佐证，这些规则包括了规则2. c)，即每个人都有权表达自己的态度、愿望和需求。很明显2. c)不是一条广义的商谈规则，因为它许可所有人表达态度、愿望、需求，所以它具有**不言而喻**的道德意义，不能作为非道德的或无争议的假设来充当论证（U）的前提。然而话说回来，哈贝马斯需要在非道德前提下证明道德原则这一点并非显而易见。他当然必须避免恶性的循环论证：他不能将结论混入论证的前提中。这不等于说他所有的前提都必须是道德中立的。但是，这确实意味着商谈理论无法说服道德怀疑论者，但要做到这一点对于任何道德理论来讲都是勉为其难了。

第七章

商谈伦理学二:伦理商谈与政治转向

哈贝马斯对实践理性的分类

在20世纪80年代对商谈伦理学最初的研究中,哈贝马斯交换着用"道德"和"伦理"两个术语。直到1991年他才开始区分两者,但是一直使用"商谈伦理学"来表示修正过的理论,因为这比将其再命名为"道德的商谈理论"要简洁。实际上,在20世纪90年代修正过的理论中,哈贝马斯将商谈分为三类:道德商谈、伦理商谈和实用商谈,每一类代表实践理性的一种不同用途。这种区分的实际意义在于引入了一种与道德商谈范畴并立的伦理商谈范畴,这样,两个商谈领域就在政治理论研究中得到了重新的设定。

在探究伦理商谈与道德商谈不同的本质和功能之前,我们必须先简单地看看哈贝马斯是如何在实用商谈中使用"实用的"这个术语的。直到目前看来,"实用的"这个词指的是某事物的社会功能或用途。哈贝马斯的道德观念是**实用的**,因为它把道德商谈看做解决争端的社会机制。他的意义理论是实用的,因为它把语言的运用看做协调行为、建立社会秩序的途径。但是,在这里哈贝马斯是在狭义上使用这个词。实用商谈涉及对达成预定目标的手段的理性选择。实用商谈不关心对目标的选择。实用商谈是工具理性的对话形式，同政治、法律领域有特殊的密切联系，原因在于政治和法律本质上同可行性有关。

何为伦理商谈？

在黑格尔时代之前，伦理和道德通常被认为是等同的。但是，这两个词代表着对人类生活思考的不同传统。“伦理”（ethics）一词，正如哈贝马斯经常指出的那样，有古典和现代两种用法。它的字根来自古希腊语ethos，该词既指城邦的习俗，又指其公民的习性和气质。在现代时期，黑格尔用Sittlichkeit（常译做“伦理生活”）来表示共同体的具体生活方式，它一方面包括共同体的价值观、理想和自我理解，另一方面包括惯例、制度、法律等等。

哈贝马斯的伦理商谈概念有几个鲜明的特征。

1. 伦理商谈是“目的论的”，它关注“目标的选择”和“对目标的理性评估”（《证明和运用》，第4页）。当实用商谈以某个想要的目的为给定目的并且考虑用最好的手段来实现时，伦理商谈对这些目标起到评价的作用。

2. 伦理商谈通过考察“对我有益”或“对众人有益”的是什么来评价这些结果。［《包容他者》（德文版），第41页；《证明和运用》，第5、8页］这些是特殊的而非普遍的善。（相较之下，道德考虑的是正确和错误的标准，这些标准的好坏是放之四海而皆准的，它们对于每个人的影响是均等的。）商谈伦理提出的善观念与个人的生活历史及社群的集体生活历史有关。哈贝马斯将与个人生活有关的商谈称为“伦理–存在的”，将与集体或群体生活有关的商谈称为“伦理–政治的”。

3. 伦理商谈是审慎的：它关注人们满足期望和目的的方式，它不仅关注现在的幸福，而且关注将来的和全面考虑下的全体民众的幸福。

4. 伦理商谈突出了与个人生活历史、个人从属于其中的特定传统或文化群体有密切关系的价值观的重要性。对于价值观哈贝马斯有非常具体的认识：价值观是文化或伦理生活基本的象征性要素。说价值观是基本的手段，意思就是价值观不能再分解为更简单的形式、不能用更次级的语汇来阐释，比如用来表达偏好、愿望、需求或理由等的语汇。价值观决定了偏好，而非相反。价值观塑造了我们的需求、期望和利益，这些在哈贝马斯看来并非由生理结构或社会传统决定并赋予人类，而总是需要阐释的。由于价值观总是和特定社群的组织结构密切相关，每个人在融入体制和社群习俗的社会化过程中将吸收并内化该社群的基本价值观。因此，这些价值观将形成个人自我认同的核心部分。价值观因此并不是和自然事实一样的自在之物，完全脱离人类而存在。价值观内在于人类，人类也身处其中。所以，虽然个别价值观允许阐释也易于产生渐进式的变化，但人类不能轻易地脱离这些价值观而存在。最后，价值观在本质上是渐变的，而规范则是绝对的：价值观容许有或高尚或卑下的不同，但规范只有有效和无效之分。说某个行为比另外一个行为在道德上更错误几乎没有什么意义，但是说某个选择比另外一个选择更好则完全能为人理解。

5. 哈贝马斯对于善观念和价值观念的理解具有伦理商谈的逻辑特征。作为伦理商谈的源泉，意见、判断和优选次序只具有“相对的”或“有条件的”有效性。（相形之下，作为成功的道德商谈之源泉的规范则具有普遍的、无条件的有效性。虽然有效的道德规范意味着具有凌驾于不同文化传统百家争鸣之上的有效性，价值观却只在某个特定的传统或文化群体中有效。

6. 伦理商谈关注的是个体或群体的自我认识。不管针对的是哪个对象，从广义上来讲伦理问题都是阐释的问题。伦理商谈以自我阐明、自我发现为目标，在某种程度上还以自我建构为目的。当为社会所接受时，伦理商谈以判断、意见的形式出现，阐明为了某个人的整体福利该追求何种目的、价值、利益。[《证明和运用》第9页；《在事实与规范之间》，第151—168页；《包容他者》（德文版），第38—50页]。

7. 伦理商谈提出了关于可信性的有效性声称[《包容他者》（德文版），第41页]。至于这种有效性声称是如何与其他三种有效性声称（真实性、正当性和真诚性）相一致的，这点尚不是很清楚。可信性似乎可以被归为真实性在实践领域的变体，它与哈贝马斯的理论表述中简练优美的三和弦不相协调，因为哈贝马斯在商谈伦理学中引入这一修订时，并不很在意要使它和之前关于意义的语用学理论相兼容。这种不协调表明，我们的道德概念比起哈贝马斯简洁的概念区分使它们呈现出来的面貌要复杂凌乱得多。

一览表：伦理商谈与道德商谈的区别

	伦理	**道德**
基本概念	好/坏	对/错 正义的/非正义的
基本单位	价值观	规范
基本问题	什么对于我或者	什么是正义的？我应

	我们是好的?	该做什么,我为什么要这么做？什么是对的?
有效性	相对的、有条件的	绝对的、无条件的
理论类型	审慎的、目的论的	义务论的
目标	意见、判断和偏好排序	建立有效的规范、发现义务

伦理商谈的有效性及范围

伦理商谈的本质特征之一是，它所源自其中的意见只有“相对的”或“有条件的”有效性。哈贝马斯没有关于这种相对有效性的太多表述,但是我们可以假设这是一个范围的问题。有效的道德规范应当对商谈的所有参与者或所有受商谈影响的人都具有普遍约束性,但是伦理价值或判断只对相关群体的成员具有约束力。虽然如此,群体的成员可以共同地、自由地赞同关于他们的善观念的某些方面的评价,一个表达了他们共同持有的价值观的评价，这一事实本身就应当具有一定的说服力量,尽管我们接下来会看到,它在重要性上还没有胜过任何与其相对的道德观念。

所以，文化群体为伦理价值和善的具体所指提供了框架。这就提出了一个问题,即何为文化群体,怎样才算是一个合法的评价体系。我认为,哈贝马斯假定这主要是一个经验式的社会学问题。当然,这亦是哲学考虑的对象。比如,关于特定文化群体的讨论并没有涵盖所有的左撇子、所有的女性或者所有阿森纳足球俱乐部的支持者。可以论证的是,这些人都是某个全体或阶层的成员,但是这种成员资格不具有任何伦理-政治意义(虽然它对于个人的生活当然也可能具有重要的伦理-存在的意义)。

文化群体的成员资格相对而言是种完全不同的关系。首先,群体具有共同特征,该特征渗透了生活的众多方面并塑造了生活于其中、通过社会化融入其中的个人。这意味着文化群体必须足够大,足以自我保存、自我繁殖并延续共同的文化特征。其次,群体成员身份也是一种相互承认的关系,所以要具有成员资格,被接纳为群体的成员是条件之一。第三点,成员身份对于个体成员的自我认同和自我理解具有重要作用,也是获得他人认同和理解的主要途径。最后,成员身份主要是个归属问题。文化群体不是俱乐部,后者的准入权掌握在管理机制的手中。归属于某个群体不是一件简单的事情,这也许是一个漫长的、艰难的过程,在此过程中个人汲取群体的文化并逐渐融入这个群体。

这样的评价标准表明了为什么不管所有的阿森纳球迷,或所有的左撇子,或所有的女性各自具有何等程度的相似之处,都不是哈贝马斯伦理-政治商谈的观念所要求意义上的文化群体。这点很重要,因为哈贝马斯不承认具有共同利益的群体——不管其规模如何——可以组成一个文化群体来充当伦理评价的框架。在英国,猎狐者和户外运动的爱好者倾向于认为自己属于一个由乡村定居者组成的文化群体,这个群体一直受到大多数城市居民的误解。基于这样的理由,他们抗议政府禁止猎狐的提案,但是,他们的自我观念很是混乱且误导他人。当然,每个对猎狐感兴趣的人可以无拘无束地赞同猎狐的好处,正如任何其他中意于打桥牌或听鲍勃·迪伦唱歌的人可以一致认为这些嗜好是好的。这样的共识不等于说猎狐的合法性在伦理或其他方面得到了证明。这种由兴趣结成的群体或游说集团与文化群体无关。它们只是具有共同偏好的个人的集合，不能构成需要由伦理商谈来阐释的那种传统。文化群体的真正利益到底是什么？这样的问题早已经由文化群体实际存在这一事实得到了回答。不妨比较一下一时兴起的英国猎狐者与卡拉哈里沙漠中的布希曼人，后者将捕猎当做他们日常生活的一个组成部分。对于布希曼人来说，禁止捕猎确实将对他们的生活方式和文化身份产生真正的威胁。

伦理商谈的社会功能

视关注对象是个人的生活历史还是群体的文化，伦理商谈的社会功能会发生相应的变化。鉴于现代社会中包含了相对立的传统和拥有不同善观念的文化群体，共同的价值观也许更可能成为当代多元文化社会中族群冲突的来源，而非解决冲突的法宝。随便举个例子来说，在英国，作为移民的父母与其第二代或第三代的女孩就包办婚姻问题常产生冲突。对于身为父母的移民来说，他们想要实现风俗惯例的传承，他们对于女儿的希望和期待就在这种传承之中。但是，女儿们常常根据她们从自己成长的背景文化中汲取的价值观，如个人自主权和浪漫爱情，来形成自己的优先考虑和期望。

根据哈贝马斯的理论，既然不同的价值观导致了难以平息的争执，那么自然的反应就是不以诉诸价值观作为解决争端的手段。这也正是道德商谈依据(U)原则所提倡的。规范并非价值观，只是行为准则，固定在生活世界的交往结构中，扎根于最普遍的共同利益。所以，道德商谈是生活世界中冲突双方的第一个求助对象。然而,考虑到普遍有效的规范的稀缺性,这样的冲突也许不能引入道德调节。在这种情况下,伦理商谈就有用了:首先,伦理商谈包括了讨论和对所有被认为是当事人最大利益的事物的澄清。同时,伦理商谈不可避免地要涉及对自己文化中特定价值的批判性借用,以及对自己个人处境及个人生活历史的反思。

与道德商谈的情形一样,只有和伦理商谈有相关利害的人才能从事伦理商谈。没有人,尤其是道德哲学家,能够事先决定商谈的结果。但是我们可以设想两种合理的情境。第一种情形是,父母在了解到女儿自己选择伴侣的心愿之后置之不顾,将自己的想法作为女儿和家庭利益最大化的捷径,违背女儿意愿实行包办婚姻。这样,女儿只有两个选择了:要么积极抗命,要么逆来顺受。另外一种情况就是父母和女儿互相让步,推敲并重新解释自己的利益和价值观,从而避免冲突。比如,父母可以在和女儿商讨的前提下安排女儿的婚姻,这样她就不会觉得自己的自主权和浪漫爱情成了陌生的上代人文化传统祭坛上的牺牲。这种情形是有可能出现的,因为文化具有内在的复杂性和多层次性,人们的特殊利益可以修正并且可以根据其不同的方面作出阐释。

这个替代性方案指出了伦理商谈的一个重要特征。回想一下哈贝马斯关于现代化必须对传统进行批判性借用的论点。传统在伦理商谈中通过反思而被渐进式地改变。有些因素以自觉的方式延续了下去,而有些因素消失了。价值观、善观念和自我理解都是变动不居的。它们总是处于被重新阐释的过程中。集体身份(以及个人身份)必须被当做一种严格意义的规化:我们处在自己是什么和想要是什么的状态之间。

道德对于伦理的优先权

哈贝马斯认为，在现代化的过程中普遍正当性(正义)问题逐渐脱离于良善生活问题，众多相异且对立的具体的善观念渐渐从大体上同质的宗教教义中露头。基于以上理由，哈贝马斯认为将伦理和道德视做解决同样问题的两个不同方法是一种错误。道德和伦理是我们日常的自我理解中相异但是互为补充的组成部分。哈贝马斯认为商谈伦理学为道德和伦理商谈两者创造了共存的空间，而不是弃一方取另外一方，这是现象学的贡献。

哈贝马斯和道德商谈的优先权

随着哈贝马斯对民主和法的理论兴趣日增，伦理商谈的概念在哈贝马斯的思想中愈发重要。但是，哈贝马斯还是坚持道德的优先权。他有以下几个理由。首先，从实用角度讲，道德商谈是解决行为人和生活世界之间冲突的默认机制，因为和伦理商谈不同，道德商谈将价值观从证明过程剪除，由此避开了难以处理的冲突。其次，基于(U)以及广而言之任何有效的规范都立足于生活世界的交往结构这一事实，道德商谈具有对于伦理商谈的社会-本体论的优先权。规范的正当性不是一种文化价值，甚至不具有广泛性。规范的正当性包含了对所有人的平等尊重和内在于商谈规则的普遍团结这样的交往理想。它是一种特定的有效性，类似于真实性，缺少它行为人在生活世界中就无法正常生活。最后，科尔伯格的道德发展模型和现代化理论也支持道德具有优先权这个命题。后习俗主体的身份是抽象的，并非根植于任何特定的传统。这一点的体现是，在就人们的身份和良善生活的本质提出实质性问题之前，后习俗主体倾向于采用论证的程序来反思性地解决道德问题。

综上所述，道德限定了伦理。哈贝马斯认为，伦理商谈是正当理由的来源，在道德允许的范围内伦理商谈早就发挥作用了。不妨设想一下，伦理的反思产生的判断违背了某个道德规范。让我们回到之前的例子，假设那对父母认为最佳的做法就是强迫女儿遵从他们国家的传统。在这种情况下，参与者将被推入道德商谈来讨论这个行为的正当性，也许还将面对违法的结局。在哈贝马斯的理论中，不管伦理的观点多么正当，不管特定的文化价值多么重要，有效的道德规范都可以击败它们。道德规范，只要它们存在，就是在与伦理价值的斗争中克敌制胜的王牌。

罗尔斯与正当的优先权

在这一点上，商谈伦理学同美国政治哲学家约翰·罗尔斯（1921—2002）后期著作中的观点具有相似性。罗尔斯捍卫了正当性优先于善的命题。两人观点的相似性不是没有来由的，在20世纪90年代哈贝马斯对商谈伦理学的修正就是受了罗尔斯的重要影响。罗尔斯认为正当与善是两个互补的概念。正当概念必须同罗尔斯的观点联系起来理解，罗尔斯认为具有可行性的现代概念——作为公平的正义——必须是“政治的而非形而上学的”。罗尔斯说，现代社会不再具有文化同质性，现代社会包含了众多的世界观和争夺信徒的“综合性学说”。有鉴于此，良序社会的法律和宪政的基本结构，就不能奠基于或者说预设任何特定世界观的正确性。这也就反过来阐述了正义必须是政治的而非形而上学的这一命题。所以，哈贝马斯提出了“规避策略”以将冲突最小化，因为有争议的道德和宗教价值观已经从政治论证的过程中被剪除了。

从正面来看，政治证明诉诸普遍的观念和价值观，这些观念和价值观能够跨越不同文化和世界观而获得普遍首肯。它们是罗尔斯所说的价值的部分“重叠共识”。在这里我们要注意，罗尔斯使用“共识”这个术语的时候，不是指达成理解或一致意见的过程和这个过程的结果。对罗尔斯而言，当每一个人，不管他来自何种传统或拥有何种世界观，有理由接受一个信仰或观念时，这种信仰或观念是重叠共识的一部分。这与人们基于何种理由接受这种信仰或观念无关。这些重叠共识中最关键的一个就是，社会是自由平等的公民之间的公平合作体系。这一点在罗尔斯看来是一个道德观念，但不属于任何单一一种综合性学说，而是能让所有的综合性学说对此产生共鸣。

罗尔斯认为，所有符合这个政治合理性标准的正当（或正义）观念都是合理的、得到证明的，虽然这同它们的正确性或可能的正确性无关。观念的真实性问题同政治合理性并无关系。有关的是，这种观念能够引起最少的争议并获得最多的拥护。就这样，正当（或正义）勾勒了自由主义政治的框架，在此框架中，所有个人都可以在与他人的自由不矛盾的前提下自由地修改、改良、追求自己的善观念。这样，正当就取决于实际存在的、能够获得公民支持的、各种不同的善观念（或综合性学说）。正当和善是互补的：“正义设定了界限，善表明了意义。”

哈贝马斯vs.罗尔斯

哈贝马斯和罗尔斯观点的诸多共同之处有目共睹。他们都接受理性多元论的现实，都承认道德（正当）与伦理（善）之间的重要差异,并认为可靠的理论必须将两者全部纳入视野。进而,他们还一致同意正当较善享有优先权。最后,两人都认为正当的优先权具有功能或实用的一面。正当这一概念所具有的公正品格确保它能够为不同的文化和世界观所接受,并进而促进社会的稳定与和谐。

然而,两位哲学家之间的著名论战表明了他们之间的分歧所在。哈贝马斯认为在一个文化多元的社会中,世俗的道德具有优先权;而在同一个问题上,罗尔斯的态度则更具有不可知论色彩。是世俗生活还是宗教决定了道德的本质,这是一个聚讼纷纭的形而上学命题。哈贝马斯反对罗尔斯的**政治**正义观,认为罗尔斯抛弃了正义观应当具有的认知属性(即理性的可接受性)来强调正义观在维持社会稳定方面的功能性或手段性目标。在罗尔斯看来,正义观诸原则的合理性只是因为这些原则恰好被普遍接受,与其本身的价值无关。相反,哈贝马斯的(U)原则认为,当社会范式在明显体现普遍利益的前提之下能够被理性地接受(即值得被所有人接受)时,这些范式且仅有这些范式的合理性得到了证明。商谈伦理学认为,道德的正当性与有效性具有内在的联系,并类似于正确性。哈贝马斯由此认为自己的学说提供了道德优先权的"认识论"或"认知性"的基础,而非仅仅是道德优先权的功能基础:他表明道德观念其实是一种知识,而非对偶然持有的价值观的表述。

对哈贝马斯的批评,罗尔斯作出了回应。他认为哈贝马斯把商谈伦理学建立在意义理论这样一个有争议的前提之上(并且坚持认为道德是世俗的产物),这不过是推出了一种新的形而上学。罗尔斯的政治哲学不光回避了世界观和形而上学,还避免讨论哲学和元伦理学(即关于何为道德的理论)。罗尔斯强调，政治哲学应该避免受不必要的理论之累。从某个角度来讲，罗尔斯的看法明显正确。哈贝马斯商谈伦理学的整个框架紧密关联着众多有争议的哲学观点，比如意义、交往等等。然而，哈贝马斯最关心的还是要否认道德商谈理论属于形而上学这一判断，因为，从某个特定的意义上来看，商谈理论传达了特定的文化价值观念。道德商谈保证了一种形式主义的、具有普遍主义性质的程序，此程序没有其他替代方案，经此程序所有商谈参与者能够自行抉择何为道德的正当，并达成一致意见。这样，商谈就确立了道德许可的边界，在此边界之内，伦理商谈才能继续。[由于哈贝马斯未能提供对(U)原则的形式推论，该观点的说服力受到了一定的损害。]

在优先性问题上，罗尔斯和哈贝马斯的对比能予人启发，但是脱离了两人各自哲学语境的抽象比较也会造成些许的误导。罗尔斯关于正当的优先性的论点同他个人独特的非形而上学的政治学概念有关。他想要勾勒一种独立的政治学概念，以此来为他作为公平的正义这一观念提供依据，也借此来回避不必要的争议。哈贝马斯的研究面相对宽广。他对道德、伦理、实务、政治、法律等社会秩序的方方面面都有兴趣。虽然，哈贝马斯认为道德判断不应当诉诸各执一词的文化价值观，但他也否认政治学能够如罗尔斯要求的那般超然。相反，在他看来，政治学包含了解决争端的各种机制，而这些机制在三种不同的商谈中都有自由的实践。

哈贝马斯对道德和伦理所作区分的合理性

哈贝马斯断言，虽然前人对道德和伦理的历史区分模糊芜杂，他却把两者的概念区别揭示得一清二楚。他坚称，有效的规范同价值观有根本的区别。道德商谈和(U)相一致的地方就在于要废除所有不可普遍化的价值观。只有这样,道德商谈才能作为一个论辩的规则使共识成为可能。哈贝马斯想要打消所有那些挥之不去的怀疑,即怀疑(U)只是一种立足于一套偶然产生的价值的种族中心论偏见。他认为道德原则根系于交往和商谈,而交往和商谈是现代社会的重要经纬。关于正当性和真实性的有效性声称控制着行为之间的协调,为社会秩序提供了基础。假如哈贝马斯模糊了道德和伦理、道德规范和价值之间的界限,从任何一个方向来看,他勉强承认的、作为难以调和的冲突之成因的价值观就将渗入道德领域,并使他的整个实用主义道德观念处于岌岌可危之地。

问题就在于,哈贝马斯的区分并非无懈可击,而这种区分本该无懈可击。托马斯·麦卡锡指出,哈贝马斯急于抛弃自然主义(即所有价值都可以归纳为人类需求和利益的经验性事实),认为需求和利益总是早已从文化价值观方面得到塑造和阐释;但是他又声称道德规范体现了利益,虽然只是那些可以普遍化的利益。所以,哈贝马斯终究还是承认道德规范取决于价值观,价值观是行为人和参与者在商谈中阐释自己的利益和需求的基础。就这样,他小心翼翼地让价值观连同它们引起道德冲突的可能性一起从后门登堂入室了。

希勒里·普特南有一个还要激烈些的反对意见。他认为规范和价值之间的区别不可能那么清楚,因为规范预设了"显而易见的伦理概念"或者价值观。"要善待你的朋友"和"不要残忍对待孩子"的规范预设了友谊或残忍这样的价值观,没有这样的价值观就没有语言可以辨别、描述这些规范。假如麦卡锡和普特南是正确的,那么有效的规范不仅少见,而且不可避免地会与有争议的文化价值观相联系。在这种情况下,行为人需要发现解决冲突的不同机制与通往社会协作和社会秩序的其他途径,而不仅是求助于道德。这个过程要求商谈伦理学理论研究的重点从道德和伦理向政治和法律进行转变。

第八章
政治、民主与法律

在哈贝马斯看来，传统社会依靠共同的道德观而维系。教养和社会实践允许人们获得与社会制度顺利运作所要求的角色和义务相一致的身份和动机。复杂、异质、多元文化的现代社会并无控制中心，现代社会的团结并非来自一个主宰一切的传统、一种世界观或一套规则。在现代社会中，主体具有普遍和抽象的身份，这意味着他们一般不认为自己主要是谁的儿子或女儿、某个家庭或朝代的成员或某个国家的公民；他们认为自己或他人首先是自主和理性的个人，根据普遍的法则和适用于他们的特定原因而行动。他们的抽象身份不随国籍、文化、居住国、职业、姓名等等的变更而变化。现代主体性是去中心的主体性，因为参与商谈（尤其是道德商谈）的持续且不可回避的压力要求人们扮演理想的角色，要求人们与所有其他人交换视角，要求发展米德所谓的大我（见第六章）。

哈贝马斯在其最初的商谈理论研究中持有这个观点：在现代条件下道德商谈是社会整合的主要机制。道德商谈之所以适应现代文化多元的社会，是因为道德商谈允许各主体集体决定共存所需的规则，这些规则必须具有高度的普遍性和最大的包容性。20世纪80年代晚期某个时候，哈贝马斯意识到自己在最初研究中对道德的界定过于狭隘，无法实现应有的核心社会功能。在引入伦理商谈的概念之后，修正过的商谈伦理学开始着手处理这个问题，哈贝马斯的政治理论则朝这个方向继续深入。哈贝马斯承认，单凭道德商谈还不足以在文化异质的社会中调节冲突、维持秩序。这不仅是由于有效的规范太少，也不仅是因为规范本身充满了价值争议，还因为像康德的比喻说的那样，人类来自“不材之木”。假如事实与此相反，即假如现代行为人具有在任何时候都按道德要求行事的可靠倾向，道德本身就足以维持社会的正常运行。但是很明显实际情况并非如此。

构成现代社会秩序的不仅有道德规范，政治制度和法律起到的作用与日俱增。哈贝马斯的民主和法律理论研究就以这一认识为起点。在此方面，《在事实与规范之间》对商谈伦理学起到了补充作用，同时推进并完成了哈贝马斯的社会理论研究。有人也许会说（毫无疑问有人已经这样说了），哈贝马斯的哲学已经有了向政治学的转向。假如这样，也不足为怪，因为在他的众多批评者看来，哈贝马斯的社会道德理论其实早已是一种带假面具的政治理论。即便确实如此，也不等于说哈贝马斯因为偏爱其政治法律理论就会放弃道德理论。实际上，他无法做到这一点，因为在他看来政治和法律离开道德就无法运转，所以政治和法律理论必须仰仗道德理论。

哈贝马斯的政治观念

政治的“双轨”结构

哈贝马斯区分了两种基本的政治领域：非正式的和正式的。非正式的政治领域由一套自发的、“混乱的”、“无政府的”交往和商谈组成。我们可以把该领域称为“公民社会”。公民社会的例子包括志愿者组织、政治团体和媒体。公民社会并未体制化，其存在的目的也并非作出决议，这是它的标志性特征。与此相对，正式的政治领域则关注交往与商谈的制度性舞台，这一舞台专以参与决策为目的。明显的例子有议会、内阁、代表大会、政党等。将这个正式的政治领域等同于国家是一个错误，这点需要注意。国家不只是制定政策和进行决策的制度化讨论会的集合，它还是一个行政系统，用哈贝马斯的话来说，还是一个由权力介质操控的官僚机构。

这一双轨构思为哈贝马斯的政治学思想提供了一个基本框架。在公民社会中，政治团体的成员参与商谈、取得理解、达成妥协，并且就具体的或宏观的问题形成看法。哈贝马斯称之为个人观点和意志的形成过程。相反，在正式的政治领域中，政治团体的指定代表拥有表决权、法案批准权、政策制定和执行权。

根据哈贝马斯的理论设想，当表决机构能够吸收公民社会的舆论时，政治体系的功能就是健全的，自下而上的输入（来自公民社会和公共舆论）就能通过合适的渠道影响输出（政策和法律的制定）。在实践中，民主国家较非民主体制能更好地取得这样的平衡。在健康的民主体制中出台的政策和法律往往能够与在论辩中形成的舆论相合拍，因而具有理性或正当性。这一过程本身就是可取的，从功能角度来看也同样可取，因为现代主体倾向于遵守基本原理能为人接受的政策和法律。理性的社会才有望是稳定的社会，所以现代主体偏爱民主体制下的生活是有充分的道德原因和工具性原因的。

我们在谈论民主体制产生合理决议的能力时必须极为谨慎。在政治领域中，合理性观念的含义要比该词在理论的、道德的和伦理的商谈这些单独的领域中宽广得多。认识论和道德标准(真实和正当这两个有效性)分别支配了理论和道德商谈,除了这两个标准,政治合理性也是种种考虑因素。比如,伦理和实用的考虑与常识性考虑(例如,通过妥协和商谈的公正程序能够得到何种结果)是同时存在的。政治商谈如同研讨会,一旦更为严格的道德和伦理商谈程序启动后以失败告终,就可以通过其他五花八门的试验来寻找解决方案,这样的解决方案从广义上来讲是理性共识的结果。

人权和人民主权

自由主义的民主(Liberal-democracy)和公民共和主义(Civic republicanism)通常属于二选一的政治观念,哈贝马斯习惯性地将两者合而为一。他认为这两个观念都各自围绕着一个中心观点:自由主义的民主的核心是人权观点,公民共和主义的核心是人民主权。(实际上两者都结合了自由主义和民主的某些方面。在前者,自由优先于民主,而在后者自由从属于民主。)哈贝马斯指出,每个观念都偏爱对自主权的一种特定解释:自由主义的民主偏爱个人或私人自主权(即个人自决权),而公民共和主义偏爱集体的、公共的或政治的自主权(即政治共同体的自我实现)。

哈贝马斯说,人权保护了个人的私人自主。从自由主义民主观的角度来看,个人拥有前政治的利益,以及保护个人自由追求这些利益的系列权利,这些权利和其他人追求自我利益的同等自由并不矛盾。自由在此被认为是一种机会,自由的价值在于为个人提供的机会,人们可以自由接受或拒绝这样的机会,自由的价值同人们对自由的运用并无关系。通常这种观点一般和最弱国家的理念是结合在一起的，最弱国家的理念让每个主体自由追求最合己意的生活，只在当个人的自由侵害了他人自由时才介入解决冲突。公民身份或者政治共同体的成员资格因此不具有自足的价值，只作为保证个人权利和机会的手段而具有工具价值。

为公正实现上述功能，国家必须在其成员所追求的价值和善观念中保持中立。尽管如此，人权的理念是一个道德理念，不可避免地会对与普遍的基本人权和自由不相符的价值观、世界观表现出偏见。因此，众多来自社群主义和共和主义的批评者就质疑自由主义民主的中立性假设。对他们来说，大部分自由主义者否认国家必须、甚至否认国家可以对政策和法律的后果保持中立，而声称国家只要对政策和法律的证明保持中立，以此避开不必要的争议。所以，虽然并非所有法律或政策都会以同样的方式或在同样的程度上使每一个人都受益，但是没有法律可以在有争议的价值观基础上得到证明。

人民主权传达了这样一个理念：国家的政治权威最终必须来自人民的意志。这个理念假定，政治在根本上是一个实现集体的公共自主权的问题，而非保证私人的个人自主权的问题。属于“全体人民”的自由是重点所在，个人的自由却不是。公共自主权常以人民集会的形式得到体现，这引出了一种观点，即公民拥有自主立法权才是自由的。说得更宽泛些，人民主权可做如此解释：如果在政治共同体的成员看来管理他们的法律表达了自己的价值观，那么他们就是自由的。

和个人自主的自由主义观点不同，公民共和主义关于人民主权的理念不是一种机会的概念，而是一个运用的概念。比如，言论自由的真正价值不在于它为个人提供的机会，而在于言论自由的集体落实。当足够多的人运用自己的表达自由时，自由的新闻界/媒体和广义的共同文化就形成了，这将有利于所有公民。政治共同体的成员身份自身就是有价值的。因而，国家不可能保持中立，它体现并倡导一整套的价值观和理想。最后，根据这种理念，任何主体所享有的个人价值都来自于并取决于政治共同体的价值观和理想。

哈贝马斯的政治双轨观念提供了一个框架，它紧密联系了两种理念，对两者分别作出了修正并同现代社会的现实结合了起来；它表明人权和人民主权是同源交互的关系，也即两者不分先后，互相依赖；同时它还联合了私人自主权和公共自主权的观念，给予两者同等的重视。在哈贝马斯看来，政治表达了“从个人主体性与人民自主权中同时产生的自由”（《在事实与规范之间》，第468页）。哈贝马斯保留了人权的理念并且完全同意自由主义的观点，即国家必须对不同的文化和世界观具有包容性。然而他反对三个关键的自由主义假设：

1. 权利属于前政治的个人；
2. 政治共同体中成员身份的价值只在于它是保护个人自由的工具；
3. 国家必须就政策和法律的证明保持中立，所谓中立意味着不诉诸价值观和伦理的考虑。

哈贝马斯声称，这些假设以意识哲学为特征，反映了针对主体的内在歧视。他坚持认为，与此相反权利只能通过社会化而获得，共同体的成员资格不只具有工具价值，政治证明也应当包括伦理的考虑。

同时他反对三种主要的公民共和主义假设：

1. 国家应当体现政治共同体的价值观；
2. 共同体的成员资格就是这些价值观的实现；
3. 主体性权利来自并取决于共同体在伦理上的自我认识。

在他看来，这些假设不再适用，因为现代社会由众多相互竞争的传统和世界观组成。所以，国家该提倡何种观点并让其成员能够接受的问题本身就是有争议的。我们能够期待的最好情形只是，政策、决议和法律能够在每个共同体进行伦理方面的自我认识中得到回应。

哈贝马斯认可对人民主权理念的现代修正，修正后的内容抛弃了认为人民就是大写的个人的陈旧观点。“人民主权不是借由集体人格或以公民大会为模式的国家而得到体现的”，人民主权存在于“通过论坛和立法机构散播的‘无主体’形式的交往和商谈中”(《在事实与规范之间》，第136页)。在现代社会，这一理念体现于正式的决策机构能向公民社会的影响力敞开。当正式的政治机构面向自下而上的适度输入敞开时，这些政治机构的决议、政策和法律就往往是理性的，能够被接受。由于民主国家必须适当地嵌入公民社会，出于民主的考虑，公民社会就必须得到保护。这就是权利体系诞生的原因。哈贝马斯认为，“权利体系表明了交往的形式得到合法制度化的条件，对于具有合法性的法律的出台，这样的交往形式是必不可少的”(《在事实与规范之间》，第103页)。其中主要的观点就是，法律中的权利体系有助于培育公民社会的形式，正式的决策机构需要吸收这样的形式来保证制定出就理性来讲可以接受的法律。

政治与法律的形式

现在，这看来是自明之理（尽管只是现时代的产物），即社会应该具有国家的组织形式，具有民主形式的政府和保护人权的体系。表面上这很奇怪，因为自由个人主义的人权理念和共和主义的人民主权理念具有内在的冲突性。前者主张政府应当尊重个人的生活自主权（当然前提是个人的选择不妨碍其他人的自主选择），而后者则推崇民治的政府。

哈贝马斯无意否认这一点。他对此的回应是，这种冲突深植于法律的概念之中，法律只是一种媒介，用来在现代社会中缓解社会整合施加于交往和道德商谈之上的压力的媒介。在哈贝马斯的理论中，道德的社会功能就是解决利益冲突、协调行为、建立社会秩序。政治对道德起到支撑和稳定的作用，方法就是给道德披上法律的外衣。这并不是说法律和道德不能分离，公民不服从和以良心的名义拒服兵役就是两者分离的例子。但是这两个例子并非主流现象。一般来说，法律规范和道德规范在有效规范的基础之上协同解决冲突、协调行为、创造社会秩序。当然，两者作用的方式有所区别。

法律的双重结构

假设某天晚上你想骑自行车去镇子另外一头参加一个聚会，但是自行车却没有车灯。法律规定在没有光线的情况下就不能骑没有车灯的自行车，法律这么要求是有理由的：骑没有车灯的自行车对于骑车人和路上其他人都不安全。挑战这项法律将受到惩罚：警察一旦发现，就有权处以拘留和罚款。这样的法律规范只要求人们服从，人们也并不需要考虑法律背后的正当理由。在这点上,法律规范和道德规范不一样,后者要求人们服从的同时会给出正当的理由。害怕被抓住而受到惩罚对于做某件事来说不是一个好的道德理由。所以,遵守法律的行为人可能会步行前往聚会,其原因或者在于意识到骑不带车灯的自行车会对自己和其他人造成威胁,也可能在于不值得冒被警察抓住而受处理的危险。在实践中,行为人的动机是无关紧要的,服从法律就意味着行为人考虑了道路安全,而道路安全亦关系到其切身利益。道德规范和法律规范的作用是并行不悖的。

哈贝马斯认为,向公民社会的输入开放的政治机构所制定的法律往往具有理性特征。法律所管理的共同体成员将普遍服从这样的法律,因为他们可以理解法律的意义,法律要求公民所做的公民也有自己独立的理由去做。但是,有时法律的意义也不足以保证人人守法,在这种情况下,拘留和惩罚的威慑就起到了作用。

哈贝马斯声称,有效的法律规范或法律同时具有规范和事实两个方面:首先它是合法的,其次它是实定的。因此才有了他那本书的书名《在事实与规范之间》,字面直译为"事实性和有效性"。仅当法律具有正当性,或有可知的理由去遵守它时(不是因为它是法律,不服从法律会受到惩治),法律才是**合法的**。法律的**合法性**是法律有效性的一个必要但并非充分的条件,这一点当我们进而考虑有效法律的两个其他特征时就可以看得很明白。法律是**实定的**,意思就是法律是由公认权威制定或者强力推行的。法律还具有第三个特征:它必须是可强制执行的。合法规范的有效性取决于所有这些要素的在场。法律必须有可知的正当性、由公认权威制定并具有强制性。因此,法律的有效性以政治权力为前提;除了其他因素之外,法律有效性必须以垄断了的合法权力、以通过监督公民守法及惩治违法行为来行使执法能力的司法机构和国家为前提条件。

法律的合法性

虽然哈贝马斯承认法律的实在性和强制性，他也一直强调法律的合法性。合法的法律或具有正当性的法律能够敦促公民自愿的理性服从。要注意理性的服从和情感的忠诚不同，虽然两者都可能是自愿的。情感的忠诚可以出于非理性的、非谈话式的动机，例如与归属于某个文化群体相关的特殊价值、需要和情绪。理性的服从是出于善的"激励性力量"，这是独立于法律、司法和刑事机构的普遍理由（在哈贝马斯的用法中，理由本质上是普遍的）。仅凭理性社会体制便能井然有序，甚至都不用借助惩罚的威慑。这点非常重要，因为在现代大众社会中，不是所有的守法行为都是强制或制裁威胁的结果。在很大程度上，守法行为必须是出于对法律正当性的认识而自由产生的反应。

哈贝马斯在民主政治的原则中形成了正当性的概念。民主的原则被当做商谈原则（D）的具体表述。（D）具体指明了行为规范有效性的一个必要条件，换言之，（D）对于法律或道德规范都成立。民主原则宣称：

> 只有所有法治社会的成员在具有法定程序的推论性立法过程中能够认同的法律，才能具有合法性。
>
> （《在事实与规范之间》，第110页）

这不过是改造过了的哈贝马斯的基本观点：假如某事是正当的，那么每个人在恰当程序的商谈中都能赞同它。根据哈贝马斯的观点，民主原则诞生于对(D)原则和法律形式的“阐释”。“阐释”过程的细节过于复杂，在此不能赘述，但是其结果应该就是法典和民主政治原则的相互实现。

更重要的是，法律形式通过引入不同的范围和证明丰富了(D)原则。民主原则声称合法的法律必须能获得法治社会所有成员，而不是(D)原则所规定的所有受规范影响的人的赞同。法治社会由所有能产生合法行为的人组成，这些人的行为受到相应法律的约束。根据(D)原则，能够导向共识是规范的有效性的一个标志。根据民主原则，规范的正当性的标志是极为复杂的。正当的法律必须能够赢得法治社会所有成员的赞同，这种赞同必须是有法定程序的立法的产物。换言之，规范只有在所有法治社会成员的赞同下，才能具有正当性；法治社会成员能够表示赞同，是因为这个规范是由正式的决议机构所制定，其间经过审议和商谈，能够对公民社会的输入开放，并尊重法律规定的权利体系。要注意的是，民主原则只意味着正当的法律必须值得法治社会所有成员一致赞同，而不是说他们必须实际上达成共识，也不是说每个人必须实际上赞同每一条法律。在英国，不久的将来会有禁止猎狐的法律，猎狐者不满也没有用。法律通过公认的决议机构以正确的方式出台，这样的决策机构对公民社会的输入开放，被认为是猎狐者的代表。这样的法律因而是合法的。当法律生效的时候，猎狐者反对这条法律、对该法律存在的理由表示质疑，这些将无关紧要。假设法律另外还可以得到合适的监督和执行，法律将具有有效性。哈贝马斯的法律理论的建构和他的道德理论一样，同两个方面的区分有着极大的关系：(一)什么在原则上能够获得同意，(二)什么在实践中能够达成这种同意。

现代性、法律、道德

虽然法律的正当性因素，即意义，混合了道德、伦理和实用的因素，道德仍是其中的最关键因素。哈贝马斯声称，正当的法律“同其内在的道德有关系”。（《在事实与规范之间》，第106页）。关系是什么，就难说了。在德语中，两者之间有词源的关系。一般来说，英语中“法律”这个词被用来翻译德语的“Recht”（例如在Rechtswissenschaft，即“法学”一词中）；然而同样的词也可以表示“正义”或“正当”。但是可想而知，哈贝马斯认为法律和道德之间存在概念的联系，而非词源的关系。例如，他声称正当的法律必须同道德规范和伦理价值相“合拍”（《在事实与规范之间》，第99页）。

在和道德要求相一致之外，正当的法律还与道德规范一样具有指向共同善的内在倾向性；处于共同善中并能被感知到，这也是法律的意义所在。在其早期著作中，哈贝马斯倾向于假设正当的法律和道德规范具有相似性，因为有效的规范“对于所有人都是一样的好”，共同善也是如此。但是他后来修改过的理论掩盖了这个假设，暗示共同善在不同的情境中有不同的意义。两者的区别在于，道德规范对每一个人**在所有方面同样**有益（因为道德规范中包括了可以普遍化的利益），而法律规范至多**在某一方面**对法治社会的所有成员是好的。所以，法治社会里包罗万象的共同善概念不再等同于道德正当性概念。

哈贝马斯的总体观点似乎是：正当的法律提供了行为人通过社会化而融入后习俗道德的另外一条途径。部分原因在于正当的法律同道德是一致的，但还由于正当的法律给予行为人发现并服务于共同善的机会。同法律规范相一致，并且因为共同善中明确包含了这些法律规范而采取的行为，同后习俗的道德行为是类似的。此外,西方民主社会中的公民有理由认为他们的法律是自主选择的结果,因为他们的决策机构对于来自公民社会的商谈和输入是开放的。在这个意义上,服从正当的法律是基于自主选择原则的一种趋向,这同后习俗道德再次不谋而合。因而,在业已失去共同精神纽带的高度复杂的现代社会中,法律对脆弱的道德领域起了支撑作用,并提供了合法的渠道使"道德意义可以在社会中传播开来",甚至进入金钱和权力系统。

对哈贝马斯民主理论和法律理论的反驳

尽管是内容宏富的天才之作,《在事实与规范之间》还是遇到了重要的反对意见。首先,哈贝马斯声称,民主国家应当在公民社会的输入和正式的决策机构的输出中寻求恰当的平衡,但是他并没有说明何为恰当的平衡。自下而上的输入应该直接决定立法过程么? 国会成员是根据选民实际偏好投票好,还是在国会中利用他们自己的判断力更好?毕竟哈贝马斯也承认公民社会具有无政府的、自发的、不受约束的、内在不稳定的特点。太多来自公民社会的输入将在民主体系中导入无政府主义、自发性和不稳定性,这也是困扰古代直接民主的问题。

其次,哈贝马斯没有明白表示他对协商式民主或者说话语式民主的规范性理想的赞同程度,也没有说清楚他的理论在何种程度上具有经验的性质。哈贝马斯坚称,他的理论理所当然地同时具有规范性的理想和对民主的描述这两种性质。这是可以理解的,因为"民主"终究具有几乎不可分离的规范性、描述性内容。另外,虽然哈贝马斯热衷于强调其理论的经验性特征(例如《在事实与规范之间》第373页),但他对提供相关经验性论据却似乎不是太在意,甚至他更在意的是使这种经验性向后倒退从而与其他理论兼容。

第三点,考虑到哈贝马斯对于理论系统性的热忱,颇让人意外的是他的社会理论给他的政治理论提出了一个难题。《在事实与规范之间》揭示了政治权力的双重性:交往性权力和行政性权力。交往性权力存在于公民社会和决策机构的慎议、商谈机制中。行政性权力则存在于国家和政府官僚体系中。哈贝马斯的主要论点是,健全的(民主的)政治体制能够并且应该顺利地将交往性权力转换成行政性权力。然而,根据哈贝马斯的社会理论,国家行政体制属于由工具性的效率标准主导的系统,而公民社会属于生活世界。商谈与慎议的机构性舞台是生活世界的政治压模制品。那么,假如交往理性和工具理性的区别、生活世界和系统的区别真有哈贝马斯的社会理论描述的那样严格,假如生活世界的完整性已经遭到系统入侵的破坏,又该如何实现从交往性权力到行政性权力的理想转换?道德商谈和伦理商谈的开化性影响力又如何能不被行政体制的僵化动作掩盖?

民主政治和批判性社会理论

哈贝马斯的民主和法律理论除了回答了他在社会学研究中提出的主要问题外,还延续了批判性社会理论。他主要是通过分析西方民主国家的优缺点和它们面临的危险来完成这个目标的。西方民主国家面临着两种主要的危险。首先,在法律上被奉为神圣的人权如果不能保护公民社会免受市场和行政力量的侵蚀,政治制度赖以生存的交往和商谈这两个泉源就将枯竭。这样的情形如果出现,政治决议将更容易受到意识形态的扭曲,将更加偏袒强势利益集团。当某些群体无法对立法过程表达意见的时候，他们所必须遵守的法律将有可能对他们采取冷漠或敌视的态度，他们被边缘化、被异化的感觉和愤世嫉俗的情绪将会增长，于是渐渐地他们就会对社会秩序产生威胁。

其次，英美两国现有的政府形式采取由官僚政治精英来作出决议的代议制，受专家和利益集团的“影响”。国会和内阁对橡皮图章政策已经习以为常，它们不再是讨论、审议政策的场所。最终，熟谙媒体的官员或“高级幕僚”就习惯了向大众推销这些政策。批量制造民众支持率是决策链上的最后一环，从其他方面来看，这些决策正是官僚式的。官僚主义的倾向性不是要提倡公开、透明的决策机制，而是要在政治过程中完全抛弃交往和商谈的程序，以此谋求权宜、道德“明确性”或其他所谓的利益。英国政府最近作出决议出兵支持美国对伊拉克的武装干涉就是一个例子。在英国，对该决议的抗议活动规模巨大，达到了史无前例的地步。国会的投票看起来只是在托尼·布莱尔及其顾问早就作出的决议上草草签上了“同意”。第二个威胁是，公民社会对法律和政策制定者的开化性影响力正在下降，公民已彻底被贬为被动消费者的角色。

尽管西方自由主义民主政治可能面临着一片阴郁的未来，哈贝马斯仍然保留着对民主体制应对现代社会所面临问题的一线希望。尽管内部存在着各种冲突，自由民主政治仍然同以自决实现自由的理想保持着密切的联系。哈贝马斯说政治是人类自由的表达，它不应被看做早已存在的事实，而应被视做一个持续不断的任务；“只有解放全人类，才能解放自己”(《宗教和理性：论理性、上帝和现代性》，第161页)——这样的意识提出了这样的使命。

第九章

德国、欧洲以及后民族公民身份

前几章讨论了哈贝马斯对道德、民主和个人权利的正面社会效应的专注和确信的程度。哈贝马斯一生憎恶各种形式的民族主义，这种态度来自于对人类道德失当的社会前提敏锐而深刻的理解，这种理解又来自于其切身的经历。话虽如此，正如哈贝马斯会第一个提醒的那样，我们不应该将确信和信念的起源同它们的有效性相混淆。

民族身份与民族主义

民族国家的理念

要理解哈贝马斯对民族主义的忧虑，我们必须先简单地分析他的民族观。哈贝马斯讲述了一个关于欧洲民族形成的故事，把它说成是18世纪末一系列社会问题的结果。共同体的早期现代形式一直立基于区域性，由乡村传统和貌似自然的封建等级制构成，并受到包括了一整套同质文化价值的共同宗教传统的约束。随着现代性的发端，自18世纪末起，城市化、人口流动、商品流通、宗教式微等众多因素破坏了这些社会稳定性基础。在早期现代社会基础分崩离析的同时，一个主要属于市民的、由相互陌生的人组成的大众社会正在形成。

哈贝马斯认为，民族是作为社会整合的一个更为抽象、更为成功的基础而出现的。民族这一观念或多或少是从对某个单一共同体的传统和历史的虚构中得来的，这个共同体拥有共同的祖先、语言和文化。一旦这个理念吸引了大众的想象力，民族意识便能够有效地创造相互陌生的公民间凝聚力的情感纽带。同时，民主参与决策机构现象的逐渐普遍化又提供了公民间凝聚力的一整套合法关系。民族观念和民族意识与国家的政治体系共同协作，激发了公民从属某一政治共同体的归属感和对共同的政治、文化身份的认同感。

虽然哈贝马斯承认民族国家的社会成就，但他明白这个观念也是危险的。族裔民族的观念具有内在的排他性。内部人和外部人总是通过语言或血统而被区别开来。一旦这个观念在大众意识中得到确立，就会导致内部少数民族的形成和受压迫的事实。其次，民族身份是靠对共同体的**情感**或**情绪性**认同而维系的，这种认同"独立并优先于公民们自身的政治观点和意志形成"[《包容他者》(英文版)，第115页]。这种纽带是先于话语的，无理性可言。但是它们又很容易为政治精英所操控。例如，伴随对外用兵而出现的民族情绪膨胀可以抑制国内的政治动乱，这是政府至今仍在反复加以利用的一种已知效果。

虽然**民族共同体**(Volksgemeinschaft)的观念具有这些内在的危险，但是由自由平等的公民或法律共同体所组成的守法共同体的理想却没有这些威胁。作为公民或法治共同体的成员有些类似作为大学的学生。任何普通人都能在其中占有一席之地。成员资格原则上是开放的，至于这种成员资格的标准是什么则是一个政治问题。但作为某个民族一员的资格是一个遗传的事实，是先于政治的。因此哈贝马斯声称，民族国家的概念内含两个部分的冲突:“平等主义法律共同体的普遍主义和通过历史命运联合在一起的共同体的排他主义”[《包容他者》(英文版),第115页]。对现代民族国家提出的挑战是与其好的一面相一致的。

民族主义

民族主义往往产生于民族生存受到威胁之际。哈贝马斯评论说,在第三个千年到来之时,民族国家在外受到了全球化和世界经济压力的威胁,在内则受到了文化多元主义的威胁。

从宏观的角度来看,全球化造就了这样一个局面:亟待解决的社会政治问题,如经济移民、贫困、大规模失业、生态灾难的威胁等等,都已非民族政治所能应对,更遑论解决。解决全球的政治问题需要国际间的政治合作。这些问题现在已经恶化了,因为单个国家的行动能力已经下降。

同时地,各个民族都受到了来自内部的文化多元主义的威胁。移民和人口流动性的增加加速了以文化一体性为特征的民族神话的破灭。边缘群体和少数派群体为平等待遇而抗争,并且挑战主流文化的预设和陈规。

在这样的情境下,民族主义代表了一种有说服力但是非常危险的反应。民族主义的目标,是延续社会凝聚力并通过复兴民族意识在公民中注入一种归属感。在哈贝马斯看来,民族主义不是控制现代化过程内在资源(道德商谈和正当法律)的方式,而是试图逆转现代化过程的一种徒劳。他还认为这是倒退。回想一下,科尔伯格说过正常的儿童要依次经过六个发展阶段,不存在逆向发展的情况,除非他们能够遗忘所学知识、所获经验。但是如果有人能够“遗忘”游泳的本领和说某种语言的能力而退回原初点，这是多么怪异的一件事情！同样，当代的民族主义预示着从后习俗的关系形式到习俗的关系形式的倒退。民族主义是一种社会反常。

在这里我们必须谨慎，所谓社会的"学习"是从较弱的意义上而言的。民族主义的**倒退**和**反常**也只是在同样的较弱意义上而言。哈贝马斯没有说，想要归属于某个文化群体的愿望自身就是倒退的，相反他承认，在多元主义的条件下，公民必须将自身定位于传统中，必须认同于他们的文化，虽然要同时进行适当的批判性反思。民族主义的倒退表现为以下失败的努力：

1. 试图以血缘亲情的关系来取代社会整合的现代形式——交往、商谈和正当的法律。
2. 试图在政治共同体中寻找前政治的、自然的成员资格标准。
3. 试图从政治程序中消除商谈和交往的影响力。

哈贝马斯对民族主义的敌意听起来也许过于激烈。但是要考虑到，他对民族主义威胁的认识不仅来自童年的经历，还来自前南斯拉夫和其他地方新近发生的政治事件。点燃民族主义的烈火容易，扑灭它却很难。一旦重新点燃，就会导致对国内少数民族的压迫，导致种族主义，并最终引起种族清洗和大屠杀。

宪政爱国主义

哈贝马斯声称，在现代条件下认同于自己所在传统的唯一的适当方式就是宪政爱国主义。他是在20世纪80年代中期言辞激烈的公共辩论（后来被称做"史家论战"）中首次使用这个术语的。与赫尔穆特·科尔政府的核心成员保持联系的一些历史学家使用过分简单化的方法重新阐释了现代德国历史，把纳粹时期的罪行相对化，对“最终解决方案”[①]的罪恶轻描淡写，同时强调德国士兵为了德国平民能从苏联红军的枪口下撤退而死守东线表现出来的英雄主义。

哈贝马斯认为，这样的争执同历史论题没有关系，而同出于政治目的滥用历史有关。这样经过策略性改写的历史不仅是在提出关于真实性的有效性声称，而且是有意识的政治手段，意在使德国历史“正常化”，消除“不肯消失的过去”。这场战役的中期目标之一是要辅助创造德国的民族身份，从而对赫尔穆特·科尔在国内的人气起到支持作用。其设想的结局就是要为西德停止对以色列支付赔款提供政治依据，为西德担任反映其经济力量的地缘政治角色提供理由。迄今看来，通往“正常化”的道路有一个无法逾越的障碍：奥斯威辛。1933年至1945年间的道德灾难对德国民族意识的污染是无法消除的。

在此背景下，哈贝马斯认为，去制造一个让德国引以为豪的过去，这是无用的倒行逆施。唯一在政治和道德上合适的爱国主义是立基于立宪国家普遍原则的那一种。

> 对于我们联邦德国人民而言，宪政爱国主义意味着在别的因素之外以下列事实为荣：我们已经成功地永远战胜了法西斯主义，建立了正义的政治体制，并将此政治体制立基于公正、自由的政治文化中。
>
> （《追补的革命》，第152页）

① 第二次世界大战期间，纳粹德国针对欧洲犹太人的系统化的种族灭绝计划及其实施。——编注

有一点很有必要记住,即联邦德国基本法是由外来征服力量强加的,并非真正的德国民主政治传统的表达。基本法在创立时只是临时性质的民主宪法,寻找的是民主的公民。但是到了20世纪80年代中期,西德已经成为欧洲最繁荣的民主国家之一。哈贝马斯认为这是值得骄傲的成就。借助历史运气、勤奋努力以及成功的再教育政策,联邦德国的公民已经在忠诚于民主程序和原则的基础上形成了自己的政治文化和政治身份。

> 国家的政治文化围绕宪法而产生。每个民族文化都有其自身对宪法原则的独道解释……比如人民主权和人权——解释的根据就是本民族的历史。以这样的解释为基础的"宪政爱国主义"可以取代原先的民族主义所占据的地位。
>
> [《包容他者》(英文版),第118页]

在哈贝马斯的描述中,德国的政治身份具有内在的矛盾。这主要是由于过去的历史阴魂不散,西德必须围绕"民主立宪国家的普遍化内容"重铸政治身份,并弃绝历史观幼稚、缺少批判性反思的爱国主义形式。为了忠实于自己的(但又是非常矛盾的)德国传统,他们不得不与这种传统离得更远,而不是靠得更近。

20世纪80年代当哈贝马斯开始捍卫宪政爱国主义的观念时,他还没有就伦理商谈的政治意义完全形成自己的观点。他倾向于将民主的原则同道德的原则同等看待。正如后习俗的道德主体不再关心共同体的实质价值,转而致力于能确立有效规范的程序,立宪主义的爱国者认同的是民主的程序,而非具体的结果。两者都形成了去中心的抽象身份,在这个意义上,道德和民主都要求承认他人的平等价值。而且,哈贝马斯认为公民是直接认同于普遍的民主和道德原则的。

在后期著作中,哈贝马斯改变了自己的观点。他认为,民主宪法必须在满足各种条件的政治文化的支持下才能落地生根。首先,民主宪法必须同后习俗的道德相一致。其次,民主宪法必须同政治共同体中的所有文化群体的伦理观具有共鸣。政治文化不能让人觉得是主流文化的实质的、具体的价值观的载体。最后,政治文化需要由社会权利和福利权利来支撑,目的是让公民体验"其权利的公平价值",即公民可以感受参与共同的政治文化的益处。

德国的统一

1989年11月9日代表了所有德国人生活中的一个转折点:柏林墙倒掉了,德意志民主共和国垮台了。当时,哈贝马斯对统一的方式、统一的时机以及背后的政治动因表达了严肃的批评性保留意见。

他的批评开始时针对的是程序问题,即统一是否应该在基本法第23条或第146条的基础上完成。第146条清楚表明,基本法是临时性的,不是一部完整的宪法,它的内容是:"基本法在新的宪法生效时将失去效力,由德国人民通过自由的决议来终止。"第23条使基本法对整个德国具有效力,它提供了允许新的州加入联邦的机制,起草时主要考虑了与法国相邻的萨尔州。

科尔和他的顾问倾向于根据第23条完成统一,因为这样做不需要对西德的基本法作出任何改变。哈贝马斯激烈地反对这种做法,在他看来,根据第23条完成统一纯粹是一种行政伎俩,

图13　东德的公民跨坐在柏林墙上

为的是让西德有效地吞并东德。更糟的是，采用这种做法，整个过程就有利于科尔总理领导的基督教民主党的具体国内外政策。采用第23条意味着可以用相对更快的速度完成统一，从而提高科尔的国内民意支持，为即将到来的大选作好准备。

结果，东、西德国被剥夺了伦理-政治商谈的机会，无法探讨他们更愿意接受哪一种政治制度。哈贝马斯是当时要求放慢改革速度、扩大改革内容的几个知识分子之一。统一本该是“德国两个部分共同参与审慎的民主决策的公共行为”（《又谈德国身份：愤怒的德国马克市民的统一民族？》，第96页）。东德本来可以在统一过程中发表自己的意见，现在却不免让西德的官僚包办了一切，西德本来也可以为自己的宪法投上一票。针对现实，哈贝马斯抱怨统一存在“规范性缺陷”，因为统一后的联盟缺乏足够的政治、伦理和道德上的正当理由，即自下而上的输入，他认为这种输入是民主合法性的必要条件。

基于同样的理由，哈贝马斯反对在所有包含东德公民社会遗迹的旧机构（大学、学院、博物馆、剧院等等）中展开行政“清算”。他警告说，公民社会（他指非正式的公共交往和商谈的网络）是脆弱而宝贵的政治资源，摧毁容易建设难。他认为统一不仅是一个行政事实和经济事实，还是一个政治任务，因此能够与东德的自我意识共鸣的政治文化应该有生长的权利。

最后，哈贝马斯怀疑掌权的基督教民主党政府有可能抵挡不住诱惑，通过激发泛德意志民族主义情绪来使自己的政策正当化。最初，他们满足于鼓动经济民族主义。一方面，他们提醒联邦共和国的公民直至目前他们做得如何之好，并许下了无法兑现的承诺，说他们（西德人）无须通过支付高昂的税收来为统一买单。另一方面，他们为东德人描述了类似的经济繁荣的美好前景。哈贝马斯在“愤怒的德国马克市民的统一民族？”这个口号中表达的思想是，当最后看清问题的那一刻来临时东、西德国人都会感觉遭到了背叛，那时东德的经济重建会变得缓慢、痛苦、代价高昂，经济增长并不能提供足够的资金供给。摆脱困境的最简单方法就是煽动德国的民族主义火焰，甘冒随之而来的危险。在统一最初带来的欢欣鼓舞之后，东德罗斯托克和霍耶斯韦达爆发的针对外国劳工的种族主义暴力，再清楚不过地昭示了这些危险。

哈贝马斯警告保守主义分子不要危及西德来之不易的脆弱政治文化——一种非民族主义的自我意识、后民族的集体身份和宪政爱国主义。与经济民族主义这样乏味的诉求相对照，哈贝马斯呼吁一种重新统一的进程，“优先考虑给予公民自由行使的权利，在未被侵占的公共领域中通过直接投票来决定自己的未来……的统一”（《又谈德国身份：愤怒的德国马克市民的统一民族?》,第96页)。基于第146条的放慢步伐的统一,将为必要的道德、伦理、政治商谈提供时间和空间,从而给予前东、西德国各州公民之间的凝聚力以成长的机会。这将鼓励德国公民从一个更宽广的角度而非私人利益的角度来看待统一这个问题。

欧洲的整合

在欧洲整合这个问题上,哈贝马斯的态度与他说民族已过时并反对民族主义的政治和道德主张是一致的。他举出好几套不同的因素来支持欧洲各国建立经济、政治联盟。

德国与欧洲问题

首先,哈贝马斯的论题"从灾难中学习"包括了一套内容广泛的历史和道德理由。只消回顾一下20世纪的历史,两次世界大战造成的灾难,就可以理解欧洲主权民族国家间的经济、政治竞争所带来的危险。他说,欧洲人"必须放弃民族主义、排外机制所赖以生存的观念模式"[《包容他者》(英文版),第152页]。政治联盟将会提供一个框架,在这个框架内基于"内嵌于共同政治文化的、属于全欧洲的政治公共领域这一交往体系",后民族社会整合将会展开。

笔者认为,即便这个专题也可算是哈贝马斯在以一种非常具体的政治方式回应阿多诺的新绝对诫命:"必须防止奥斯威辛和类似事件的重演"。考虑到欧洲近期历史上的特殊之处,欧洲的整合对于德国非常关键。哈贝马斯高调反对某些德国保守派的主张,他们要求德国停止向欧盟靠拢、继续使用德国马克、与从苏联共产主义分出来的中欧国家建立政治与经济联系,这些主张在哈贝马斯看来卑鄙而危险。

另外一套支持欧洲整合的主张关注的是全球化经济对各个民族国家的影响。总的来说，发达国家和技术先进的工业国家知道经济发展必须付出社会和政治代价：失业率的增长、贫困、收入分化。这些因素不加以控制，就会成为社会分裂和国内政治动荡的潜在诱因。但是，在某种程度上，福利国家可以通过福利制度、劳动力市场调节和再分配政策等措施来抑制这些消极后果。

经济和金融市场的全球化改变了经济增长和社会福利之间的脆弱平衡。全球化束缚了单个民族国家的手脚，大公司通过向市场不规范和劳动力廉价的地区转移产业可以轻易地规避就业调节政策。“资本外逃”的威胁迫使所有政府都采取低税收政策（尤其是针对营业税和公司所得税）。如何提高税收收入对政府而言成了问题。通过提高效率来增加收入是有上限的。简而言之，一国政府要资助、执行能抑制资本主义经济增长造成的社会和政治副作用的政策，已经不容易了。

在哈贝马斯看来，有两种解决问题的可能方案。新自由主义的方案就是去适应来自全球经济的压力，可采取的策略有：降低成本、保持劳动力市场的“弹性”（即对劳动力市场不加调控）、让个人承担失业和疾病的风险等等。该方案的苦果是，在竞相解除控制的过程中，经济上的胜者将成为社会与政治方面的输家。

另外一个方案是，为了驾驭经济，政治也必须全球化。具体来说，这意味着要创造超民族的政治体制，用权威、权力和手段来贯彻自己的决议。乍看之下这像是无望实现的乌托邦理想。哈贝马斯回答说，一旦认识到民族国家作为政治实体已来日无多，那就只剩一条路可走，超越民族国家的政治实践早已开始了。相对而言，欧盟就是在这条路上能走多远的一个富有雄心的例子。

当然，如果可以在超民族的层次上为福利国家的包容性功能找到与欧盟同等作用的替代者，欧盟就只是有效抵消来自全球经济压力的一个手段。欧盟可以通过补贴和其他温和的再分配政策来消除成员国之间地区性竞争带来的不利后果。此外，欧洲法院已经作出了同社会正义问题直接相关的几百个决议（这让英国的新自由主义和保守主义批评者大为惊骇），这些决议也间接地对内部共同市场产生了影响。哈贝马斯没有低估欧洲经济、政治一体化计划所面临的困难。欧盟仍然不得不同时处理就业、竞争、经济增长这些彼此冲突的目标，并且协调作为纯粹贡献者的富国的要求和作为纯粹受益者的穷国的要求。对于哈贝马斯来说，欧盟是否能够制定并执行可以矫正市场、使市场与社会正义理想相一致的政策，尚须观察。

哈贝马斯承认，从全球的角度来看，欧洲政治实际上只是民族自利政治的拓展，而非改造。民族国家之间的地区性竞争和由此而来的问题在跨民族的层次上再次出现了。欧洲将会与美国、环太平洋地区以及中国和印度这样的新兴经济体相竞争，所以有理由怀疑，欧盟无法找到解决全球政治和社会问题的持久而全面的方案，而至多只是临时、部分地解决问题。哈贝马斯把握住了自己论点的逻辑。假如全球问题可以有持久而有效的政治解决办法，那么这些问题必须在一个全球性的世界政治里得到最终的解决。假如超民族的政治制度将驾驭全球市场，那么这些制度必须有适当的包容性。建立全球内部市场，并创立拥有权威和力量来调控这个大市场的政治实体，这就是终极目标。建立政治上的各民族统一体，这个统一体不光有能力制定决议，还有能力执行决议——这就是终极目标。

合法性赤字

问题是欧洲的政治制度有自己的问题，这个问题就是所谓的“民主赤字”。质疑欧盟的人认为欧盟作为一个政治联盟不可能成功，因为不存在欧盟所要代表的欧洲“人民”。共同的历史、共同的语言、共同的传统或者是共同的种族，这些实质性的、能够激发民主所仰仗的公民间凝聚力的因素都不存在。

哈贝马斯承认不存在欧洲“人民”，但他否认社会整合必须以具有共同历史和世系的欧洲人民或民族的存在为基础。他说，公民身份的严格观念的确建立在共同的民族意识之上，这种意识不能延伸而超出单个民族的范围，这一点并无疑问。这种严格观念甚至还不能在单个民族的范围内普遍有效。基于前文概括的理由，过时的民族观念不再适合现代文化多元社会。质疑欧盟的人反对欧洲一体化，更喜欢住在自家陋室，但他们很快就发现家里的地板已经朽烂，屋顶已经塌陷。现代文化多元社会不是某个民族或团体的共同体，而是所有公民的法治共同体。这种民主社会公民身份的宽泛观念作为抽象的、通过法律来调节的陌生人之间的关系，可以推而广之包括外国人。哈贝马斯不想否认欧盟确实存在民主赤字。

> 随着布鲁塞尔官僚机构这样同政治基础关系更加薄弱的新组织的出现，一面是自我规划的行政机构和系统性网络，另一面是民主的程序，两者之间的裂缝在不断扩大。
>
> [《包容他者》(英文版)，第151页]

但是他认为，原则上没有理由来解释为什么不该弥合这个裂缝。通过非正式的公共交往领域以及商谈、决策的制度性场所，现代民主社会正在得到整合。

一个紧迫但并非无法解决的问题是，如何促进遍布全欧洲的商谈和交往网络的发展，以及欧洲公民社会和政治文化的发展。他说：

> 配得上欧洲民主这一称谓的欧洲联邦国家的出现，取决于遍布欧洲的一体化公共领域在统一的政治文化内的发展：必须存在包容各个利益团体、非政府组织、公民运动团体等的公民社会，自然还必须存在与欧洲这个竞技场相适应的政党体系。
>
> [《包容他者》(英文版)，第160页]

教育交流项目，更多的经济合作，成员国之间更便捷的旅行，以及全欧洲性政党制度的出现，这些都将有助于这个目标的实现。

另外一个实践性和制度性问题是，必须找到欧洲的官僚机构和议会同这种形成中的政治文化之间的联结方式。这也许不容易，但并非不可能。然而，固执于民族国家的政治效验而公然无视事实，这是徒劳；放任全球经济市场自由发展，这是社会、政治上缺乏道义的表现。

哈贝马斯认为，欧洲的整合也许不是后民族政治的最终结局，但至少是一个吉利的开端。欧盟是后民族民主政治正在进行中的一个试验，哈贝马斯在同迈克尔·哈勒交流时简洁地称之为“欧洲的第二个机会”：

假如说我坚持的乌托邦能有任何一小部分得以幸存，那肯定是这个理念，即民主以及为取得民主的最佳形式而在公共领域展开的努力能够对戈尔地雅斯难结快刀斩乱麻，解决用其他方法解决不了的难题。我不是说我们将会成功做到这一点，我们甚至不知道成功有没有可能，但正因为我们不知道，所以仍然要尝试。

（《作为未来的过去》，第97页）

虽然，我们不知道欧盟是否能够成功地提供部分解决后民族问题的方案，我们不知道欧盟甚至是否有可能成为最终实现全球主义世界体制的平台，但是，我们也不能确知欧盟一定会以失败告终。哈贝马斯说，这个试验必须继续下去，首先因为我们确实知道其他方案更为糟糕：告别民主政治的理念，也即告别自由而平等的公民们共同塑造社会世界的尝试，这就是备选的其他方案。

附录
哈贝马斯的五个主要研究专题概要

一、语用意义专题

基本问题:如何理解言语的意义?什么是说话的语用功能?说话如何调节社会行为人的行为?有效性和意义之间是什么关系? 有效性声称有哪些类型?

基本答案:意义理论有两种:述行(语用)意义理论和命题意义理论。说话的语用功能是为了引出理性共识。说话通过有效性声称协调行为。言语的有效性决定了理解言语意义的方式。有三种有效性声称:真实性的、正当性的、真诚性的。

二、交往理性理论

基本问题:行为的基本类型有哪些?它们之间有什么区别?哪种行为类型要优先于其他类型或者更为根本? 由于什么原因?

基本答案:有两种行为类型:一是交往行为,一是工具性、策略性行为。两者区别在于,交往行为以达成理解和共识为目的,而工具性、策略性行为以实际的成功为目标。交往行为更为根本,因为它是自我限定的,而工具性、策略性行为不是。

三、社会理论专题

1. 社会学研究

基本问题:社会秩序如何可能? 是什么将现代社会凝聚在一起? 数以百万计的社会行为人之间的行为如何加以协调?

基本答案:社会秩序有赖于意义和有效性,有赖于通过交往和商谈维持的生活世界的完整性。社会秩序在某个程度上还取决于工具性、策略性行为在市场和行政管理等系统内的整合力量。共享的意义、理解、理性与有序的工具理性系统一起,将社会凝聚在一起。

2. 社会本体论

基本问题:现代社会是什么样子的?现代社会由什么组成?

基本答案:现代社会由两种社会存在组成:生活世界和系统。交往和商谈来源于生活世界。工具性、策略性行为来源于系统。

3. 批判性社会理论

基本问题:造成现代社会生活病态的根本原因是什么? 为什么人们大都接受并维持不保护他们利益的社会系统?目前维持生活世界所面临的最紧迫的威胁是什么?我们该采取什么样的应对措施?

基本答案:系统——市场和行政——不断扩张并对作为交往行为和商谈来源的生活世界进行殖民,而生活世界侵蚀了系统所存身的根基。人们被驱使而一律呈现出工具性、策略性行为的特征,脱离了生活的最终目标,从而经历着意义和自主权的失落。生活世界需要保持完整性,需要减轻系统对非系统领域的入侵所造成的副作用。

四、商谈伦理学专题

1. 道德的商谈理论

基本问题:道德秩序如何可能? 什么是行为道德上正当或不当的标准?我们如何知道,或者我们要怎么样才能知道,什么是正确/错误的?

基本答案: 道德秩序取决于其有效性可证明的规范的存在,以及大部分行为人都倾向于接受这样的规范的事实。行为的正误取决于有效的道德规范是允许还是禁止这样的行为。规范的有效性在于这个规范体现了普遍的利益,并且这点是可以加以证明的。要判断一个规范是否具有有效性,只要检验这个规范是否有能力在道德商谈中引出理性的协定。

2. 伦理的商谈理论

基本问题:伦理问题同道德问题相对比,具有什么样的不同之处? 伦理问题的社会与政治意义是什么?

基本答案:伦理商谈关注的是个人幸福和共同体的善的问题。伦理商谈涉及对传统的批判性借用和对价值的阐释。

五、政治理论专题

1. 政治的商谈理论

基本问题:秩序良好的政治体系如何可能? 法律、政策、政治决策的正当性依据何在?

基本答案:秩序良好的政治体系必须满足以下条件:私人

和公共的自主权具有恰当的平衡；理性决议在很大程度上对政治秩序起到稳定的作用，这种决议由对公民社会的非正式公共领域具有敏感性的体制来制定。法律的正当性取决于法律与公民社会通过商谈而产生的观点、价值观、规范保持一致。

2. 法律的商谈理论

基本问题：什么是有效的法律？有效的法律规范扮演什么角色？

基本答案：有效的法律必须是实定的、可执行的、正当的。正当的法律必须与道德、伦理、实用因素相一致，必须服从法治共同体的善。有效的法律规范授予并行使政治权力。有效的法律规范支撑道德规范，辅助协调个人行为并建立社会秩序。

索　引

（条目后的数字为原文页码）

A

Adorno, T. 阿多诺 4-9, 13-14, 18, 24, 54, 60, 66, 76-7

Apel, K-O. 阿佩尔 31

atomism 原子主义 30, 50-1

Austin, J. L. 奥斯汀 49

see also illocutionary/perlocutionary distinction 也见以言施事和以言取效的区别 49-50

Autonomy 自主权

Mündigkeit 成熟状态 15, 18

rational self-mastery 理性自主 61

private and public autonomy 私人自主权和公共自主权 109-11

see also post-conventional morality也见后习俗道德

B

Between Facts and Norms《在事实与规范之间》76, 107, 114, 118-19

Bühler, K. 比勒 32

C

Christianity 基督教 63-4, 67-8

civil society 公民社会 10-11,108-18, 120-1

in East Germany 东德的 130

European 欧洲的 132, 136

common good/interest 共同善/利益 12-13

see also principle (U), 也见(U)原则

universalization process and law 普遍化过程和法律 117-18

communicative action 交往行为 40-1,48, 53, 56, 60

communicative power 交往性权力 119-20

consensus/agreement 共识/协定 34-42

and morality 和道德*see* principle (U) 参见(U)原则

and law 和法律 115-17

constitutional patriotism 宪政爱国主义xviii 126-8

critical theory 批判理论 3-4, 10, 14-15, 23-4, 57, 66

Habermas's critical social theory 哈贝马斯的批判社会理论 57-61

D

Dahrendorf, R. 达伦多夫 xvi
democracy 民主(政治) 13, 14-5, 107-8, 109-113
  in Europe 欧洲的 135, 137
democratic principle 民主原则 115, 116-18
  and legitimate law 与正当的法律 115-18
  and principle (D) 与 (D) 原则 115-17
  and critical theory 与批判理论 120-1
Dewey, J. 杜威 17
dialectic of enlightenment 启蒙运动的辩证法
  Dialectic of Enlightenment《启蒙辩证法》6-8, 14-15
  see also Adorno and Horkheimer 也见阿多诺和霍克海默
Dilthey, W. 狄尔泰 18-19, 20-2
discourse 商谈 40-1, 53
  rules of 的规则 43
  types of 的类型 42
  ethical 伦理的 92-8, 103-5
  moral 道德的 76-90
  pragmatic 实用的 91-2
discourse principle (D) 商谈原则 (D) 79-81
  and the democratic principle 与民主原则 115-17
Durkheim, E. 涂尔干 18, 25-6

E

equality 平等 12, 14
Enlightenment 启蒙运动 6-7, 11-13
  see also dialectic of enlightenment 也见启蒙的辩证法
  see also unfinished project of modernity 未竟的现代性事业
ethical discourse 伦理商谈 92-8, 103-5
  see also values 也见价值
ethics 伦理 *see* ethical discourse 参见伦理商谈
Europe 欧洲 131-8
European integration 欧洲的整合 131-2
European Union 欧盟 134-7

F

Feuerbach, L. 费尔巴哈 23
Frankfurt School 法兰克福学派 1-5, 8, 13
  see also Institute for Social Theory 也见社会理论研究院
freedom 自由 13, 14, 15-16, 111-12, 121

see also autonomy, private and public 也见私人的和公共的自主权
see also popular sovereignty 也见人民主权
Frege, G. 弗雷格 19, 20, 22

G

Gadamer, H-G. 伽达默尔 18
Germany 德国 122-32
Federal Republic of Germany (Basic Law) 德意志联邦共和国(基本法) 127-9, 131
historian controversy 史家论战 126
German identity 德国身份 127, 131
unification 统一 127, 131
goodness, the good 善*see* ethics, ethical discourse 参见伦理,伦理商谈

H

Hegel, G. W. F. 黑格尔 1, 8, 74, 92
Heidegger, M. 海德格尔xiv, 30, 51, 66
Hobbes, T. 霍布斯 25, 51
Horkheimer, M. 霍克海默 xv, 2-9, 13-14, 18, 24, 54
human rights 人权 109-13
Husserl, E. 胡塞尔 51

I

ideology 意识形态 4-5, 11-13, 23-5
ideology criticism 意识形态批判 12, 23-5, 58
see also immanent criticism 也见内在批判
illocutionary/perlocutionary distinction 以言施事和以言取效的区别 49-50
immanent criticism 内在的批判 (immanent critique, internal criticism) (内在的批评, 内部批判) 9, 12, 66
Institute for Social Research 社会理论研究院 xv, 1
see also Frankfurt School 也见法兰克福学派
instrumental (and strategic) action 工具性的(与战略的)行为 48, 55-6
instrumental rationality/reason 工具合理性/理性 6, 24, 50, 54, 58, 66
Adorno and Horkheimer on 阿多诺和霍克海默论 6
and social order 与社会秩序 25-6, 50
see also pragmatic discourse 也见实用商谈

K

Kant, I. 康德 15, 68, 71, 83, 85
categorical imperative 绝对律令 68
see also autonomy (Mündigkeit) 也见自主权(成熟状态)
see also Kolhberg and post-conventional morality 也见科尔伯格与后习俗道德
Kohlberg, L. 科尔伯格 69-72, 78, 125

L

law 法律 113-18
and social integration 与社会整合 115-18
legitimacy of law 法律的正当性 11, 115
positive law 实定法 115
law and morality 法律和道德 117-18
validity of law 法律的有效性 114
legitimacy 正当性 11
of law 法律的 115-18
of government 政府的 106-9
liberalism 自由主义 109-13
Habermas and Rawls's liberalism 哈贝马斯和罗尔斯的自由主义 99-103
lifeworld 生活世界 51-3, 55-7, 61
colonization of 的殖民化 56-8, 61
linguistic turn 语言学转向 28-30

M

mass culture (the culture industry) 大众文化(文化工业) 4-5, 13
McCarthy, T. 麦卡锡 69, 104
MacIntyre, A. 麦金太尔 66
Mead, G. H. 米德 17, 83-5
Meaning 意义 19-22, 24, 31-47
of actions 行动的 19-22, 24, 31
pragmatic meaning 语用意义 28, 31-40, 43-4
propositional (truth-conditional) meaning 命题的 (真值条件)意义 31-2
modernity 现代性 27, 62-3, 69-75
and law 与法律 117-18
and the nation state 与民族国家 122
Philosophical Discourse of Modernity《现代性的哲学话语》 66
unfinished project of 未竟的事业 65-7, 74-5
see also social evolution 也见社会进化 69-75
morality 道德 60-1, 67-72, 76-91, 98-104

morality and ethics 道德和伦理 92-5, 97-104, (priority of morality) (道德优先权) 99-104
moral development 道德发展 69-72
moral principle (U) 道德原则 (U) 79, 81-3, 86-7
objections to discourse ethics 对商谈伦理学的异议 87-9
universalization process 普遍化进程 83-6
Marx, K. 马克思 xv, 1, 8, 16, 17, 23
Marxism 马克思主义 xvi, 16-17, 73
see also ideology criticism 也见意识形态批判 12, 23-5, 58

N

nation state 民族国家 122
nationalism 民族主义 122, 124-6, 131
natural science 自然科学 20, 67
Neurath, O. 纽拉特 12, 52

P

Parsons, T. 帕森斯 18, 26
Peirce, C. S. 皮尔斯 17
pragmatism 实用主义 17, 18
see also pragmatic discourse 也见实用商谈
see also pragmatic meaning 也见实用意义
popular sovereignty 人民主权 109-13
post-conventional morality 后习俗道德 70-72
see also Kohlberg 也见科尔伯格
post-conventional society 后习俗社会 72-4
see also social evolution 也见社会进化
public sphere (öffentlichkeit) 公共领域 8-15, 108, 109-13
see also civil society 也见公民社会
Putnam, H. 普特南 104-5

R

Rawls, J. 罗尔斯 100-103
rightness (moral) 正当性 (道德的) 37, 45, 68, 81, 85
rightness and goodness 正当性和善
see morality and ethics 参见道德和伦理
see also morality, principle (U) 也见道德原则 (U)

S

social contract 社会契约 25

social evolution 社会进化 69, 72-5, 78, 125
social ontology 社会本体论 51-6
social order 社会秩序 25-7, 113-18
social pathologies 社会病理 55-8, 61
Structural Transformation《结构转型》8-14, 15, 16, 58
system 系统 53-56, 56-61

T

technology 技术 6-7
Theory of Communicative Action《交往行为理论》16-19, 28-46, 47-61, 76
truth 真实性 14, 35-7, 45

U

understanding 理解 20-22, 24, 38

V

validity 有效性 26-7, 35-6, 39-40,45-6
validity dimensions 有效性维度 64-5
validity and ethical discourse 有效性和伦理商谈 93-7
  moral validity 道德有效性 *see* principle (U) 参见(U)原则
  legal validity 法律的有效性 108-21
value spheres 价值领域 63, 64
values 价值 93-4
  see also ethics, ethical discourse 也见伦理，伦理商谈

W

Weber, M. 韦伯 18, 19, 20,
  on the meaning of actions 论行为的意义 21-2
Weil, S. 韦伊 16

James Gordon Finlayson

HABERMAS

A Very Short Introduction

Acknowledgements

I am grateful to all my colleagues in the Department of Philosophy at the University of York. I greatly appreciated discussing ideas with Marie McGinn and Stephen Everson. Tom Baldwin was all I could have wished for in a colleague and head of department, and I benefited greatly from his friendship, encouragement and encyclopaedic knowledge of philosophy. Above all Christian Piller was both a good friend, departmental neighbour, and conversation partner, whom I made find out more about Habermas than he bargained for, and whose insightful questions always left me thinking more deeply and more clearly than I had before. In 2003, I was fortunate to have the opportunity to teach Habermas's discourse ethics to an excellent class of students at the University of York. I gained ideas from the contributions of Robin Howells and Alexander Perry. I am indebted also to Matt Brown, Juliana Sokolová, Sonja Schnöring, John-David Rhodes, Charlie Burns and William Outhwaite, all of whom read and or commented on drafts of the book; to Marsha Filion, the commissioning editor at Oxford University Press, Alyson Lacewing and Peter Butcher at Refinecatch, who helped me to make order out of managed chaos. I would especially like to thank Dr. Ting-Ming Li and Connie Dibiasio both of whom, in different ways showed me care, generosity, and kindness, over the last few years. Finally, my parents Kathryn and Jon Finlayson, and Juliana deserve special mention, for their love, support and goodwill, upon which I have been able to rely in difficult times.

Contents

Preface: Who is Jürgen Habermas? xi

Abbreviations xxi

List of illustrations xxiii

1 Habermas and Frankfurt School critical theory 1

2 Habermas's new approach to social theory 16

3 The pragmatic meaning programme 28

4 The programme of social theory 47

5 Habermas's theory of modernity 62

6 Discourse ethics I: the discourse theory of morality 76

7 Discourse ethics II: ethical discourse and the political turn 91

8 Politics, democracy, and law 106

9 Germany, Europe, and post-national citizenship 122

Appendix 139

Further reading 143

Preface: Who is Jürgen Habermas?

Jürgen Habermas is one of the most important and widely read social theorists in the post-Second World War era. His theoretical writings are influential in many different areas of the humanities and social sciences. Students of sociology, philosophy, politics, legal theory, cultural studies, English, German, and European studies will all undoubtedly come across his name at some time. There are several reasons why his work has such a wide influence. To begin with, Habermas is an interdisciplinary theorist. His range of reference is prodigious. He is the very opposite of what the sociologist Max Weber (1864–1920) called a 'specialist without spirit', that is the academic who never ventures beyond the narrow domain of his own expertise. Because his work transcends the disciplinary boundaries that most academics and students work within, most of his readers have only ever encountered one facet of his work. Furthermore, Habermas has been writing for nearly fifty years and has produced a huge amount of work. In addition to his profile as a social and political theorist, he is one of the foremost public intellectuals in Europe today. He is the doyen and inspiration of the democratic left in Germany and, in keeping with the tenets of his philosophy, makes frequent critical interventions – as a citizen, rather than as an academic – in the German and European public spheres on matters of general cultural, moral, and political concern.

To keep this book short, I have provided very little information about Habermas's life. This is not because it is uninteresting, though the lives

1. Jürgen Habermas

of academics rarely make for ripping biographies, but because I believe the work is more important than the man. (That said, I shall not go so far as Martin Heidegger who, when writing about the philosopher Aristotle, noted only that 'he was born at such and such time, he worked and died'.) Habermas's work was informed and motivated by the momentous historical events he lived through, in particular by the end of the Second World War in 1945, the emergence of the Federal Republic of Germany from its economic and social ruins, the Cold War, the student protests of 1968, the fall of the Berlin Wall in 1989, and the demise of the Soviet Union.

Habermas was born in Düsseldorf in 1929. He was brought up in a middle-class German family who uncritically adapted to the Nazi regime without actively supporting it. His own political views first took shape in 1945, when he was 16. Towards the end of the war, like nearly all healthy German adolescents of his age, he joined the Hitler Youth movement. After the war, when he viewed the Holocaust film documentaries and followed the proceedings of the Nuremberg trials, his eyes opened to the horrifying reality of Auschwitz and the full extent of the collective moral catastrophe of the Nazi period.

As a young man he studied philosophy in Göttingen, Zurich, and Bonn. He was no radical. Between 1949 and 1953 he immersed himself in the work of Martin Heidegger. However, he soon became disillusioned with him, not so much because of Heidegger's membership of and public support for the Nazis, but because of his subsequent evasiveness, his refusal to express any sorrow for his actions, to acknowledge them and put them behind him. In 1949 the first government of the Federal Republic of Germany was established, led by the conservative Konrad Adenauer. The young Habermas's relation to Heidegger, which began with hopeful enthusiasm but soon turned to feelings of disappointment and betrayal, was symptomatic of his relation to the whole Adenauer regime: in his view it represented a collective and calculated refusal to acknowledge and break with the past.

2. Martin Heidegger. As a student Habermas engaged with his work. Later he was highly critical of Heidegger's silence about his membership of the Nazi party.

In 1954 Habermas obtained a doctorate with a dissertation on the German Idealist philosopher Friedrich Schelling. He then turned to the work of Herbert Marcuse and the early Karl Marx, and two years later became the first research assistant of the philosopher Theodor W. Adorno at the Institute for Social Research at Frankfurt. Habermas was moved by the experience of his teachers at Frankfurt, Adorno and Max Horkheimer, both of German Jewish origin, and both of whom had an understandably ambivalent sense of belonging to German tradition. From them Habermas learned how to identify with his own German traditions from a critical distance, which enabled him, as he put it, 'to continue them in a self-critical spirit with the scepticism and the clear-sightedness of the man who has already once been fooled' (AS, 46). In this period Habermas's work became more radical and more sympathetic to Marx. Too much so for the liking of Horkheimer, the Institute's director, who took exception to Habermas's openly Marxist views and engineered his departure from the Institute. In 1958

3. Konrad Adenauer, the first Chancellor of the Federal Republic of Germany

Habermas left Frankfurt for the University of Marburg, where in 1961 he received his Habilitation. Thereafter, he became Professor of Philosophy at Heidelberg and, in 1964, returned to take up the post of Professor of Philosophy and Sociology at the University of Frankfurt. During this time of political ferment, Habermas famously fell out with the student radicals, with whom he was broadly speaking sympathetic, when he provocatively termed their policy of out and out confrontation with all authority 'left-fascism'. From 1971 to 1983 he was the director of the Max Planck Institute in Starnberg. In 1983 Habermas returned to teach philosophy at the University of Frankfurt, where he established his reputation as a leading social thcorist, and as a respected voice of the democratic left in West Germany.

In November 1989 the Berlin Wall fell, and in the aftermath Habermas witnessed at first hand the unification of Germany. He was among those who were highly critical of the way the unification process was conducted. In the early 1990s Habermas became increasingly interested in the work of the American political philosopher John Rawls, in his conception of liberalism, and in the tradition of American constitutional democracy. Habermas's critics on the left often paint a caricature of his career, according to which he began as a Marxist critic of capitalism and ended up as a defender of American liberal democracy. This caricature, though superficially plausible, is simplistic and based on an inability to grasp the complexity of his political and intellectual allegiances. Habermas was as much critic of Marxism as Marxist critic, and has always had grave misgivings about both capitalism and liberalism. Yet he counts West Germany's successful appropriation of the traditions of Western democracy as its greatest cultural achievement, even if he values these traditions more negatively, as a way of 'breaking with the wrong continuities' of his own political culture, than positively. For just this reason the German sociologist Ralph Dahrendorf went so far as to dub him, not without a certain irony, 'Adenauer's true grandson' (BR, 88–9). In all this complexity, and in spite of the great changes in the intellectual and political climate of the last fifty years, there is an extraordinary continuity to Habermas's intellectual and political vision.

I have sketched the psychological motivation and the biographical origins of Habermas's ambivalent relation to Germany and his enduring misgivings about nationalism. However, one should avoid the temptation to personalize these aspects of his work. It is easy to forget that the inherent complexities and tensions of recent German history and politics are alive and actual. This is made vivid to public visitors to the transparent dome of the Reichstag in Berlin, from where one can both look out, toward the Brandenburg Gate and the new Holocaust memorial, and also look right down into the parliamentary chamber below.

No social and political theory captures these complexities and tensions as nicely, and uses them to better advantage, than Habermas's. They

4. Holocaust memorial, Berlin, with the Brandenburg Gate and the new transparent dome of the Reichstag in the background

ground his cosmopolitanism, his support for the European Union, his distrust of nationalism and defence of constitutional patriotism, and his moral universalism. Habermas's philosophy is at once thoroughly German, and not the least parochial.

Retired from his post in Frankfurt since 1994, Habermas lives and writes in Starnberg and teaches part-time in the United States. He still regularly appears in print, and is as active a political and cultural commentator as he ever was. Recently he has written on subjects as diverse as bioethics, gene technology, Iraq, terrorism, cosmopolitanism, and American foreign policy after 9/11.

Most of this book is given over to discussion of Habermas's mature theory, the work that appeared between 1980 and the present. I have devoted less space to his occasional political writings. There is no implied judgement here of the relative importance of Habermas's life as a public intellectual and his career as an academic; it is just that his theory is so much harder to grasp than are his political opinions and cultural observations, which are written for a lay audience and can stand alone.

Habermas is, in a very German and nowadays somewhat unfashionable way, a purveyor of grand theory. He asks big questions about the nature of modern society, the problems facing it, and the place of language, morality, ethics, politics, and law within it. His answers are complex and wide-ranging, having been painstakingly pieced together from his knowledge of several different disciplines. Moreover, his major works are forbiddingly long and technical. He does not write for beginners, and reading his work for the first time can be a frustrating experience. While he concentrates on the big picture, he often leaves it to his collaborators and followers to fill in the details at a later date. Sometimes individual pieces of the argument are missing. At the same time, he is in constant dialogue with his critics, and frequently reformulates his ideas in response to them, making small adjustments the implications of which are not always obvious. For all these reasons, it is easy for readers who lack the big picture and do not know what is of central and what is of only marginal importance to lose their bearings. One aim of this book is to give the bigger picture, by placing the different parts of his work in the context of the whole project. To that end I shall begin by offering an outline of Habermas's entire body of mature work. It divides up into five research programmes:

1. the pragmatic theory of meaning;
2. the theory of communicative rationality;
3. the programme of social theory;
4. the programme of discourse ethics;
5. the programme of democratic and legal theory, or political theory.

Each programme is relatively self-standing, and makes a contribution to a separate area of knowledge. At the same time, however, each stands in a more or less systematic relation to all the others.

Habermas's pragmatic theory of meaning, together with his theory of communicative rationality, provide the guiding ideas of his social, ethical, and political theory. In turn, these three research programmes mutually support each other. I call them research programmes because each of them is still ongoing. Each programme answers a different set of

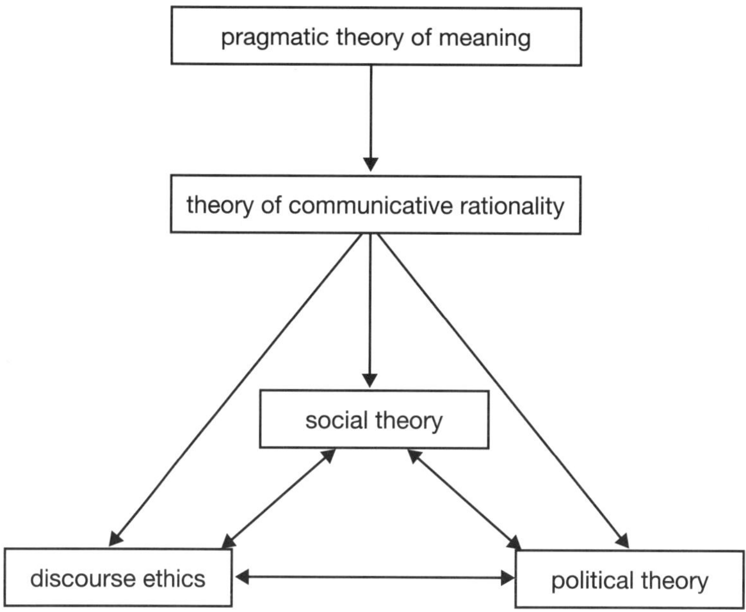

5. Overview of Habermas's research programmes

questions, by combining insights from different disciplines. I give a brief synopsis of each programme in the Appendix at the end of the book. In the following chapters I go through these programmes in roughly the chronological order in which Habermas conceived them.

Abbreviations

AS *Autonomy and Solidarity: Interviews with Jürgen Habermas*, ed. P. Dews, revised and enlarged edn. (London: Verso, 1992)

BFN *Between Facts and Norms*, tr. William Rehg (Cambridge: Polity Press in association with Blackwell, 1996)

BR *A Berlin Republic: Writings on Germany*, tr. S. Rendall (Lincoln: University of Nebraska Press, 1997)

CES *Communication and the Evolution of Society*, tr. Thomas McCarthy (London: Heinemann Educational Books, 1979)

DEA *Die Einbeziehung des Anderen* (Frankfurt: Suhrkamp, 1996)

DMUP *Die Moderne – Ein Unvollendetes Projekt* (Leipzig: Suhrkamp, 1992)

JA *Justification and Application* (Cambridge: Polity Press, 1993)

MCCA *Moral Consciousness and Communicative Action* (Cambridge: Polity Press, 1990)

NR *Die Nachholende Revolution* (Frankfurt: Suhrkamp, 1990)

OPC *On the Pragmatics of Communication*, ed. Maeve Cooke (Cambridge: Polity Press, 1998)

PDM *The Philosophical Discourse of Modernity: Twelve Lectures*, tr. F. Lawrence (Cambridge: Polity Press, 1987)

RR *Religion and Rationality: Essays on Reason, God and Modernity* (Cambridge: Polity Press, 2002)

TCA 1 *The Theory of Communicative Action*, vol. 1 (Cambridge: Polity Press, 1984)

TCA 2 *The Theory of Communicative Action*, vol. 2 (Cambridge: Polity Press, 1987)

TIO *The Inclusion of the Other*, tr. C. Cronin and P. De Greiff (Cambridge: Polity Press, 1998)

TPF *The Past as Future: Jürgen Habermas Interviewed by Michael Haller*, tr. Max Pensky (Cambridge: Polity Press, 1994)

YAGI 'Yet Again German Identity: A Unified Nation of Angry DM-Burghers?' in *New German Critique*, 52, Winter (1991): 84–101.

List of illustrations

1 Jürgen Habermas xii
© Ullstein, P/F/H

2 Martin Heidegger xiv
© Ullstein, AKG Pressenbild

3 Konrad Adenauer makes his first speech as Chancellor, 20 September 1949 xv
© akg-images

4 Holocaust memorial, Berlin xvii
© Ullstein, Eckel

5 Overview of Habermas's research programmes xix

6 Max Horkheimer 2
© Ullstein, Keystone

7 Theodor Adorno 5
© Ullstein, AKG Pressenbild

8 Karl Marx 17
© Ullstein, Ullstein Bild

9 Karl Bühler's organon model of language 33

10 The three types of discourse 42

11 The three value spheres 64

12 The three validity dimensions 64

13 Fall of the Berlin Wall 129
© Peter Turnley/Corbis

The publisher and the author apologize for any errors or omissions in the above list. If contacted they will be pleased to rectify these at the earliest opportunity.

Chapter 1
Habermas and Frankfurt School critical theory

The Frankfurt School

Habermas is best known in the English-speaking world as the author of *The Theory of Communicative Action*, of various essays on discourse ethics, and of *Between Facts and Norms*, the works in which, roughly speaking, his social, moral, and political theory respectively are developed. Habermas is also known as the leading light of the second generation of Frankfurt School theorists, and his work is best understood as the fruit of an ongoing response to the critical theory of the first generation of Frankfurt School theorists.

The Frankfurt 'school' as it has come to be known, was a group of philosophers, sociologists, social psychologists, and cultural critics who worked in the period before and after the Second World War for the privately financed Institute for Social Research, based in Frankfurt. These thinkers, who published their work in the Institute's *Journal for Social Research*, worked loosely speaking within a common paradigm; that is, they shared the same assumptions, asked similar questions, and were all influenced by the dialectical philosophy of G. W. F. Hegel (1770–1831) and Karl Marx (1818–1883). The modern German tradition of dialectical philosophy in which they worked, sometimes called Hegelian-Marxism, was by no means the dominant one at the time. They were an intellectual minority, opposed to the reigning

European tradition of neo-Kantianism, and the Anglo-Austrian tradition of logical empiricism. This is how the retrospectively adopted talk of the 'Frankfurt School', and of Frankfurt School theory, should be understood.

6. Max Horkheimer, director of the Institute for Social Research, in Frankfurt

Max Horkheimer (1895–1973), the patrician director of the Institute, was chiefly responsible for developing the paradigm of 'critical theory' during the 1930s.

In Horkheimer's view, critical theory was to be a new interdisciplinary theoretical activity which supplemented and transformed the dialectical philosophy of Hegel and Marx with insights from the relatively new discipline of psychoanalysis, from German sociology, anthropology, and less mainstream philosophers such as Friedrich Nietzsche (1844–1900) and Arthur Schopenhauer

(1788–1860). The resultant approach had four chief characteristics: it was interdisciplinary, reflective, dialectical, and critical.

The Frankfurt School were among the first to approach questions of morality, religion, science, reason, and rationality from a variety of perspectives and disciplines simultaneously. They believed that bringing different disciplines together would yield insights that were unobtainable by working within narrow and increasingly specialized academic domains. Thus they challenged the widespread assumption of the time that the empirical approach of the natural sciences was the only valid one.

Unlike what Horkheimer called 'traditional theory', which included almost everything from mathematics and formal logic to natural science, *critical theory* was reflective, or inherently self-aware. A critical theory reflected on the social context that gave rise to it, on its own function within that society, and on the purposes and interest of its practitioners, and so forth, and such reflections were built into the theory.

Together with its interdisciplinarity, the reflectiveness of critical theory was supposed to unmask what the Frankfurt School theorists considered to be the 'positivist' illusion afflicting traditional theories (such as the natural sciences), namely that the theory is just the correct mirroring of an independent realm of facts.

That dualist picture of knowledge encouraged the belief that facts were fixed, given, and unalterable, and independent of the theory. Critical theorists rejected that picture in favour of a more Hegelian, dialectical conception of knowledge, according to which the facts and our theories are part of an ongoing dynamic historical process in which the way we view the world (theoretically or otherwise) and the way the world is reciprocally determine each other.

Finally, Horkheimer maintained that a critical theory should be *critical*. This requirement comprised several distinct claims.

Generally it meant that the task of theory was practical, not just theoretical: that is, it should aim not just to bring about correct understanding, but to create social and political conditions more conducive to human flourishing than the present ones. More specifically, it meant that the theory had two different kinds of normative aim, diagnostic and remedial. The goal of the theory was not just to determine what was *wrong* with contemporary society at present, but, by identifying progressive aspects and tendencies within it, to help transform society for the better.

When the political climate of Nazism made it impossible for its members (almost all of whom were of Jewish descent) to continue their work in Frankfurt, the Institute was temporarily relocated, first to Geneva and then to the United States, where they encountered at first hand a social phenomenon that was new to them, a consumer society in hock to a Fordist model of industrial capitalism and mass production. They were struck in particular by the way in which culture had been industrialized by big Hollywood film companies, broadcasting media, and publishing firms. These giant monopolistic corporations exerted subtle techniques of manipulation and control which had the effect of making people accept and even affirm a social system that, behind their backs, thwarted and suppressed their fundamental interests. For example, the predictable happy endings of Hollywood 'B' movies provided ersatz satisfactions for mass audiences. Instead of being critical of social conditions that prevented them finding true happiness, they vicariously experienced the fictional happiness of their screen idols. Culture unwittingly played the role of an advertisement for the way things are. Horkheimer and his younger colleague Theodor W. Adorno (1903–1969), referred to this phenomenon as the 'culture industry'.

It formed a vital part of a wider tendency of capitalist society to create and transform people's needs and desires to the extent that they actually desired the dross that was manufactured for them, and

7. Theodor Adorno, musicologist, social theorist and philosopher. Habermas's colleague and mentor at the Institute for Social Research.

they ceased to want to lead fulfilling and worthwhile lives. Analysis of these phenomena furnished insights into the ways in which the consciousness of subjects could be manipulated by advertising and other means to create what the Frankfurt School theorists thought of as a false state of reconciliation. False reconciliation was brought about by the belief that the social world was rational, conducive to human freedom and happiness, and unalterable, when in fact it was deeply irrational, an obstacle to human freedom and happiness and alterable. A century before, under rather different circumstances in Prussia, Hegel had argued that a true reconciliation had been reached, namely in those social and political conditions that rational subjects could accept and affirm, because, all things considered, they satisfied their deepest interests. The Frankfurt School, under the influence of Marx and with their experience of the twentieth century, turned Hegel's optimism upside down.

By the time Horkheimer returned to Frankfurt in 1949, both he and Adorno had become more pessimistic about the chances of realizing the practical goal of critical theory – a radical transformation of society. This pessimism was grounded theoretically in the analysis set out in their famous co-authored *Dialectic of Enlightenment* (1947, but first published in 1944 as a mimeograph entitled *Philosophical Fragments*).

Adorno's and Horkheimer's analysis of Enlightenment sets the agenda for the subsequent development of critical theory. They began from the Hegelian assumption (shared by Marx) that human beings shape or determine the world around them through their mental and physical activity – or as Marx would say, through their intellectual and manual labour. Then they added an historical thesis that by the 18th century instrumental rationality, namely the calculation of the most efficient means for achieving a given end or desire, had become the dominant form of knowledge. The historical process of enlightenment privileged natural scientific and technologically exploitable forms of knowing above all others. Adorno and Horkheimer argued that the natural sciences, which make testable generalizations and predictions about external nature, are a covert form of means/ends reasoning. Anthropologically speaking, science is just an instrument that furthers man's fundamental need to master and control his environment. Technology and industry are the extension and application of this instrument.

Adorno and Horkheimer claim that the industrialized and bureaucratized modern world is formed by a process of rationalization. The 20th-century social world is the result of the actions of human beings, whose faculty of reason has atrophied to a mere calculus of the most efficient means to a given end. The increasing mathematization and objectification of nature has led to the demise of mythical and religious world views. At the same time, the concepts by which human beings come to know their world arise from specific historical and social circumstances. Adorno and Horkheimer argue that institutional life is increasingly formed by science and technology, that is by instrumental rationality. Modern forms of sociality (institutionalized forms of instrumental rationality) give rise in their turn to instrumental concepts, representations, and ways of thinking about the world: they generate a scientific, calculating, and functional mindset. A vicious spiral ensues in which instrumental rationality becomes exclusive and total.

There is a sinister aspect to the assumption that science and rationality serve man's underlying need to manipulate and control external nature: that domination and mastery are very close cousins of rationality. Not only science and technology, but rationality itself is implicated in domination. According to Horkheimer and Adorno, even primitive forms of rationality, like magic, are incipient forms of man's domination over nature and over other human beings. For magicians cast their spells in order to bring nature under control, and their having magic powers creates social hierarchies.

Ironically, then, the very process of enlightenment which was, according to 18th-century Enlightenment thinkers such as Rousseau, Voltaire, Diderot, and Kant, supposed to liberate man from nature and to lead to human freedom and flourishing, rebounds upon him. Gradually, as industrialization and capitalism take hold in the 19th century, human beings are subjected to ever more pervasive networks of administrative discipline and control, and to an increasingly powerful and untameable economic system. Instead of liberating man from nature, the process of enlightenment imprisons man, who is himself a part of nature. Instead of economic plenty, there is misery and poverty. Instead of moral progress, there is regression to barbarism, violence, and intolerance. This is the 'dialectic of enlightenment' that informed Horkheimer's and Adorno's understanding of their social world and influenced their diagnosis of its faults.

In the eyes of the young Habermas, this unwarranted pessimism blunted the critical aim of social theory. If their diagnosis was true, if enlightenment, which was supposed to bring human beings liberty and plenty, was, from its very inception, also destined to bring them unfreedom and misery, critical social theory was caught in a bind. For social theory is itself a form of enlightenment, on Adorno's and Horkheimer's very broad understanding of that term: it is a theory that should lead both to greater understanding of the social world and to its practical amelioration. In which case, as Adorno and Horkheimer acknowledge in the Preface to *Dialectic of Enlightenment*, enlightenment is both necessary and impossible: necessary because humanity would otherwise continue hurtling towards self-destruction and unfreedom, and impossible because enlightenment can only be attained through rational human activity, and yet rationality is itself the origin of the problem. This was the *aporia* that led Horkheimer and Adorno to become ever more circumspect about the concrete political aims of critical theory. (*A-poria* is a Greek word meaning literally 'no passage' and figuratively 'perplexity'.) Adorno's faith in the capacity of any theory to guide social, political, or moral emancipation soon waned to the point that he considered almost any collective political action to be premature, arbitrary, and futile. The difference between Habermas and his teachers is that while they thought the *aporia* was real, he thought it resulted from a flaw in their analysis.

Habermas's initial response

Habermas's first major work, *Structural Transformation of the Public Sphere: An Investigation of a Category of Bourgeois Society* (1962), is a constructively critical response to Horkheimer's and Adorno's conception of critical theory. Though something of a *cause célèbre* in West Germany in the early 1960s, it was not translated into English until 1993. It attempts to resolve the problems of first-generation Frankfurt School critical theory, while remaining true to its original spirit and retaining some aspects of its diagnosis of social ills.

Structural Transformation remains true to the original paradigm in several ways. First, it is interdisciplinary, combining insights from history, sociology, literature, and philosophy. Second, it aims to locate the progressive, rational aspects of modern society and to differentiate them from the regressive, irrational ones. Third, like Horkheimer and Adorno before him, Habermas employs the method of *immanent criticism*. One can also call it internal, as opposed to external criticism. The critical theorists think this approach derives from Hegel and Marx. In some respects it is closer to the Socratic mode of argumentation, which assumes the position of the interlocutor, for the sake of argument, without actually endorsing it, in order to point out its incoherence and untruth. Whatever its origins, the critical theorists aim to criticize an object – a conception of society or a work of philosophy – on its own terms, and not on the basis of values or standards that transcend it, in order to bring its untruth to light.

Structural Transformation is an immanent criticism of the category of 'the public sphere' – a phrase that translates the German word *Öffentlichkeit*, which can mean publicity, transparency, and openness. According to Habermas, the ideals of the historical Enlightenment – liberty, solidarity, and equality – are implicit in the concept of the public sphere and provide the standard of immanent criticism. For example, 18th- and 19th-century bourgeois society can be criticized for not living up to its own ideals. Equally, West German society can be criticized for having fallen short of the inclusive, equal, and transparent society foreshadowed by those ideals. Thus *Structural Transformation* cleaves to the theoretical and practical aspirations of the original paradigm of critical theory: to understand the social world and to guide social change by illuminating potentials for social change.

However, Habermas provides a significantly different historical diagnosis of the social, political, and cultural situation to Horkheimer and Adorno. Although he does not openly criticize them until nearly two decades later, long after their deaths, Habermas thought that their account of rationalization was too one-sided and pessimistic, and that their concept of the dialectic of enlightenment lacked both empirical and historical justification and conceptual coherence. His own work attempts to rescue the original idea of critical theory by combining a more nuanced and justifiable history of the Enlightenment with a more coherent model of social theory.

The concept of the bourgeois public sphere

Structural Transformation charts the emergence of a reasoning public out of the literary public of the salons, clubs, and coffee houses of 18th-century Europe, and then depicts its gradual decline and disintegration. Habermas's narrative is quite detailed and betrays an extraordinary range of reference.

At the beginning of the 18th century, the establishment of civic rights guaranteeing the individual freedoms of association and of expression and the emergence of a free press gave rise to physical spaces such as coffee houses and salons and to literary journals, in which citizens could enter into free public discussion. They were fora in which people voluntarily came together and participated as equals in public debates. These arenas were autonomous in two senses: participation in them was voluntary, and they were relatively independent of the economic and political systems. Members of the public sphere did not just transact economically through exchange and contract in the pursuit of individual profit and self-interest. The public sphere consisted in voluntary associations of private citizens united in a common aim, to make use of their own reason in unconstrained discussion between equals. Soon, a shared culture developed that, among other things, helped the participants to discover and to express their needs and interests and to form a conception of the common good. According to Habermas, a normative notion of public opinion crystallized around the conception of the common good that was established in these fragile but sheltered arenas of public discourse.

As the authority and influence of the public spread, so gradually public opinion began to function as a check on the legitimacy of the powers of unrepresentative and closed government. By checking whether laws and policies were in the common good, the public could effectively test their legitimacy. Though the public sphere came to exercise a political and social function, however, it cannot be identified or associated with any particular political institution. It was an informal sphere of sociality located somewhere between bourgeois civil society and the state or government.

The public sphere as idea and ideology

Habermas's critical theory, as expounded in *Structural Transformation*, is a variant of immanent criticism known as the criticism of ideology, or ideology criticism. In order to understand what this is, we first have to examine the notion of ideology. Adorno defines ideology as 'socially necessary illusion' or 'socially necessary false-consciousness', and the young Habermas accepts something like the same definition. Ideologies are on this view the false ideas or beliefs about itself that society somehow systematically manages to induce people to hold. But ideologies are not ordinary false beliefs, such as my false belief that there is tea in my cup when there is coffee. Rather, ideologies are false beliefs that are very widely assumed to be true, because virtually all members of society are somehow made to believe them. Moreover, ideologies are functional false beliefs, which, not least because they are so widespread, serve to shore up certain social institutions and the relations of domination they support. This is the sense in which ideologies are *socially necessary*.

Ideology in this sense can fulfil social functions in various different ways. It may make what is in fact a social and man-made institution, and hence an institution that is in principle alterable, appear to be fixed and natural. Or it may make an institution that in fact serves the interests of a narrow class of people appear to serve the interests of everyone. If everyone, for example, believes that economic laws exist naturally and independently of human beings, then workers are more likely to accept low wages in return for their labour, rather than to see this exchange as a structural injustice in need of reform. Ideology criticism, then, is a type of immanent criticism that exposes these socially necessary illusions, and thereby, it is hoped, makes the object of criticism – here the illusion-forming social structure – more fluid and susceptible to change.

According to Habermas, the concept of the public sphere is both an idea and an ideology. The public sphere is a space where subjects participate as equals in rational discussion in pursuit of truth and the common good. As ideas, openness, inclusiveness, equality, and freedom were beyond reproach. In reality, though, they were simply ideologies or illusions. For in practice, the participation in the public sphere that existed in the coffee houses, salons, and the literary journals of 18th-century Europe was always restricted to a small group of educated men of means. Property and education were the two unspoken conditions of participation. In reality, the majority of poor and uneducated people, and almost all women, were excluded. Consequently, the idea of the public sphere remained merely Utopian, an inclusive and egalitarian vision of society worthy of pursuit, but never fully realized. The concept of the bourgeois public sphere remained ideological in the second sense too. For the notion of the common good or common interest to which the shared culture of the literary and reasoning public gave rise presented what were in fact the interests of a small group of educated men of means as the common interest of all humankind.

The critical point of Habermas's approach is to show that the idea of the bourgeois public sphere was, despite all this, more than a *mere* illusion, for it was *in principle* open: whoever had independent wealth and education was, regardless of standing, status, class, or gender, entitled to participate in public debate. No one was excluded *in principle* from participation in the public sphere, though many were *in practice*. The ideal of a universally accessible, voluntary association of private people, coming together as equals to engage in unconstrained debate in the pursuit of truth and the common good was Utopian to be sure, but it was a Utopia that was, and still is, worth pursuing. And for a brief while, in the 18th century, this Utopia not only gained intellectual currency, but began to be realized, fleetingly and partially, in social and political reality.

Decline of the public sphere

The second part of *Structural Transformation* charts the disintegration and decline of the public sphere. As newspapers and magazines gradually acquired a mass circulation, so they become absorbed into giant capitalist corporations that operated in the private interests of a few powerful individuals. Public opinion gradually lost its dual autonomy along with its critical function. Instead of fostering the formation of rational opinion and reliable beliefs, the public sphere in the 19th and 20th centuries became an arena in which public opinion could be stage-managed and manipulated. The mass-media newspapers, magazines, and bestseller novels became, along with radio and television broadcasts, consumer items, which instead of promoting freedom and human flourishing actually began to stifle it. To be sure, the state, economic, and political institutions became ever more skilled at winning public acclamation and support, and therewith the appearance of legitimacy. However, this support consisted in the private opinions of servile, uncritical, and economically dependent consumers, rather than in a healthy public opinion forged through reasoned public debate.

This rather grim view of the development of 20th-century Western capitalist society was consistent with much of Adorno's and Horkheimer's account of the way the culture industry created an increasingly homogeneous mass of docile and uncritical consumers. Habermas also adopts the Frankfurt School's rather pessimistic analysis that monopoly capitalism and welfare-state liberalism in the United States led ultimately to a diminution of human freedom, and to the hollowing out of democratic politics, and did not provide a fruitful alternative to the fragile social order of Weimar Germany that capitulated to Nazism.

For all that, Habermas is much clearer and more positive than Adorno and Horkheimer ever were about the path that should have been taken. The public sphere which in fact declined and fragmented should have deepened, broadened, and continued to exert a critical and legitimating function on the political and economic systems, pushing them into arenas of democratic control. Habermas concludes *Structural Transformation* with what is in the final analysis a hopeful speculation that such a development might still be forthcoming, on the basis of existing spheres of publicity internal to organizations such as political parties. Given the right political and social conditions, the ever-widening gap between the idea of the public sphere and social and political reality might be closed again.

Habermas's conception of critical theory

Habermas is interested in the concept of the public sphere because he sees it as the origin of the ideal of a democratic politics, and as the ground of the moral and epistemic values that nourish and maintain democracy – equality, liberty, rationality, and truth. Habermas's work always differed from that of his Frankfurt School mentors in that his deep concern for individual freedom was always wedded to an interest in the fate of democratic institutions and in the prospects for the renewal of democratic politics. Accordingly, he takes a much keener interest in the concrete institutional structure of democratic society than either Horkheimer or Adorno. In his view, critical theory had to say something about what kinds of institutions are needed to protect individuals against the attractions of political extremism, on the one hand, and the depredations of a burgeoning capitalist economy, on the other.

Adorno, like Marx before him, says little or nothing about what a good or rational society should look like, and like Michel Foucault (1926–1984) after him, is highly suspicious of institutions in general. The practical aim of Adorno's critical theory is to equip individuals with the capacities that would enable them to resist integration into the fateful homogenizing institutions of capitalist society. The most important of these is individual autonomy, understood in something like Immanuel Kant's (1724–1804) sense of *Mündigkeit* (sometimes translated as maturity) – the capacity to use one's own reason and think for oneself. For Adorno, though, *Mündigkeit* is linked to emancipation in an entirely negative way: emancipation in the current situation can only mean resistance to the established order, the capacity to say 'no', to refuse to adjust or adapt to current social reality. Habermas, by contrast, wants to identify the social and institutional conditions that foster autonomy: emancipation means the creation of truly democratic institutions capable of withstanding the corrosive effects of capitalism and the state administration.

Structural Transformation therefore gives a picture of enlightenment that is much less bleak and pessimistic than *Dialectic of Enlightenment*. In the latter, rationality itself is both the fateful cause of domination and the way to its possible undoing. Adorno's and Horkheimer's theory is self-consciously aporetic; it throws a little light on a situation from which there is no way out. Habermas's theory of the public sphere, by contrast, holds up the ideal of free rational discussion between equals as one that, though presently unfulfilled, is nonetheless worthy of pursuit.

Chapter 2
Habermas's new approach to social theory

Habermas's early work

Nearly twenty years after *Structural Transformation*, Habermas published *The Theory of Communicative Action*, the first major statement of his mature theory. The intervening two decades were by no means years of silence. Quite the contrary. In this period Habermas was extraordinarily productive, publishing several important volumes. If *Structural Transformation* marked the end of Habermas's intellectual apprenticeship, these were his years of journeying. During this intellectual journey, Habermas re-equipped and repositioned himself in respect of the tradition of Hegelian-Marxism in which he had never quite been at home. He did so by developing three related lines of thought.

Habermas's protracted critical engagement with Marx and his intellectual legacy during the 1960s and 1970s centred on the assumption that labour is the basic category of human realization and that human freedom can be meaningfully conceived as the emancipation of the forces of production and the transformation of the relations of production.

As others, including the French social theorist Simone Weil (1909–1943), had pointed out before, freedom so conceived does not amount to the emancipation of human beings and the abolition

8. Karl Marx. As a Marxist social theorist, Habermas was highly critical of Marx's social theory.

of social oppression. Human relations and human interactions must not be conflated with labour and work, because the latter are relations of a subject to an object and are merely instrumental, whereas the former are relations between subjects and are largely non-instrumental. In response, Habermas embarked on a study of the evolution of normative structures and of the development of moral consciousness as a kind of complement and corrective to Marxist thought, which was too preoccupied with the development of modes of production. This gave him a much richer conception of the social, and of human association, than Marxist theories usually allowed.

The second development was that Habermas became interested in the tradition of American pragmatism forged by William James (1842–1910), John Dewey (1859–1952), George Herbert Mead (1863–1931), and Charles Sanders Peirce (1839–1914), and the not altogether unrelated hermeneutic tradition running from Wilhelm Dilthey (1833–1911) through to Hans-Georg Gadamer (1900–2002). These traditions, American pragmatism and German hermeneutics, shared an important assumption, namely that philosophy must find its home in, and preserve its link with, everyday life. Philosophical theories and concepts have to pay their way by making a difference to the lives and the experience of real people in the actual world.

Third, alongside his critique of Marxism, and his engagement with hermeneutics and pragmatism, Habermas developed a critique of technology and science, and of scientistic and positivistic ways of thinking. Although better disposed to Vienna School logical positivism than Adorno and Horkheimer had been, Habermas remained critical of the view that all knowledge, particularly knowledge of the social world, must conform to the canons of natural science. Eventually, he developed the view that the different kinds of knowledge – theoretical, practical and critical – take shape within different frameworks, and serve different human interests. Theoretical knowledge is based on the human interest in technical control over nature; practical and moral knowledge is based on the human interest in understanding one another; while critical social theory and psychoanalysis are based respectively on the collective and individual interest in emancipation, in freedom from illusion, in autonomy (*Mündigkeit*), and the realization of the good life.

Though pregnant with characteristically Habermasian themes, this early body of work is now of largely biographical and historical interest. With *The Theory of Communicative Action* (1981), Habermas's wide-ranging influences begin to settle into a coherent programme of social theory, from which his social, moral, and political theory unfold. Much of the book is given over to discussions of the sociologists Max Weber (1864–1920), Emile Durkheim (1858–1917), Talcott Parsons (1902–1979), to the Hegelian Marxist Georgy Lukács (1885–1971), and to the critical theory of Adorno and Horkheimer. This is not a literature review.

Habermas's approach is reconstructive, not historical. He proceeds by critically appropriating competing theories and historical antecedents. In defence of this approach, he argues that the paradigms of social science (unlike those of the natural sciences) do not relate to one another as historical successors; social scientists do not drop one theory in favour of a better one, for social theories relate to one another as alternatives, competing, as it were, 'on equal footing' (TCA 1, 140). Accordingly, one criterion of a good social theory is the degree to which it can engage with its antecedents and competitors, explaining and preserving their successes, while remedying their defects. To this end, Habermas offers what he calls a 'history of theory with a systematic intent', an elaborate synthetic approach, responsible for the richness, but also for the daunting length, of his major works.

Rather than concentrate on Habermas's forays into the history of social theory, which can be rather tendentious, I will focus on the systematic intent of the work. His immediate aim in *The Theory of Communicative Action* is to solve three problems that, he thinks, stymied the thinkers in the above traditions.

Three problems of social theory

1. The problem of understanding meaning in the social sciences

The problem of understanding meaning in the social sciences is the problem of interpreting (or understanding the meaning of) human actions. The word for meaning here is the German word *Sinn*. For 20th-century ears, the term *Sinn* has two very different technical uses. It was originally used by Wilhelm Dilthey and others to denote the symbolic meaning of human actions. Here it had the sense that 'meaning' does in expressions such as 'the meaning of life'. Just to confuse things, however, the same word, *Sinn*, was used by Gottlob Frege (1848–1925) to denote the way that the object to which a word or phrase referred was given to the subject. Frege distinguished the *sense* of a term that was internal to language, its

Sinn, from its reference, or *Bedeutung*, which was in the external world. 'The morning star' has a different sense from 'the evening star', but both refer to the planet Venus. For the moment, let's put the Fregean use of *Sinn* to one side.

Dilthey argued that the human sciences, or the *Geisteswissenschaften*, such as history, philosophy, law, and literature, the disciplines concerned with the study of things human, were methodologically distinct from the natural sciences. The human sciences were ways of going about understanding the social world, whereas the natural sciences had to do with the explanation of external events or natural occurrences. Dilthey argued that natural-scientific, causal explanations were insufficient to provide understanding of the mental and spiritual life of human beings. Science explained things from the outside with the help of theories supported by empirical observation. But human actions had to be grasped also from the inside, from the standpoint of subjective experience. For example, science can give an adequate physical and biomechanical explanation of how human bodies move, but that won't tell us anything about the significance of the act of running; it won't tell us whether the person running past us is hurrying, fleeing, or exercising. To understand the meaning of the action, we have to interpret it in the light of the subjective human experience of the agent.

Weber, following Dilthey, thought one had to combine external observations of human behaviour with an understanding of the 'internal' subjective meaning of the action. The latter was to be gained by interpreting human behaviour in the light of the relevant context of human purposes, values, needs and desires. Weber held that an action was subjectively meaningful, and hence intelligible, if it could be related to a suitable context of means and ends, that is, if it could be understood as having been done for a reason. By contrast it was *meaningless*, like most animal behaviour, if it could only be explained as a response to an external stimulus. Weber linked the question of the meaningfulness of an action with the question of the reason for which it was done.

Weber's theory of action, for all its advantages over Dilthey's, has numerous defects. Weber argues that the interpreter can only understand the meaning of a person's action to the extent that she can empathetically recreate or reproduce what is going on subjectively 'inside' the mind of that person, but he does not give an adequate analysis of what this empathetic understanding is. Weber has a dualistic conception of action according to which the internal mind is separate from the external body, so that the relation between them remains intrinsically mysterious. As a consequence he cannot say what the constraints on the interpretation of an action are. This means he has no way of explaining why what counts as irrational or rational from the perspective of the agent also counts as irrational or rational from the perspective of the interpreter of the action. He therefore cannot explain why the meaning of an action remains stable over time and open to view.

A more fruitful way of approaching the whole problem is to distinguish between the subjective beliefs, desires, and attitudes of the agent and their objective 'propositional' content. Once we do that, we can understand an action by reconstructing the subjective purposes or intentions of the agent as an instance of practical reasoning.

1. Smith wants to keep warm.
2. Smith has a wood-burning stove that warms his house.
3. Smith has run out of fuel for the stove.
4. Smith knows that he can get fuel for the stove by collecting and chopping firewood.
5. Hence Smith should collect and chop firewood.

This argument shows that in the circumstances Smith has reason to collect and chop firewood. If, as interpreters, we can assume that

Smith's grasp of this reasoning has caused him to collect and chop wood, then we can, on the basis of his outward behaviour, gain an adequate understanding of the meaning of his action. The meaning of Smith's action depends on the truth of propositions 1 to 4, and on the validity of the inference to 5, which are independent both of Smith's mental states and those of his interpreter.

This now more or less standard approach to the task of interpreting actions solves the problem with the Weberian account. Although Habermas does not adopt this solution, he agrees that a theory of the meaning of action depends upon a theory of linguistic meaning, and concurs with the following points.

1. To understand the meaning of an action it is not sufficient to give an external third-person description of behaviour.
2. A correct understanding of the meaning of an action depends upon a correct grasp of the reasons for which it is done.
3. Reasons and hence actions can be correctly interpreted only with the help of background knowledge of human purposes, values, needs, desires, and attitudes.
4. The meanings of an action, and the reasons for which it is done, have a content that is in principle accessible both to the interpreter and the agent, rather than privy to the agent alone.

That said, in Habermas's eyes the standard approach is flawed, for it assumes incorrectly that human beings are pre-individuated, pre-social bearers of needs and desires. Furthermore, it assumes that each individual reasons instrumentally from their own viewpoint, so that meanings that are public and shared are made to depend on reasons that are private and individual. Finally, it replaces Dilthey's hermeneutic and Weber's psychologistic conception of *Sinn* with something more akin to the Fregean conception of *Bedeutung*. By contrast, Habermas, as we will see in the following chapter, argues that linguistic meaning cannot be reduced to the truth conditions of propositions.

2. Irrationality and the problem of ideology criticism

Social theorists since Ludwig Feuerbach (1804–1883) and Karl Marx have asked why agents are so ready to maintain and reproduce institutions that hinder or even thwart the satisfaction of their interests. Why do the poor, the marginalized, and the oppressed play along with the very institutions and laws – be they religious, economic, or political – that impoverish, marginalize, and oppress them. The answer they give is that such groups behave irrationally because they hold false beliefs about what their true interests are. Marx used the technical term 'ideologies' (which we have already come across in Chapter 1) for such false beliefs. He saw that it was not sufficient for the social philosopher simply to make the oppressed agents aware of their mistaken beliefs. Social change could not be brought about just by replacing false beliefs with true ones. It is not a matter, as Plato once wrote, of pouring sight into blind eyes. Something about the society – for Marx something about its economic organization – disposed agents to acquire these ideologies and cling to them, in spite of the best efforts of social philosophers to undeceive them. Worse still, the persistence of such ideologies helped to reproduce and maintain the very oppressive social systems that gave rise to them. The practical problem for Marxist social theorists was to identify and to alter the ideology-generating mechanisms that disposed agents to act against their true interests.

Though not without a certain intuitive appeal, this explanatory strategy was flawed. For one thing, the Marxist critic of ideology has himself to have reliable information about what the ideology-generating mechanism is, and a good explanation for why his own information is not susceptible to the kinds of ideological error he attributes so widely to others. The ideology critic has two options. Either he exempts his own theory from the suspicion that it is an ideological illusion. In that case, there must be a way to avoid being deceived, and the knowledge that a deception is occurring should be enough to prevent the false beliefs from forming. (Once we have been shown the card trick, we no longer believe it is magic.) Or he does not exempt his theory from suspicion, in which case there is no more reason to believe the ideology critic than the ideology. Horkheimer, for example, grasps the first horn of the dilemma. According to his original conception of critical theory, the interdisciplinary, reflexive, and dialectical nature of critical theory was supposed to immunize it from ideology and grant the theorist privileged insights into social reality. Adorno likewise sometimes claims that an accident of upbringing has luckily inoculated him against the effects of ideology. Still, the critical theorist is in an uncomfortable position: the deeper and more sinister the illusion-forming mechanism is supposed to be, the less credible is his claim to remain unaffected by it.

For a second thing, it is now widely accepted that the interpretation of meaning is only possible on the assumption that people are in the main rational and that their beliefs are largely true. If the interpreter is willing to countenance very widespread error and irrationality on the part of the agents whose actions she is trying to interpret, she countenances too many possible interpretations of their behaviour. (Perhaps the person running past thinks he is being pursued by an invisible bear.) Thereby the interpreter robs herself of any reliable means of establishing which interpretation is correct, and hence of understanding the meaning of the actions in question. The notion of ideological illusion cannot be stretched too widely without undermining itself. If irrationality is attributed too liberally, the social world threatens to become unintelligible. Habermas's social theory, as we will see in Chapter 4, responds to this problem by recasting the notion of ideology, and the related conception of ideology criticism, in terms of his distinction between communicative and instrumental action. For Habermas, the answer is not that lots of people are, unbeknownst to themselves, behaving irrationally: it is that they are funnelled by economic and administrative systems into certain patterns of instrumentally rational behaviour.

3. The problem of social order

Like many social theorists before him, Habermas is interested in the question of how social order is possible. This question is often presented as having been raised by Thomas Hobbes (1588–1679). Hobbes wondered how a predictable and stable social order could arise out of the actions of huge numbers of discrete individuals, very few of whom know each other personally, and of whom only a very small number are at any one time or place in a position to coordinate their actions by means of an explicit agreement. Hobbes's answer was that order is produced by the laws and authority of an all-powerful ruler, backed up by the use of force and by the credible threat of punishment.

The problems associated with the 'Hobbesian' solution to the problem of social order are familiar. From the point of view of an individual, sometimes the perceived cost of breaking laws and violating norms – punishment – will be much less than the perceived benefit of getting away with it, in which case, it will be rational to break the law rather than to obey it. Theories that purport to show that obedience to established laws somehow benefits each individual – instrumental social theories – hit against the so-called 'free-rider' problem. They cannot show why people do or should obey the laws even when it appears rational to do the opposite, and to benefit personally from the obedience of other people. Hence the problem of social order has not been adequately answered.

In the face of such objections, philosophers turned to social contract theories for answers to the problem of social order. Such theories maintained that social order rests on a network of implicit or explicit contractual relations. However, it proved equally difficult, if not impossible, to explain when and how exactly this contract was entered into by the people who are supposed to abide by its terms. Moreover, as Durkheim pointed out, not everything contractual is in the contract. Rather than explain the existence of social rules and norms, the idea of a contract presupposes that a whole raft of social norms – in particular the norms that specify that contracts be honoured – are already in place.

Durkheim himself attempted to explain social order by supposing that agents conform to norms that constitute the collective moral consciousness. They do so for both positive and negative reasons. Through socialization they come to associate certain sanctions with the violation of norms, and learn to avoid these sanctions through voluntary action. At the same time, they come to feel at home in and to identify with the collective moral consciousness of the society they inhabit. The American sociologist Talcott Parsons developed this view into the rather more sophisticated theory that the possession of a system of norms and values leads to coordination and social stability. He argued that agents acquire both a disposition to rank moral (non-instrumental, other-directed) reasons above non-moral (instrumental, self-directed) reasons, and the disposition to punish those who fail to do this. So long as most people develop both dispositions, social order can be maintained even though some agents may from time to time deviate from social norms. Should the normative mechanism of ensuring conformity fail in some cases, an instrumental safety net remains in place behind it, since people will be afraid of being punished if they don't do what morality demands.

Habermas's answer to the problem of social order consists in a novel reconfiguration of different parts of all of these theories. I will sketch the basic idea very briefly. According to Habermas, human actions are always primarily coordinated by speech or language use. Whenever agents use language to coordinate their actions, they enter into certain commitments to justify their actions (or words) on the basis of good reasons. He calls these commitments 'validity claims'. We shall examine what he means by 'validity claim' and by 'validity' in the following chapters. For now it is enough to note that these commitments have a kind of *moral* status, because they are universally applicable to agents, they are unavoidable, and they give rise to obligations towards other language users. Validity claims also have a *rational* status, because they are connected with good reasons. A validity claim is a commitment to justify one's deeds and words to others. This is not merely a linguistic and semantic phenomenon. Validity claims have a practical function, since they guide the actions of social agents. Modern societies are set up so that any agent in any situation can be asked to justify their action and is pre-committed to doing so. In this way reasons provide the invisible lines along which sequences of interaction unfold, and which guide agents away from conflict. As social agents become accustomed to having their actions guided by speech and the mutual recognition of good reasons, so relatively stable patterns of social order begin to form that do not depend directly on credible threats of punishment, on shared religious traditions, or antecedent moral values.

This is a brief sketch of the basic idea underlying Habermas's mature theory. It is the basis not just for his theory of meaning and rationality, but for his social, moral, political, and legal theory as well. This means that we will not have Habermas's answer to the problem of social order fully in view until Chapter 9. But this is not to say that Habermas's moral and political theories are merely components of his social theory and that his work is just a very long and elaborate way of answering the single question of social order. Habermas's programmes of social, moral, and political philosophy are of interest in their own right, but as you will recall from the earlier diagram (Figure 5), they are also mutually supporting. That Habermas's moral and political theory also inform his social theory reflects the fact that modern societies are highly complex, and that moral norms, state laws, and economic, administrative, and political institutions are part and parcel of the social fabric.

Chapter 3
The pragmatic meaning programme

The linguistic turn and the end of the philosophy of consciousness

Habermas claims to have embarked upon a new way of doing social philosophy, one that begins from an analysis of language use and that locates the rational basis of the coordination of action in speech. He associates this new approach with a more general shift in philosophy called the 'linguistic turn'. This phrase originally designated different attempts by various 20th-century philosophers to resolve apparently intractable epistemological and metaphysical disputes by investigating the conceptual truths inherent in our use of language. The basic strategy was to treat questions of what there is, of what can be known, and of how we can know it, as questions of what we mean, or what refers and how. Habermas applies a similar strategy to the questions of the nature of the social and the possibility of social order.

Habermas's linguistic turn is not just a turn towards language, it is a turn away from what he calls 'the paradigm of the philosophy of consciousness'. They are two sides of the same coin. The philosophy of consciousness designates a very broad philosophical paradigm that can be boiled down to a few characteristic ideas.

1. *Cartesian subjectivity*: the familiar idea that there is something called the subject (or self) that is the locus of mind conceived as an interior mental realm of ideas and perceptions.
2. This often goes together with *metaphysical dualism*, the idea that there are two different kinds of substance – thinking and extended being. This is sometimes known as *Cartesian dualism*, or *mind–body dualism*, because Descartes thought the mind and the body to be fundamentally different kinds of being.
3. *Subject–object metaphysics*: This is the more general view that the world is a totality of objects standing over and against a plurality of thinking and acting subjects. It is characteristic of this idea that subjects are not thought of as being parts of the world on which they operate. (Not all such theories are versions of metaphysical dualism. For example, Hegel transforms the subject–object paradigm from within, by conceiving the world as the product of a single self-knowing subject spirit. He therefore has a monistic subject–object metaphysics.)
4. *Foundationalism*: In the narrow sense, foundationalism refers to the epistemological doctrine of the Vienna School or 'logical' positivists, that knowledge is grounded on sense data, or on a class of primitive observational sentences. In the broad sense, foundationalism refers to the epistemological quest for certainty that characterizes much of modern philosophy from Descartes onwards.
5. *First philosophy*: This is the idea that philosophy, which does not presuppose the truths established by natural science, is required in order to provide a demonstration of the validity of scientific modes of inquiry. It is common among philosophers who are foundationalists in the broad sense, for example Descartes and Kant, both of whom hold that the chief task of philosophy is to establish criteria of correct knowledge.

There are two other ideas that Habermas associates with the philosophy of consciousness, which bear more directly on social theory.

6. *Social atomism*: the idea, common to much social and political philosophy, that individual subjects are logically, ontologically, and explanatorily prior to social, political, or ethical reality. On this view, the community consists of the sum of relations between discrete, fully constituted, pre-social, pre-political subjects. The essential point of social atomism is that while individual subjects *are not* constituted by their relations with one another or with society as a whole, society or community *is* constituted by the relations between individual subjects. This has the consequence that community is not seen as bearing any intrinsic value, and that membership within it is not viewed as intrinsically valuable. Rather, the community exists in order to serve the pre-existing interests and desires of individual subjects, and membership in the community is only ever instrumentally valuable.
7. *Society is a macrosubject*: The idea that society is a kind of macrosubject can be found in Plato, Rousseau, Schiller, Hegel, Marx and Durkheim. The idea is that society is a unitary organic whole; not just a plurality or aggregate of individuals, but a kind of collective person.

Habermas does not say that every philosopher within this paradigm accepts all of its characteristic ideas. Indeed they cannot, for it is not a consistent set. Ideas 6 and 7, for example, appear to be flatly inconsistent. The point is just that these ideas have proven to be very influential and deeply rooted in modern philosophy and that Habermas rejects them all.

Working outwards from this analysis of the linguistic turn, we can make out some general features of Habermas's philosophy. To begin with, Habermas's social theory does not picture the social world as an object (or collection of objects) standing over against a plurality of subjects with which it causally interacts. The social world is not an object or a collection of objects, and is not strictly speaking something outside us. Rather, it is a medium that we inhabit. It is 'in' us, in the way we think and feel and act, as much as we are 'in' it. This is something Habermas learned from his youthful engagement with Heidegger. A second important point is that Habermas does not see philosophy as a privileged discipline, with priority over the natural sciences. Philosophy's task is to work cooperatively alongside the natural and social sciences, whence it draws its material. Where necessary, it may act as a stand-in for what Habermas calls 'empirical theories with strong universalistic claims', that is, it can help fill gaps in natural science by offering hypotheses for empirical confirmation (MCCA, 15). Finally, Habermas's social theory gives primacy to the intersubjective dimension of social reality. Society is neither an aggregate of discrete individual subjects, nor an organic unity, in which the parts subserve the end of the whole. Not only is the social not, as he says, a 'macrosubject', it is not even unitary or uniform. As we will see in Chapter 5, it is a complex and multifarious intersubjective structure, comprising distinct overlapping spheres, within which individual agents interact.

Habermas's pragmatic theory of meaning

Viewed positively, Habermas's *linguistic* turn is also equally a *pragmatic* turn. Habermas attempts to transform social theory with the help of a particular kind of theory of meaning – a pragmatic theory of meaning. In the 1970s, Habermas, influenced by his colleague at Frankfurt University, Karl-Otto Apel, came to the view that linguistic meaning was not exhausted by propositional meaning, that meaning had a 'performative-propositional dual structure', or that propositional and pragmatic meaning went hand in hand. To appreciate the position and its bearing on Habermas's theory, let us consider each of these separately.

Propositional meaning

According to what is nowadays the standard theory of meaning, the meaning of a sentence consists in its truth conditions, and to understand the meaning of a sentence is just to know what would make it true or false. The truth-conditional theory of meaning has proven to be durable and useful. For one thing, it can explain the remarkable fact about language that from a finite vocabulary of meaningful words and phrases and the grammatical rules for their combination, an infinite number of new and more complex meaningful sentences can be formed. In turn, this explains why we can understand the meaning of sentences we have never heard before.

One difficulty with the truth-conditional model theory of meaning, though, is that it seems plausible only for a small part of language, the propositional or descriptive part. It works nicely for assertions such as 'snow is white' but not so well for expressions like 'how do you do?' It seems nonsensical to claim that to know the meaning of the expression 'how do you do?' one has to know the conditions under which the sentence 'how do you do?' is true (or false). There are many such examples where language is perfectly meaningful even though it seems odd to suggest that the meaning of sentences or parts of sentences depends on their truth conditions. For this reason, Habermas thinks truth-conditional semantics is guilty of a 'descriptive fallacy'. It makes the mistake of stretching a theory of meaning that works well for some parts of language, namely propositions, which do indeed have a descriptive or representative function, to fit all language. This is one of the reasons why Habermas prefers the pragmatic theory of meaning.

Pragmatic meaning

Habermas's theory of meaning is pragmatic because it focuses not on what language *says*, but on what language *does*; it is a theory of language *use*. He begins from a definition of language by Karl Bühler (1879–1963), a German theorist of linguistics, as a 'tool with which one person communicates something to someone about the world'. Bühler assigns three functions to language corresponding to the perspective of the first, second, and third person respectively: the 'cognitive' function of representing a state of affairs; the 'appeal' function of directing requests to addressees; and the 'expressive' function of disclosing the experiences of the speaker. Bühler's diagram makes the triadic nature of communication vivid.

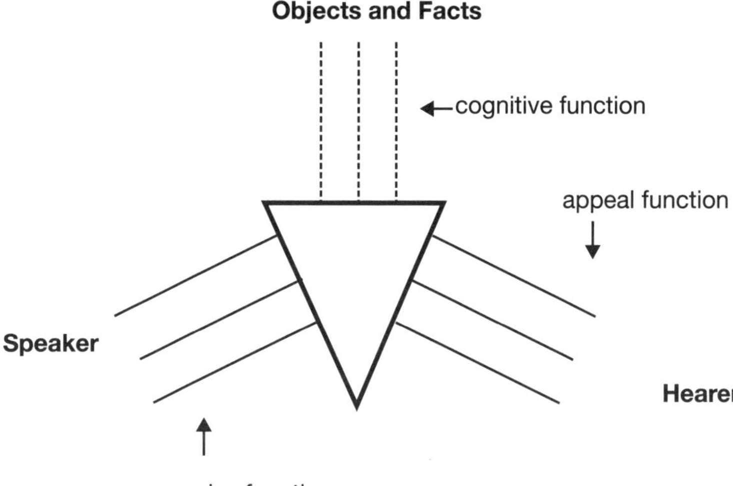

9. Karl Bühler's organon model of language

He contends that any instance of language use involves a triangle comprising speaker, hearer, and world, and that the theory of language must do justice to them all. Habermas agrees. He thinks the truth-conditional theory of meaning is wrong to focus exclusively on the cognitive function and to ignore the other two, the relation between speaker and hearer. Consequently, it cannot explain adequately how we use language in a variety of different ways to communicate with one another and to coordinate our actions.

Habermas develops this view, by arguing that the pragmatic function of speech is to bring interlocutors to a shared understanding and to establish intersubjective consensus, and that this function enjoys priority over its function of denoting the way the world is. Whereas the truth-conditional theory of meaning takes propositions to be the basic meaning-bearing units of language, the pragmatic theory of meaning takes utterances to be the basic meaning-bearing units of language. An utterance consists in the words uttered by a speaker to a hearer in a certain situation for a particular reason, for example, 'the window is open'. A proposition is the content or thought the words represent, *that the window is open*. In real-life situations propositions are always embedded in utterances. It is not that Habermas rejects the truth-conditional theory of meaning out of hand. Rather, he denies firstly that it can be a general account of meaning, and secondly that it is the basic kind of meaning. He argues instead that meaning and understanding are best approached through an analysis of the pragmatic function of speech.

> One simply would not know what it is to understand the meaning of a linguistic expression if one did not know how one could make use of it in order to reach understanding with someone about something.
>
> (OPC, 228)

Consensus and agreement

Habermas argues that the primary function of speech is to coordinate the actions of a plurality of individual agents and to provide the invisible tracks along which interactions can unfold in an orderly and conflict-free manner. Language can fulfil this function because of its inherent aim (or telos) of reaching understanding or bringing about consensus. Habermas takes it to be a fact that 'reaching understanding inhabits human speech as its telos' (TCA 1, 287). He uses the German word *Verständigung* to denote the process of reaching understanding or agreement, and the phrase *rationales Einverständnis* to denote the result of this process, the rational understanding or consensus that is reached. These words stem from the verb *sich verständigen*, which can mean to make oneself understood to someone else, but can also mean to reach an agreement with someone. This is an important ambiguity, given that the term is central to an explanation of social order. In what follows, I shall use the word 'consensus' as a convenient fudge, but we should take care not to lose sight of this ambiguity.

Habermas's theory states that the pragmatic meaning of speech consists in the way speech functions to establish a shared intersubjective consensus between interlocutors, which forms the basis of their ensuing actions. Habermas's view is that speech fulfils this function because the meaning of utterances rests on reasons. I call this the rationalist thesis because the view that meanings rest on reasons is a variety of rationalism. Habermas calls this view 'the validity basis of meaning', which in a way is more accurate, but can also be misleading because of the peculiar way in which he uses the term 'validity'. For Habermas uses the term in a pragmatic and not in a formal-logical sense. In propositional logic, the same word, 'validity', denotes a truth-preserving inferential relation between well-formed sentences. What Habermas calls validity (*Geltung* or *Gültigkeit*) is something rather different: a close relation between reasons and consensus, or as he puts it, an 'internal connection with reasons' (TCA 1, 9, 301).

The crucial point of what I am calling Habermas's rationalist thesis is that the pragmatic meaning of an utterance depends on its validity, that is on the consensus bringing reasons that can be adduced for it by the speaker. Furthermore, Habermas maintains that the meaning of actions, utterances, and propositions are essentially public or shared, and that this is because meaning depends on reasons and reasons are essentially public or shared. Shared meanings depend on shared reasons. (One can see here how Habermas's pragmatic theory of meaning reworks the theme of publicity in an entirely different idiom and at a much more abstract theoretical level than his early work.)

Now let us take a closer look at the details of the theory. Habermas argues that any sincere speech-act makes three different validity claims: a validity claim to truth; a validity claim to rightness; and a validity claim to truthfulness. These are the commitments we saw at the end of the previous chapter. Validity claims are *necessary* in the sense that they are always already understood to have been made in the act of speaking: we cannot make ourselves understood and engage in meaningful speech without presupposing and giving others to believe that we are truthful and that what we say is both right and true. As a commitment to justify, a validity claim is a commitment to supply the appropriate reasons. Habermas claims that in any act of communication the speaker must make all three validity claims. Depending on the type of speech-act, whether, for example, it is an assertion, a request, or a declaration, only one validity claim will be thematized or taken up by the hearer.

When a speaker makes a validity claim to the truth of an utterance, for example 'snow is white', she implies that there are good reasons for its being believed, and that she could, if necessary, convince the hearer of its truth on the basis of those reasons. The hearer will understand the assertion in the light of those reasons. This is a less straightforward point than it appears. The question is, when I make a validity claim to the truth of the utterance 'snow is white', am I claiming that the content of the assertion – that snow is white – is true, or that the utterance – 'snow is white' – is true? Initially, Habermas did not specify: a speaker, he claimed, 'can rationally motivate a hearer to accept his speech act offer because . . . he can assume the *warranty* for providing . . . convincing reasons that would stand up to a hearer's criticism of the validity claim' (TCA 1, 302). His present position is that truth is claimed simultaneously for the content of what is said and for the utterance.

Validity claims to rightness are, if anything, even more complicated. Habermas maintains that when I make a validity claim to the rightness of an utterance, I make a claim to the rightness of the underlying norm. For example, if I say 'stealing is wrong', I implicitly claim that I could adduce reasons that would convince my interlocutor that stealing is wrong. There are two complications here. First, Habermas thinks that moral statements such as 'stealing is wrong' are not genuine propositions and do not have truth values. To say 'stealing is wrong' is an elliptical way of saying 'do not steal', and it makes no sense to say that 'do not steal' is either true or false, since we do not predicate truth or falsity of imperatives. So the content of the moral utterance 'murder is wrong' looks like the proposition *that murder is wrong*, but that is just a roundabout way of saying that the underlying norm expressed by the imperative 'do not murder' is justified. It follows that a validity claim to rightness must be a claim to the rightness of the underlying moral norm, a commitment to provide the reasons that justify that norm.

The second complication is that 'rightness' here is ambiguous; it can mean appropriate, justified, morally permitted, or morally required. To make a validity claim to rightness could be to claim that a norm is appropriate in the given situation; it could be to claim that it is justified, it could be to claim that the actions specified by the norm are permissible, or that they are required. Habermas's view appears to be that to make a validity claim to rightness is to claim that the salient underlying norm is justified, on the basis of a special type of reason germane to the sphere of morality. When the norm is correctly applied in a given situation, it will be obvious to all concerned whether the action is being permitted, prohibited, or required.

That is enough about validity claims to rightness for the moment. I will return to them in Chapter 7. The rationalist thesis states that meaning depends on validity, because to understand the meaning of an utterance, the hearer has to be able to bring to mind (and either accept or reject) the reasons germane to its justification. The essential point here is that reason and validity, not truth, are doing the work. Instead of saying that to understand the meaning of a proposition I have to know the conditions that would make it true or false, Habermas claims that to understand the meaning of an utterance (and the same goes for actions) I have to be able to bring to mind and accept or reject the reasons that could appropriately be adduced to justify it. In Habermas's own words: 'We understand the meaning of a speech act, when we know what would make it acceptable' (TCA 1, 297).

Understanding and meaning

So far I have been presenting what Habermas calls his formal pragmatics as a theory of meaning. You have probably noticed that we have been discussing questions of meaning side by side with questions of understanding. This is not surprising, given that Habermas's new approach to social theory was in part devised to solve the problem of understanding meaning. Habermas thinks that a theory of meaning should also be a theory of understanding, otherwise it abstracts the question of meaning from the context in which a speaker gives a hearer something to understand. In other words, he thinks that meaning is an intersubjective affair, rather than an objective one. (Note how his theory of meaning exemplifies his rejection of the philosophy of consciousness. On Habermas's view, meanings are not determined by the speaker's relation to the external world, but by his relation to his interlocutors; meaning is essentially intersubjective, not objective, not a bipolar relation between words and things.)

On Habermas's view, there are four different factors to understanding the meaning of an utterance:

1. the recognition of its literal meaning;
2. the assessment by the hearer of the speaker's intentions;
3. knowledge of the reasons which could be adduced to justify the utterance and its content;
4. acceptance of those reasons and hence of the appropriateness of the utterance.

Suppose I observe to my neighbour on a sunny winter's day in York: 'It is raining in Sydney.' Even though he recognizes the literal meaning of the sentence – its truth conditions – he cannot, on that basis alone, be said to have understood it, because he does not grasp the point of my uttering it. Suppose that my neighbour has informed me that he is considering emigrating to Australia. He now has a clue as to my intentions. I may be giving him a friendly warning that the grass is not always greener on the other side. Still, he might be fazed, if he thinks I have no grounds for my weather report, and may not believe it. Suppose now he discovers that I have just been on the phone to my brother in Australia. He can then bring to mind the reasons for my utterance and thus has completely understood it. In order to do this, he has to bring to mind and accept the reasons behind it, or to recognize its validity claim to truth.

Objections

More than any other programme, Habermas's theory of meaning has come in for heavy criticism. We have already raised some tricky questions. To what do validity claims to truth pertain – to the assertion or to the asserted content, or both? To what do validity claims to rightness pertain – to utterances, actions, or to the underlying norms? What concept of rightness is in play here? I cannot begin to go into all the various twists and turns that have been made in response to these criticisms. However, it would be wrong to move on from the pragmatic theory of meaning without pausing to address the two most significant objections to it.

The first one centres on the ambiguity in the meaning of Habermas's terms *Verständigung* and *Einverständnis*. The claim that social order rests on shared understandings and meanings is significantly different from the claim that social order rests on intersubjective agreement. Shared understandings and shared meanings might fall well short of agreements. Many social theorists, such as contractualists, have contended that social order rests on agreements, and that there are reasons to keep these agreements. But the claim that social order rests on shared meanings and understandings alone is something else entirely, and much more surprising if true. Habermas has often been accused of the non-sequitur that the members of a society, simply by virtue of understanding what one another mean, will adhere to the same social and moral rules.

The second objection attacks the controversial view that there are three distinct validity claims, to truth, rightness, and truthfulness. Habermas rejects the idea that there is only one kind of meaning – truth-conditional meaning – and that sentences that don't have truth conditions, such as 'How do you do?' or 'Do not steal!', are technically speaking meaningless. But his alternative, that there are three different kinds of meaning – represented by the three types of validity claim – looks even less appealing. Take the example of a mixed sentence, such as 'She slapped me in the face, which was out of order'. It looks as though the first part of the sentence makes a validity claim to truth, and the second part a validity claim to rightness. So how do we understand the meaning of the whole thing? Natural language seamlessly combines normative, epistemic, and expressive features: 'The student has plagiarized my book!' may be at once reporting a fact, expressing an attitude of disapproval because a norm has been transgressed, and disclosing subjective feelings. Habermas's theory of understanding appears to pick these various aspects apart and assign them to different validity dimensions.

Although these criticisms are well aimed, it should be remembered that Habermas's investigations into language, meaning, and truth were conceived as a preparatory study to his social theory. He was always much more interested in what the theories of meaning and understanding could do for social theory than he was in what social theory could do for them, and hence tended to cherry-pick the bits of the philosophy of language that could be made fruitful for his purposes. We should not be tempted to dismiss Habermas's entire philosophy on the grounds that there are errors or misconceptions in his theory of meaning. We should focus, rather, on the question of what insights the pragmatic theory of meaning allows him to bring to social, moral, and political theory.

Communication and discourse

The concepts of communicative action and discourse provide the central link between Habermas's pragmatic theory of meaning and his social and moral theory. The story so far is that the meaning of a speech-act depends on its validity claim. Validity claims function as a warranty or guarantee that the speaker could adduce supporting reasons that would convince the interlocutor to accept the utterance. Most of the time, the guarantee is tacitly accepted by the hearer and suffices to coordinate their interactions. This makes for a successful communicative action. When someone understands and complies with a simple verbal request, both speaker and hearer, by reaching a consensus, move seamlessly from communication to action, and actions are tacitly coordinated by validity claims.

But what happens when communication breaks down, when a validity claim is rejected by the hearer? When a hearer demands that the speaker make good her validity claim by adducing reasons for it, the agents are propelled by disagreement from an action situation into a discourse situation. Discourse is communication about communication, communication that reflects upon the disrupted consensus in the context of action. Suppose you ask me not to smoke in my office when you are present, and I demur at your request because I know that you too are a smoker. I ask you for the reasons behind your request. You may reply that you have recently given up smoking and do not wish to be tempted back into the habit. At this point, I might accept your reason and put my cigarettes away. On Habermas's view, we have entered into discourse (however briefly), reached a rationally motivated consensus (this phrase is the accepted English translation of *rationales Einverständnis*), and returned smoothly to the context of action.

There are four important points to note about discourse. First, discourse is not a synonym for language or speech, but a technical term for a reflective form of speech that aims at reaching a rationally motivated consensus (TCA 1, 42). Discourse always in principle aims at rationally motivated consensus, even if no actual consensus is forthcoming. Second, the term 'discourse' does not denote a rare and peculiar form of linguistic activity performed mainly by philosophers and pedants. It picks out the common practice of argument and justification that is woven into the fabric of everyday life. That said, discourse is not just one language game among many, for according to Habermas it occupies a privileged position in the social world. He assumes that discourse is the default mechanism for regulating everyday conflicts in modern societies. This assumption is empirical, based on observation. The function of discourse is to renew or to repair a failed consensus and to re-establish the rational basis of social order. This claim is reconstructive, based on an analysis of the practice of discourse.

Third, the concept of discourse is very closely related to the concept of a validity claim. Discourse is initiated with a challenge issued by the hearer to the speaker to make good her validity claim. As there are three types of validity claim (truth, rightness, and truthfulness), there are three corresponding types of discourse – theoretical, moral, and aesthetic.

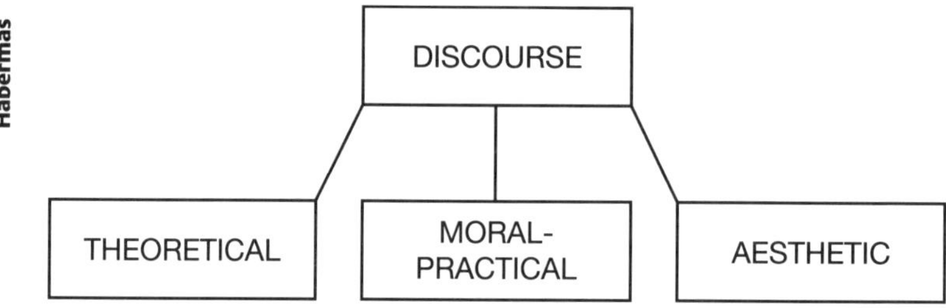

10. The three types of discourse

For example, a discourse that attempts to make good the validity claim to rightness, made by your request that I refrain from smoking, would, on Habermas's theory, be a moral-practical discourse. Any discourse arising from a challenge to a validity claim to truth is a theoretical discourse. (One has to be careful here: the term 'theoretical' is used in a much wider sense than normal.)

The fourth and final point is that discourse is a highly complex and disciplined practice, not a verbal free for all. This is because argumentation is a practice that consists in the following of certain identifiable, formalizable rules. Habermas refers to these rules as 'idealizing pragmatice presuppositions' of discourse, or rules of discourse' for short.

Rules of discourse

Habermas identifies three levels of rules. On the first level, there are the basic logical and semantic rules, such as the principle of non-contradiction and the requirement of consistency (MCCA, 86). On the second level, there are norms governing procedure, such as the principle of sincerity, namely that every participant must undertake to assert only what she genuinely believes; and the principle of accountability, that participants undertake either to justify upon request what they assert or to provide reasons for not offering a justification. At the third level are the norms that immunize the process of discourse against coercion, repression, and inequality and ensure that only the 'unforced force of the better argument' wins out. These include the rules that:

1. Every subject with the competence to speak and act is allowed to take part in the discourse.
2. a) Everyone is allowed to question any assertion whatsoever.
   b) Everyone is allowed to introduce any assertion whatsoever into the discourse.
   c) Everyone is allowed to express his attitudes, desires, and needs.
3. No speaker may be prevented, by internal or external coercion, from exercising his rights as laid down in (1) and (2) above.

(MCCA, 89)

Habermas calls the rules of discourse 'pragmatic presuppositions', because they are implicit presuppositions of the *practice* of discourse. The rules of discourse are less like the rules of scrabble or chess, which are written down somewhere, and more like the syntactic rules of a language. One can follow these rules perfectly well without being able to say what they are or knowing that one is following them. Habermas insists that these pragmatic presuppositions of discourse are *necessary*, because no one who participates in discourse – in the give and take of reasons – can avoid making them. To enter into discourse just is to incur a commitment to be sincere, to justify one's utterances, not to contradict oneself, not to exclude other participants, and so on. They are necessary in a second sense too. For agents in modern societies, there is no available alternative to communication and discourse as a way of resolving conflicts. They are too deeply engrained in the fabric of society, and in the character of individuals.

Finally, the rules of discourse are *idealizing* in that they direct participants towards the ideal of rationally motivated consensus. A discourse in which the voices of all concerned are listened to, in which no argument is arbitrarily excluded from consideration and in which only the force of the better argument prevails, will, if successful, result in a consensus on the basis of reasons acceptable to all. In real life, where time is limited and participants prone to error, discourses will only ever approximate these ideals to a greater or lesser degree. Yet they can still have a regulative effect of ensuring inclusiveness, comprehensiveness, and the absence of deception and coercion. These ideals are regulative, but they are also real insofar as the practice of argumentation in which they are inscribed is real.

The question of how one identifies rules of discourse is a difficult one. Habermas thinks that one can demonstrate that each rule is a genuine unavoidable presupposition of discourse by the device of performative self-contradiction. Sentences like, 'It is raining, but I don't believe it' or 'Snow is white, but it is not true that snow is white' are paradoxical. This is because by uttering them the speaker implicitly makes a truth claim that is explicitly denied by their content. Habermas contends that the pragmatic meaning of such sentences contradicts their propositional meaning. On similar lines, he argues that sentences such as, 'We reached a rationally motivated consensus by excluding certain people from the discourse' contains a performative self-contradiction. In this way, the device of performative self-contradiction can be used to justify rule 1, and so on for each rule of discourse. Whether a rule is a genuine rule of discourse can be ascertained by seeing whether its explicit denial generates a performative self-contradiction.

An overview of validity, truth, and rightness

Putting the various pieces together, the consensus thesis, the rationalist thesis, and the notion of discourse, brings Habermas's pragmatic conception of validity into sharper focus. The neatest and clearest way to do this is with the following validity-consensus conditional.

> V→C: For any utterance '*p*': if *p* is valid, then *p* is amenable to rationally motivated consensus.

This formula is my attempt to represent more formally the structure of Habermas's underlying notion of validity. A word of caution is in order. You won't find either this or the following two formulae in Habermas's writings. They are just a very concise and (I hope) helpful way to capture Habermas's rather diffuse and scattered remarks about validity, truth, and rightness, and to make their relation to one another perspicuous.

To make a meaningful utterance or to communicate is to make a validity claim, to undertake to adduce reasons that could be accepted by participants in a discourse prosecuted according to the above-mentioned rules. Not only does Habermas claim that validity, rather than truth, is the underlying concept of the theory of meaning, he maintains that truth itself can be understood as a specification of this underlying generic notion of validity. What he means is that the concept of truth has the same connection with reasons and the same pragmatic function of eliciting consensus.

> T→C: For any utterance '*p*': if *p* is true, then *p* is amenable to rationally motivated consensus.

Furthermore, Habermas argues that rightness can also be understood as specification of the basic underlying notion. The concept of rightness can therefore be captured with a slightly different formula.

> R→C: For any norm *n*: if *n* is right, *n* is amenable to rationally motivated consensus.

In making a moral utterance, I tacitly endorse the underlying norm of action. Just as I commit myself, in the act of asserting '*p*', to the truth of *p*, so when I utter the sentence, 'Theft is wrong' I endorse the underlying norm *do not steal*. The basic view is that the different validity dimensions, assertions on the one hand, moral actions and speech-acts on the other, propositions and performatives, have the same structure, and the same pragmatic function.

Habermas concludes that the concepts of truth and rightness are analogous, and the above formulae show what the analogy is supposed to be: it consists in the conditional, with validity, truth, and rightness respectively on the left-hand side and rationally motivated consensus on the right. Whatever is claimed to be valid, right, or true can necessarily gain the assent of participants in a properly prosecuted discourse. The connection is 'necessary' only in a specialized pragmatic sense, namely that speakers, hearers, and indeed agents in general cannot avoid making this connection. The 'if . . . then' connective denotes a pragmatic implication, not a logical one.

Finally, Habermas also provides us with an explanation for this analogy. Truth and rightness are analogous because they are both specifications of a single underlying norm of correctness: truth and rightness are species of the genus validity. I will say more about rightness and its relation to truth, and a lot more about the notion of discourse, later. Now we must turn to the programme of social theory proper.

Chapter 4
The programme of social theory

The basic question of Habermas's social theory is: How is social order possible? Habermas's answer is that in modern, secular societies social order rests chiefly on the basis of communicative action (action coordinated by validity claims) and discourse, which together help establish and maintain social integrity – that is, they provide the glue that keeps society together. He does this by way of a theory with two mutually supporting parts, corresponding roughly to volume 1 and volume 2 of *The Theory of Communicative Action*. The first part is mainly conceptual. Habermas makes a categorical distinction between communicative action and instrumental or strategic action, and then attempts to show that the latter is parasitic on the former. The second part is a social ontology, a theory of what society is like and what it is made of. Habermas contends that modern societies comprise two basic spheres of sociality, lifeworld and system, which are the counterparts of and homes to communicative and instrumental action, respectively.

The conceptual argument

Habermas distinguishes between communicative action, on the one hand, and instrumental and strategic action, on the other. (I am placing instrumental and strategic action in the same basket. However, there is actually an important difference between instrumental and strategic action: according to Habermas, an action is instrumental when an individual agent does something as a means to bring about a desired end; strategic action is a kind of instrumental action that involves getting other people to do things as means to realizing one's own ends. The crucial point is that both differ from communicative action.)

Instrumental action is the practical result of instrumental reasoning, the calculation of the best means to a given end. Habermas argues that there are two criteria of instrumental action: that the end of the action is determined antecedently and independently of the means of its realization, and that it is realized by a causal intervention in the objective world. Communicative action does not meet these criteria, for its inherent goal – the recognition and acceptance of a validity claim – cannot be determined independently of the vehicle of its realization, speech, and is not something that could be brought about causally.

To see why, let us return to an earlier example. In order to prevent me smoking, you could simply point the fire extinguisher at me, and say, 'If you light your cigarette I'll extinguish it with this'. Assume that I have every reason to take your threat seriously, and want to avoid being soaked. You thus succeed in getting me to comply. However, my act of compliance will not be voluntary in the normal sense of that term, because the option to refuse is not one I could seriously choose. Hence, you have caused or coerced me to comply with your request. In the alternative scenario painted in the previous chapter you attain success (my compliance with your request) on the basis of my acceptance of your reasons for it. Such acceptance or the attainment of consensus is not something you caused, but the result of a two-way process in which you have, as it were, invited me to participate.

Habermas argues not only that communicative and instrumental action are distinct types of action, but that they are basic and irreducible to other types. The distinction is both conceptual and real. There are two ways in which action can be understood and two different ways in which real agents can interact in the social world.

The second step in the argument is harder to discern. The conclusion Habermas wishes to reach is clear, but the argument for it is not. Habermas wants to show, first, that an adequate explanation of society must give pride of place to the concept of communicative action, and second, that all successful action in the real world depends on the capacity to reach consensus. To this end, he conducts an analysis of speech-act theory, in particular of the distinction between *illocutionary* and *perlocutionary* effects. This distinction was first introduced by the Oxford philosopher J. L. Austin (1911–1960), one of the originators of ordinary language philosophy. As usual, Habermas adapts the distinction for his own purposes. According to Habermas, the *illocutionary* effect of a speech-act is to elicit rationally motivated consensus, or to attain an end (for example, getting me not to smoke) by way of reaching a consensus. The earlier example nicely illustrates the point. The *illocutionary* goal of your utterance is not just to get me not to smoke, but also to get me to accept your request as valid or reasonable, *and* to voluntarily comply with it. By contrast, a *perlocutionary* effect is the effect a speech-act has apart from eliciting understanding. By warning you I might alarm you or perhaps amuse you. Perlocutionary effects are ulterior, but may be good or bad, or neither.

Habermas argues that speech-acts are self-interpreting. When I see someone running down the road in front of me, he might be fleeing or rushing or exercising. Usually, I would interpret his actions by ascribing certain propositional attitudes to him on the basis of his behaviour or outward appearance, just like we did in the case of the wood-chopper in Chapter 2. With speech-acts I have no need to do this, because their illocutionary aim is open to view. If, in a seminar, I ask a student sitting by the window to open the window, she knows what my aim is, and probably has a good idea of my motives. My speech-act manifests my intentions and aims. Now, speech can also be used strategically to attain ulterior ends or perlocutionary effects. I might try to evacuate the library by shouting 'Fire!' in a suitably alarmed and alarming manner. This attempt will only succeed if the people who hear it think I am really warning them about a fire. They can understand what I am *saying* but have no idea what I am really *doing* with the utterance, since the perlocutionary aim of my utterance is not open to view. To know the real meaning of my utterance, the hearer must somehow gain access to my latent or hidden strategic aim. But that access could only be gained by way of an illocutionary speech-act. Habermas's analysis of speech-acts is intended to show that illocutionary aims, because they are in principle open to view, are theoretically and pragmatically more basic than perlocutionary aims. He extends this point to instrumental and strategic actions in general, and infers that they are parasitic on communicative action, while the latter is basic and free-standing. On Habermas's view, your threat to turn the fire extinguisher on me may produce the required effect, but I shan't have fully comprehended your actions until I have understood and accepted the reasons for them.

Habermas's analysis is disputed, and his line of reasoning is hard to follow, but we can see the conclusion he is heading for: the meaning of speech-acts and of actions in general cannot be understood instrumentally. This is a key part of Habermas's argument against individualist and instrumental accounts of social order. Atomistic and instrumental pictures of society cannot account for the phenomenon of communication between agents, and are hence blind to its integrating effect on society. Now we can appreciate why Habermas thought that the standard answer to the question of understanding the meanings of actions combines the wrong theory of meaning with a false picture of rationality. On the standard view, the meaning of actions depends on the truth conditions of the propositional attitudes attributed to lone individuals on the basis of their external behaviour, and the logical deductions performed inside the heads of each of them. The result is a false picture of society as an aggregate of lone individual reasoners, each calculating the best way of pursuing their own ends. This picture squares with a pervasive anthropological view that human beings are essentially self-interested, a view that runs from the ancient Greeks, through early modern philosophy, and right up to the present day. Modern social theory, under the influence of Hobbes or rational choice theory, thinks of society in similar terms. In Habermas's eyes, such approaches neglect the crucial role of communication and discourse in forming social bonds between agents, and consequently have an inadequate conception of human association.

The social ontology

Habermas's social ontology is a theory of the make-up of late 20th-century society. At the heart of his theory is the distinction between lifeworld and system, two distinct spheres of social life each with its own distinctive rules, institutions, patterns of behaviour, and so on. Lifeworld and system are the respective homes of communicative and instrumental action, and here again Habermas argues that the latter – the system – depends on the former. Before we say anything about their relation, we need to examine these two terms more closely.

Lifeworld

The lifeworld is a concept for the everyday world we share with others. Edmund Husserl (1859–1938), the German philosopher who invented phenomenology and taught Martin Heidegger, first used this term in order to contrast the natural, pre-theoretical attitude of ordinary people to the world with the theoretical, objectifying, and mathematicizing perspective of natural science. Habermas does something similar. The lifeworld is his name for the informal and unmarketized domains of social life: family and household, culture, political life outside of organized parties, mass media, voluntary organizations, and so on.

These unregulated spheres of sociality provide a repository of shared meanings and understandings, and a social horizon for everyday encounters with other people. This horizon is the background against which communicative action takes place. The phenomenological metaphor of the horizon is instructive. An horizon designates the limit of a human being's field of vision under normal conditions. The field of vision is unified, but it is not a totality, since it cannot be apprehended all at once. We cannot get the whole horizon into view, because we can only see in one direction at a time. A horizon is also perspectival: the boundary shifts, albeit little by little, when we move. The boundary of a geometrical figure, by contrast, or of a piece of ground, is fixed and measurable.

By analogy, the shared meanings and understandings of the lifeworld form a unity, but not a totality. Any part of this web can be thematized or brought into view, but not all of it can be thematized at once. The contents of lifeworld are open to revision and change, but in the lifeworld change is necessarily piecemeal and gradual. Note that change, although gradual, might nonetheless be radical and thoroughgoing. In principle there is no reason why eventually every part of the lifeworld should not be revised or replaced. This is a characteristic the lifeworld shares with language, and not accidentally so, for communication is the medium of the lifeworld. Otto Neurath (1882–1945), the Vienna School philosopher of language, came up with a memorably vivid image of our linguistic situation. We are in a boat on the open sea. We cannot take the whole boat into dry dock and inspect it from outside, but we can individually replace any rotten plank of the boat and still stay afloat. The same holds for the lifeworld. On Habermas's picture, the task of carrying out running repairs to the lifeworld falls to communicative action and discourse.

The lifeworld has several functions. It provides the context for action – that is, it comprises a stock of shared assumptions and background knowledge, of shared reasons on the basis of which agents may reach consensus. So long as this shared context remains in the background or, as Habermas says, unthematized, its effect will be hidden, but it will still perform its function of making the attainment of consensus likely, and indeed usual. Thus, on the one hand, it is a force for social integration. At the very same time, the platform of agreement that the lifeworld provides is the condition of the possibility of critical reflection and possible disagreement.

Overall, the lifeworld is conservative of social meaning, in that it minimizes the risk of dissent, disagreement, and misunderstanding that attends any individual instances of communication and discourse. Every time a successful communicative action takes place, a consensus is reached that feeds back into the lifeworld and replenishes it. Thus the lifeworld supports communicative action, and communicative action in turn nourishes the lifeworld by topping up the fund of shared knowledge. The lifeworld is thus able to function as a kind of bulwark against social disintegration, resisting the fragmentation of meanings and preventing the eruption of conflicts of action.

Finally, the lifeworld is the medium of the symbolic and cultural reproduction of society. It is the vehicle through which traditions are passed on, albeit through the critical lens of communication and discourse. Under normal conditions, that is in the absence of massive social upheaval, the lifeworld serves as the medium for the transmission and improvement of all kinds of knowledge: technical, practical, scientific, and moral.

System

The system refers to sedimented structures and established patterns of instrumental action. It can be divided into two different sub-systems, money and power, according to which external aims it imposes on agents. Money and power form the respective 'steering media' (that is, the inherent directing and coordinating mechanisms) of the capitalist economy, on the one hand, and the state administration and related institutions such as the civil service and state-sanctioned political parties, on the other. According to Habermas, the systems of money and power cut deep channels into the surface of social life, with the result that agents fall naturally into pre-established patterns of instrumental behaviour. For example, anyone who works for a company, whether a top executive or lowly employee, will be guided by their role into patterns of action in pursuit of financial aims. Since the aims of instrumental action are determined antecedently and independently of reaching consensus, most of the ultimate goals to which the actions of those in the system are directed are pre-set, not chosen by them. Moreover, they will not always be apparent to the agents who work to realize them. Whether they are aware of it or not, the actions of the supporters of Manchester United football club are serving the aim of making enough money for Manchester United plc to pay a dividend to their shareholders.

The chief function of the sub-systems of money and power is the material reproduction of society, that is, the production and circulation of goods and services. But they fulfil another very important function similar to that of the lifeworld, for they coordinate actions and have an integrating effect of their own. Habermas calls this effect 'system integration', in contrast to the 'social integration' provided by the lifeworld. As societies become bigger and more complex in the wake of industrialization and modernization, and as people become more mobile, the task of social integration becomes increasingly difficult. Under these conditions, systems such as the economy and the state administration ease the burden that falls to communication and discourse; they help hold society together.

We can see here already how Habermas differs from Adorno and Horkheimer, who have an almost entirely negative view of instrumental rationality in general and the capitalist economy in particular. Habermas is not hostile to instrumental rationality *per se*, nor to the institutions that embody its instrumental logic – the state and the market economy. He recognizes that they fulfil important and necessary social functions, and that abolishing them or doing without them is not an option.

Some differences between lifeworld and system

Habermas acknowledges the contributions of the system to social life, but he is keen to point out the inherent dangers with system integration. For one thing, systems of money and power steer agents towards ends that are not related to understanding or consensus. Two consequences follow. First, the full meaning or significance of our economic and administrative actions may, and often does, escape our notice. Systems institute and reinforce patterns of action in which agents conceal their aims and do not reflect on the ends of action. They thus have a kind of in-built opacity, in contrast to the lifeworld (the home of communicative action), in which the meanings of deeds and words and the ends of action tend to be open to view and intelligible. Second, the ultimate aims of agents in systems (unlike the agents in the lifeworld) are not really up to them. They can choose the means but not the ultimate ends of their actions. Consequently, one can say that the lifeworld is generally conducive to autonomy, understood as the pursuit of self-chosen ends, in a way the system is not.

This difference makes itself felt to agents in the following way. Lifeworld agents coordinate their actions through validity claims. The constraints on their actions that are generated by this process are self-imposed and internal in as much as they arise from the reciprocal recognition of validity claims. By contrast, systems of money and power impose external constraints on action that are in no way up to the agents. The system thus takes on the appearance of what Habermas calls a 'block of quasi-natural reality', an independent reality with an autonomous internal logic that escapes human control, and for which human beings cannot and need not take responsibility.

The colonization of the lifeworld

Habermas shows that modern societies consist in a fragile equilibrium between system and lifeworld. Furthermore, because the system is embedded in the lifeworld, and indeed parasitic on it, the latter has priority. According to Habermas, the lifeworld is a self-standing and self-replenishing medium, whereas the system is not. The system can only operate on the basis of resources of meaning that come from the lifeworld. This thesis is partly empirical. However, Habermas also bases it on the conceptual argument for the priority of communicative action. Since the lifeworld embodies patterns of communicative action, and the system embodies patterns of instrumental action, and since communicative action is prior to instrumental action, the lifeworld must be prior to the system.

The problem is that although the system is embedded in and depends on the lifeworld, the former tends to encroach upon, to displace and even destroy, the latter. This tendency of the system to *colonize* the lifeworld leads to greater fragility and to disequilibrium or instability. The notion of the colonization of the lifeworld refers to a complex of eventually harmful historical and social processes. To begin with, the steering media of money and power become uncoupled from the lifeworld; the capitalist economy and the administrative system become gradually detached from the spheres of family and culture, and the institutions of the public sphere such as the mass media. As the networks of instrumental action increase in their density and complexity, so they gradually intrude into the lifeworld and absorb its functions. Strategic decisions are left to markets, or placed in the hands of expert administrators. The transparency of the lifeworld is gradually obscured and the bases of action and decision are withdrawn from public scrutiny and from possible democratic control. As the domain of the lifeworld shrinks, a whole gamut of what Habermas calls 'social pathologies' arise, which include, but are not limited to, the negative effects of markets on the non-market domains they colonize.

Pathologies resulting from the colonization of the lifeworld

1. Decrease in shared meanings and mutual understanding (anomie)
2. Erosion of social bonds (disintegration)
3. Increase in people's feelings of helplessness and lack of belonging (alienation)
4. Consequent unwillingness to take responsibility for their actions and for social phenomena (demoralization)
5. Destabilization and breakdown in social order (social instability)

Finally, since the system actually depends on the lifeworld, the whole process gives rise to instabilities and crises in the system. While Habermas is not simply anti-market, or anti-system, he is only too well aware of the potentially harmful effects that systems (such as the capitalist economy, the state, and other administrative organisations) can have on social life and on individual members of society.

Is Habermas's social theory a critical theory?

One of Habermas's chief aims in *The Theory of Communicative Action* is to provide a more fruitful, empirically sound, and methodologically coherent alternative to Adorno's and Horkheimer's critical theory. His social theory is therefore designed to be a critical theory. But in what sense? Some commentators to the left of Habermas deny that his social theory is critical at all. They see his analysis as a long-winded justification of a mixed economy and constitutional welfare state, an apology for centre-left German social democracy. This view is not just uncharitable, it is mistaken. Habermas's theory of the colonization of the lifeworld provides original, insightful, and subtle answers to the diagnostic question 'What is wrong with modern society, and why?', and illuminates the causes of the anomie, alienation, and social fragmentation that afflict modern society.

Unlike the model of ideology criticism, Habermas's social theory does not deploy the self-defeating strategy of attributing widespread error and irrationality to agents as a putative explanation for why they tolerate and perpetuate oppressive social institutions and practices. Instead, Habermas imputes to them latent or hidden strategic and instrumental aims that are inherent in the system. Oppressive social systems survive, not because individuals mistake their own interests, but because their actions fall into pre-established, bewilderingly complex patterns of instrumental reasoning. Because of the inherent opacity in social systems, the significance of actions exceeds the capacity of the agents to understand and to take responsibility for them.

Is Habermas's social theory critical in the sense that it can provide a remedy? This is perhaps the wrong question. Habermas is offering a social theory, and theories do not prescribe remedies. Of course, if the theory is correct then it would be good to protect the lifeworld from colonization by containing the systems of money and power; to ensure that there are sufficient domains of unadminstered and unmarketized social life to bring about social integration and to embed the systems of money and power. The answer, insofar as one is implied, is not to abolish markets and administration (the economy and the state), but to contain them. However, it is unclear how, if at all, even this much can be accomplished in practice, and who or what is to do it. (Interestingly, Habermas sees it less as a political than as a social task, a conclusion which is not dissimilar to *Structural Transformation* where he placed his hopes for emancipation in the reawakening of the public sphere.) In *The Theory of Communicative Action* Habermas is frank in his assessment that there is no agent, collective or individual that is up to the task. The state, insofar as it is not simply hidebound by the economy, is part of the system, and hence is one of the sources of the problem, not the answer to it. Habermas places what hopes he has of reform in a democratic welfare-state system, insofar as it can be influenced by the moral beliefs of individuals and by politically motivated, non-violent protest groups.

The trouble is that such groups – 'new social movements' as they are sometimes called – have virtually no power. And if they acquire political power, by being elected into office, they may simply be absorbed into the administrative and political system. The only agency of social reform Habermas's theory identifies is weak and unlikely to be able to halt, let alone to reverse, the process of colonization. Among all the many differences one can detect here an echo of the pessimism that haunts Horkheimer's and Adorno's social critique.

Is this a sign that Habermas's social theory is not critical enough, or simply that he is correct and realistic in his assessment that in the contemporary capitalist world not much stands in the way of the relentless expansion of markets and administration? On the first point, Habermas denies that theories can, or ever could be, critical in the Marxian sense of precipitating a revolution. Habermas has a much more modest conception of what social theory can be expected to achieve. Social theories are not themselves the vehicles of social change. They make validity claims to truth. Practically speaking, social theories are at best useful diagnostic tools that help us to differentiate between the harmful and progressive tendencies in modern society. Of course, Habermas wants to abolish social oppression, and his life and works can be understood in the light of that aim. He remains a radical and a reformer. However, he is a realist and knows that the most his social theory can directly achieve is to help us to understand the causes of social oppression.

Habermas's social theory may be thought to be uncritical in a different sense. For he deliberately refrains from making any explicitly moral criticisms of modern society. Habermas stops short of saying, for example, that the expansion of the market makes people into ruthless, calculating, self-interested individuals who think of others merely as means to their own ends. There is a good reason for this. Habermas's social theory, like the immanent criticism of Adorno and Horkheimer, is supposed to be different from moral criticism. His theory is supposed to be open about its own normative foundations, and yet not depend on a prior moral theory or conception of the good. Habermas's criticisms of modern society are in this sense functional, rather than ethical or moral. Colonization is harmful because it thwarts the good functioning of the lifeworld and deprives society of the benefits of communication and discourse – shared meanings and attitudes, social order, the feeling of belonging, social stability, and so on.

Having said that, because Habermas's notions of communication and discourse are so normatively rich, his analysis has an indelibly ethical tinge. Communicative action is based on the *mutual recognition* of validity claims. In the lifeworld, the action-coordinating mechanism of speech forces people to take other speakers, hearers, and agents and their reasons into consideration. Discourse consists in rules that ensure equal respect for and universal solidarity with all others. The ideals of equality, universality, and inclusiveness are inscribed in the communicative practices of the lifeworld, and agents, merely by virtue of communicating, conform to them. As a consequence, socialization in the lifeworld is a kind of moralization – a process of getting used to acting in accordance with these ideals. By contrast, systems inculcate the instrumental habits of treating others as the means to one's ends, and foster indifference towards the ends of others. Here, one cannot help thinking of Adorno's observation that the coldness and indifference of the middle classes was 'the principle without which Auschwitz could never have happened'. The chief difference is that in Adorno's estimation the coldness and indifference of individuals leading eventually to their cruelty towards one another was an unintended consequence of the negative side of Kantian moral autonomy, rational self-mastery. For Habermas, a similar phenomenon results from the de-*moralizing* effects of colonization of the lifeworld by the system, not from within morality itself. The upshot of all this is that Habermas's medical metaphor of 'social pathologies' has an unspoken and implied moral edge. On the surface, his theory is that the colonization of the lifeworld makes society malfunction; underneath, it suggests that these malfunctions produce morally flawed individuals.

Chapter 5
Habermas's theory of modernity

Habermas's philosophy has an historical as well as a systematic side. He has learned from Hegel, Marx, and hermeneutic philosophy that both the objects and the discipline of social theory have histories. As Nietzsche observed, 'only something that has no history can be defined'. Societies have histories and therefore cannot be defined, which does not mean that they cannot be explained, just that their explanation has to give consideration to these histories. Habermas's philosophy does this after a manner (albeit one that is likely to incense historians). So far, I have glossed over the fact that Habermas's social theory is a diagnosis and critique of *modern* forms of social life, and that discourse ethics is a justification and elucidation of *modern* morality. Now it is time to bring the theory of modernity and modernization into sharper focus. Doing so will help to shed light on the hidden moral dimension of Habermas's social theory. By showing how closely intertwined morality and modernity are, it will show why the harmful social effects of colonization have an impact on the morals of a community.

At some level, modernity designates a period (or a set of ideas closely associated with a period) with a beginning in time. Whether that period is now past, or still unfolding, and whether, if it is past, we should happily bid it farewell, was a much-debated question in the 1980s when *The Theory of Communicative Action* was published. (Happily, the period in which that was a pressing and important question now appears to be over.) However, modernity is more than a period. It designates the social, political, cultural, institutional, and psychological conditions that arise from certain historical processes.

Modernity in this sense is related to, but distinct from, the various aesthetic works and styles that fall under the label 'modernism'. As an artist, one has a choice whether or not to embrace 'modernism'. Modernity is not like that. You may come to modernism (or not), but modernity comes to you. Although it is reasonable to talk about Habermas's 'theory' of modernity, as I am doing here, it is not a separate programme, like discourse ethics, but a collection of ideas and assumptions that are woven into all the various programmes.

Roughly speaking, there are two halves to the theory of modernity. There is a very wide-ranging historical narrative of the development of Western society from the end of the medieval period to the late 20th century. Of special significance is the sub-plot concerning the emergence in that period of secular morality from a Christian religious tradition. In addition, Habermas offers a highly ambitious, reconstructive account of the logic of social development – a theory of social evolution. Let us look at each of these in turn.

The historical account

Modernization and the differentiation of the value spheres

We have already seen some of Habermas's views about the origins and nature of modern societies. On Habermas's account, modernization is a process comprising several related developments, some of which we have already met. First, there was a massive growth in knowledge, particularly in the natural sciences, from the 17th century onwards. Medieval science, an unreliable method of attributing supposedly explanatory properties to substances on the basis of piecemeal observations, was largely based on the authority of Aristotle. Gradually, this gave way to a more systematic approach that married precise techniques of measurement with mathematical theory formation, and a new method of formulating and testing predictive hypotheses. So successful did the new sciences turn out to be that their rise to prominence led (over several centuries and in combination with other factors) to the decline of the authority of the Aristotelian tradition, to the waning of the authority of the Church, and to their eventual replacement by the epistemic authority of natural science and reason. In its turn, Habermas contends (following Max Weber), this massive increase in technically useful knowledge led to the separating out of three distinct spheres of value.

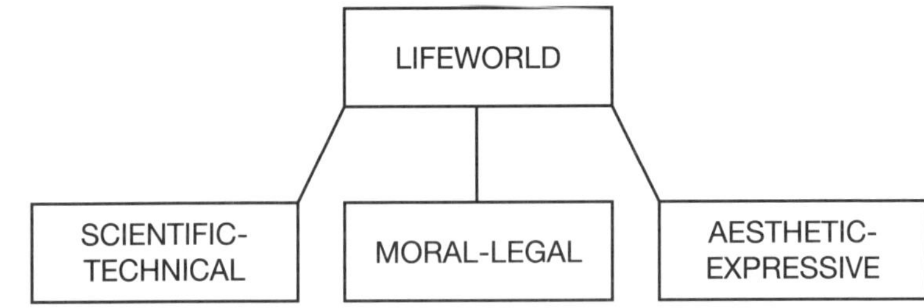

11. The three value spheres

It comes as no surprise that there turn out to be *three* distinct value spheres. For the differentiation of the value spheres takes place in the wake of the transfer of epistemic and practical authority from religious traditions to validity, and according to Habermas there are three distinct kinds of validity.

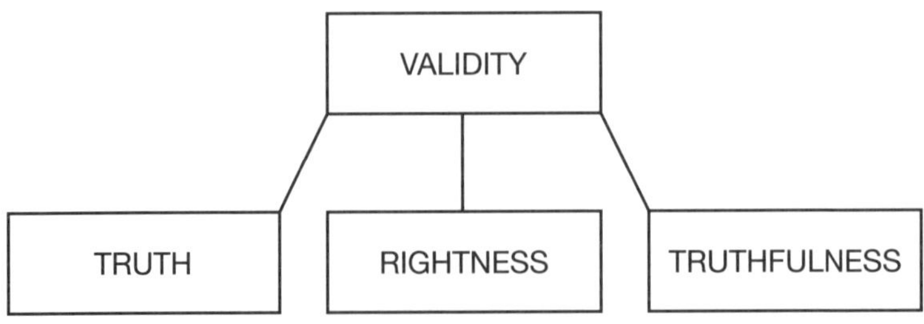

12. The three validity dimensions

In turn, these three dimensions of validity correlate one to one with the three spheres of discourse: theoretical, moral, and aesthetic (see Chapter 3, Figure 10). The view is that as religious world views collapse in the wake of rationalization, the problems this hands down are taken up and resolved within one of the three domains of knowledge: the natural sciences, morality/law, and the arts. Learning processes continue and knowledge deepens, but henceforth always within a single domain. The consequences are twofold. Modernity brings about a vast increase in the amount and depth of specialized knowledge, but this knowledge becomes, in the same process, detached from its moorings in everyday life, and floats free from 'the stream of tradition which naturally progresses in the hermeneutic of everyday life' (DMUP, 43). The gap between what we know, and how we live, widens.

The unfinished project of modernity

In 1980 Habermas caused a stir with his speech 'Modernity – an Unfinished Project' on the occasion of his receipt of the Adorno Prize. The speech was provocative because Habermas characteristically swam against the then strong intellectual tide of a post-modern movement anxious to bid farewell to modernity and the whole accompanying enlightenment project. Habermas's title implicitly makes two points. First, modernity is a *project* rather than an historical period; and second, this project is not yet (but can and should be) completed.

Habermas calls modernity a *project* because he sees it as a cultural movement arising in response to particular problems thrown up by the processes of modernization described above. The chief problem was to find a way to reconnect the specialized knowledge unleashed by the enlightenment process with common sense and everyday life-processes, to harness its potential for good by tying it back into the lifeworld and the common interest. This conception of modernity places what Habermas calls 'post-metaphysical' philosophy, the task of which, he contends, is to be stand-in and interpreter for the specialized sciences, at the very centre of modern life and its challenges. (It is worth recalling that Horkheimer's and Adorno's conception of critical theory addresses itself to the same discrepancy between the growth of technically exploitable knowledge, on the one hand, and the absence of any worthwhile form of social life, on the other.)

Habermas calls the modern project 'unfinished' because the problems it addresses have not yet been solved, because he thinks it futile to attempt to halt or reverse the ongoing process of modernization, and also because he thinks the proposed alternatives to modernity and modernization are worse. One such bad alternative is anti-modernity. Anti-modern thought, such as Alasdair MacIntyre's (b.1929) communitarianism, which on one reading argues for the revitalization of a Thomist tradition of moral virtues, and the later work of Martin Heidegger, which appears to welcome the return to a more rural and traditional way of life, are just different ways of dressing up a regression to pre-modern forms of living. The other bad alternative is post-modernism. Habermas suspects that the adventitious trumpeting of the end of modernity throws out the baby (the humanitarian ideals) of enlightenment along with the bathwater (the growth of instrumental rationality and the belief in the social benefits of technological and scientific development). He is allergic to all forms of relativism and contextualism, which he often conflates with irrationalism, and this may explain the in retrospect overdramatic tone of his polemic against post-modernism in *The Philosophical Discourse of Modernity*. At that time, he worried that the then influential post-modern philosophy from France might be a Trojan horse for the resurgence of irrationalism in Germany.

Habermas believes that we must not sacrifice the gains that modernity has brought with it – the increase in knowledge, the economic benefits, and the expansion of individual freedom. Completing modernity is not just accepting every development it throws at us; it means critically appropriating the cultural, technological, and economic possibilities of the modern world in the light of secular humanitarian ideals. This may be no easy task, for it requires, among other things, that 'social modernization can be encouraged in *other*, non-capitalist directions' (DMUP, 51). Completing modernity requires that the lifeworld be effectively preserved from the corroding effect of the system and, as we saw in the last chapter, there is at present no agent or force adequate to this task.

The emergence of secular morality

According to Habermas's historical analysis, modernization leads to the liberation of subjects from traditional roles and values and to their increasing reliance on communication and discourse to coordinate actions and create social order. He sums this up in what I call his modernity thesis.

> Modernity can and will no longer borrow the criteria by which it takes its orientation from the models supplied by another epoch; *it has to create its normativity out of itself.*
>
> (PDM, 7)

The talk of 'normativity' here refers to the shared meanings and understandings that arise as the result of successfully undertaken discourses. These are self-created because they are the product of communication and discourse, and in this sense are up to us as agents and participants in discourse. They are also rational, since they rest on the mutual recognition of validity claims.

One sub-plot of this general narrative is vitally important to the programme of discourse ethics. It concerns the emergence of secular morality from the monotheistic Judaeo-Christian tradition (TIO, 3–49). This tradition, Habermas thinks, contained the idea of an objectively good and just way of life in the light of which the moral question that presented itself to each individual, 'what ought I to do?', could be answered.

In the historical transition to modernity, particular and substantive questions of the good gradually separated out from formal questions of justice and moral rightness, and an ethics based on a unitary and homogeneous religious tradition was replaced by a plurality of competing conceptions of the good. Morality was gradually transformed from a repertoire of commands to a system of principles and valid norms. The valid norms of modern morality have two features: universality and unconditionality. These features, Habermas argues, are a legacy of Judaeo-Christianity. However, just because moral norms have a history does not imply that they are merely relics of a bygone era. Morality survives into modernity because it still has a point: to resolve conflicts and to help renew and maintain social order.

So far, Habermas has been recounting a history of what one might call 'really existing morality'. There is a parallel history of moral theory, which deals with the changing conceptions of morality and their theoretical expression. According to Habermas, Kant is the first moral theorist, whose theory reflects the modern conception of morality. Kant's first formulation of the categorical imperative, the 'formula of the universal law', locates the source of moral authority not in a substantive repertoire of maxims and duties, but in the formal criterion of universalization in virtue of which maxims are incorporated into the will.

> Act only on that maxim by which you can at the same time will it to be a universal law.

Since willing a maxim as a law is a free act, Kant conceives moral actions as the expression of freedom of the will. While praising Kant for wresting morality from a substantive conception of the good, and reconceiving it as a procedure for testing norms, Habermas criticizes him for assuming that each solitary individual establishes the validity of a moral norm for himself, by applying the categorical imperative to a maxim, as if it were a kind of moral mental arithmetic. In his terms, Kant conceives moral reasoning as *monological* procedure and therefore neglects its essentially social nature. In contrast, the discourse theory of morality, as Thomas McCarthy puts it, conceives morality as a collective and *dialogical* process of reaching consensus:

> The emphasis shifts from what each can will without contradiction to be a general law, to what all can will in agreement to be a universal norm.
>
> (MCCA, 67)

Habermas's discourse ethics is a development of a modern, Kantian conception of morality, the inner logic of which is guided by the ideals or rules of discourse.

Habermas's theory of social evolution

Habermas also has a theory of social evolution, which takes the form of a highly ambitious hypothesis that the kind of developmental learning processes that have been identified in individuals can, with appropriate modifications, be transposed to whole societies. In other words, the teleological idea that the social world is, all things considered, progressing in a certain direction, can be partially salvaged, if the analogy between individual and social learning processes can be sustained.

Lawrence Kohlberg's theory of moral development

At the fixed end of the analogy stands Lawrence Kohlberg's theory of the moral development of children. Kohlberg (1927–1987), a developmental psychologist, maintained that the moral competence of subjects develops through three invariant levels – the pre-conventional, the conventional, and the post-conventional – each of which is sub-divided into two stages. This structure of levels and stages is supposed to be 'natural' because it is culturally widespread and can in part be empirically confirmed.

Kohlberg's theory of the moral development of children

Level One: Pre-conventional morality

At Level One, the child responds to the labels of good and bad, right or wrong, but interprets these in the light of the empirical consequences of his or her actions.

Stage 1: morality is understood in terms of punishment and obedience, and the avoidance of harm to others.

Stage 2: morality is understood instrumentally as a way of satisfying one's own interests and letting others do the same.

Level Two: Conventional morality

At Level Two, meeting the expectations of one's family is valued regardless of the consequences. The characteristic attitude is one of fitting in and being loyal to the social order.

Stage 3: morality is understood as playing the role of a good boy/girl. Being good means following rules, meeting expectations, and showing concern for others.

Stage 4: morality means fulfilling one's duties, maintaining the social order, and the welfare of the society or group.

Level Three: Post-conventional morality

Level Three morality is marked by the ability to distinguish between the validity of moral norms and the authority of the groups or persons subscribing to them. Validity does not rest on the individual's identification with the group. Moral decisions reflect values or principles that are (or could be) agreed to by all individual members of a society, because they are in the common good.

Stage 5: morality is conceived as the basic rights, values, and legal contracts of a society, even when they conflict with the concrete rules and laws of a group. Subjects can distinguish between values and norms that are relative to the group, and some non-relative universal values and norms which must be protected regardless of majority opinion. Laws and duties can be based on calculations of overall utility.
Stage 6: morality is understood as whatever is in accord with the universal, self-chosen moral principles. At this stage, the reason one has for being moral is that, as a rational person, one has an insight into the validity of the underlying principles and has committed oneself to them. Validity is conferred on maxims or actions by the underlying principles. When maxims or actions conflict with principles, one acts on the principles. Examples are universal principles of justice, equality, and respect for the dignity of all human beings.

According to Kohlberg, each level, and each stage, is a phase in a learning process and superior to the previous ones in the sense that it represents a gain in complexity. Each new level preserves and improves upon the problem-solving capacities of the previous level, hence at each new level subjects manage to resolve moral problems and dilemmas more satisfactorily. Thus moral subjects, generally speaking, prefer higher levels of moral consciousness to lower levels once they have made the upward transition.

This theory is part empirical hypothesis and part moral philosophy. Some of the psychological theses, for example that agents prefer higher-level to lower-level solutions, are measurable and supported by empirical data. However, the claims about the theoretical superiority of stage 6 over stage 5 solutions (the superiority of Kantian to utilitarian morality) are supposedly established by philosophical argument. That the empirical data and the philosophical arguments support one another is then taken to be collateral evidence for the correctness of the theory.

Kohlberg's theory has come under heavy attack. Utilitarians, for example, resent being cast in the role of perpetual runners-up to Kantians, and deny that their solutions to moral problems are 'naturally' or philosophically inferior. Also, many feminists allege that there is a specifically female dimension to morality – care – the ethical significance of which Kohlberg, for various reasons, downplays or neglects. He privileges the 'rational' solutions to moral problems advanced by males, ignores the alternative solutions offered by females, and wrongly infers a thesis about child development from evidence concerning male development. Notwithstanding such controversies, Habermas endorses Kohlberg's theory of moral development with just one small difference. Just as he makes his historical account of the emergence of secular morality end not with Kant but with the discourse theory of morality, so he interpolates the discourse theory of morality at stage 6 of Kohlberg's theory (MCCA, 166–7). Cynics might raise an eyebrow here. It seems just too much of a coincidence that the historical development of modern morality, as Habermas recounts it, and developmental moral psychology, as Habermas reinterprets it, culminate in discourse theory.

Social evolution and modernization

Habermas's ambitious hypothesis is that just as the development of the moral consciousness of individuals is a learning process that can be analysed into logical stages, so is the development of society at large. After all, if the above-mentioned stages and levels are natural in individuals, this should be reflected in social structures; there should be pre-conventional, conventional, and post-conventional societies. Habermas thinks that all these levels can be identified in different historical forms of association. Societies based largely on kinship and shared religious traditions, in which morality is bound to religious and tribal authority figures, are *conventional*, whereas modern societies based on universalistic morality and on legitimate law are *post-conventional*. The social analogue of Level Two and Level Three structures of individual moral consciousness represent the kinds of rules available for collective problem-solving. If Habermas's hypothesis is correct, the process of modernization can be reconstructed as a development of increasingly complex social structures that enable individuals better to solve action problems and social conflicts.

However, there are several serious difficulties with this hypothesis. For example, it is not clear what empirical evidence could possibly confirm or disconfirm it. Another worry surrounds the alleged analogy between ontogenetic and phylogenetic development (individual and collective learning processes). It is unclear whether individual behaviour has any collective analogues. In Kohlberg's theory, it is at least clear who it is that learns – the individual child. There is a controlling consciousness, which has no analogue on the collective level. How can whole societies learn? Habermas concedes that societies learn only in the derivative sense that they provide the framework within which individuals learn to deal with conflicts and to solve problems. So it is in a very attenuated sense that the transition between conventional and post-conventional societies can be called a 'learning process'.

Habermas came up with this ambitious hypothesis in the 1970s in the course of his critical engagement with historical materialism. His theory of the development of normative social structures was supposed to complement the Marxist view that social development was determined from below by changes in the mode of production. Since then, Habermas has quietly dropped most of the theory of evolution, though he continues to deploy some of its central ideas and assumptions in his other programmes. What he has not dropped is the conviction that agents who act communicatively and who resolve conflict by means of discourse are better able to cope with the conflicts and complexities of modern social life.

Completing the modern project

Habermas's critics often complain that his work is anything but historical. He simply ransacks history for results that are congenial to his research programmes. For example, he presents moral universalism as an historical result, but he wants also to argue that it is nonetheless *an improvement* on what went before. For Habermas, the more a society is in step with the ideals of communication and discourse, that is, the more its inhabitants are oriented towards reaching consensus, the better it is for them individually and collectively. To his critics, these claims are too reminiscent of the discredited Hegelian idea that there is 'reason in history'.

There is something to these worries, but not as much as the critics suppose. Habermas denies that the guiding political and moral ideas of the modern project, even if they arise at a certain point in history, are relative to the specific cultural context that gave rise to them. He does indeed offer a qualified defence of the idea of social progress. He thinks that it can be given an empirically justified (and metaphysically respectable) interpretation: social development can be understood as a learning process, in the sense that post-conventional subjects of modern societies are better able to coordinate their actions and maintain social order than the conventional or pre-conventional subjects of pre-modern societies. That said, Habermas is anything but a dewy-eyed optimist. He rejects Hegel's teleological conception of society as an objectified form of a self-developing spirit heading towards the goal of self-knowledge. On his account, the effects of modernization on the system, the lifeworld, and their fragile equilibrium are various and its legacy ambiguous. On the negative side of the balance sheet, modernization gives rise to social pathologies – social disintegration, deracination, and feelings of alienation. On the positive side, modernity brings forth cognitive, economic, and practical gains that are worth preserving.

Habermas insists that the attempt to halt or reverse the process of modernization, as if one could flick a switch and send history into reverse, is futile. This does not mean that society is impervious to human influence. The trick is to work with the dynamic of modernity, not against it. For modernization provides resources with which the very problems it generates can be solved and the damage it inflicts contained. In the final analysis, completing the modern project means finding ways and means to ease the transition to a post-conventional society, in which subjects coordinate their actions and establish social order on the basis of universal moral principles and legitimate laws. To understand more concretely what this implies, we must turn to Habermas's moral and political theory.

Chapter 6
Discourse ethics I: the discourse theory of morality

Discourse ethics is the pivotal programme of Habermas's philosophy: *The Theory of Communicative Action* anticipates discourse ethics; *Between Facts and Norms* presupposes it. The programme is set out in two slim volumes of essays, *Moral Consciousness and Communicative Action* (1983) and *Justification and Application* (1991). There is no single major work on discourse ethics to compare with those on social and political theory. Yet discourse ethics is the normative heart of Habermas's philosophy, and develops the characteristic themes of publicity, inclusiveness, equality, solidarity, justice in the light of the pragmatic meaning programme, and the programme of social theory.

Although this is not obvious at first glance, discourse ethics is a continuation, by completely other means, of the implicit and often ignored moral dimension of Frankfurt School critical theory. In *Negative Dialectics*, Adorno writes of a 'new categorical imperative' that Hitler has imposed on mankind, namely: 'to order their thought and actions such that Auschwitz never reoccurs, and that nothing similar ever happens'. The reason the moral significance of Adorno's philosophy has, in spite of such statements, been passed over is that he denies the very possibility of living rightly in the midst of what he elsewhere calls 'a damaged existence'. After Auschwitz and Hiroshima, it is no longer possible to live a good life, or to act morally with a clear conscience. The best one can do is to resist the depredations wrought by mass culture (to resist what is sometimes called, in a dumbed-down way, 'dumbing down'), to refuse to play along with conventional morality, and to adjust to social norms. So, however striking and self-evident this moral imperative, there is an air of paradox about it.

'Learning from catastrophes' is one of the key themes of Habermas's work. Like Adorno he also lived through the Nazi period and its aftermath, and the ideal, or, more accurately, the moral bottom line expressed in Adorno's new categorical imperative, is crucial to Habermas's moral and political philosophy. The difference is that for Habermas it has concrete moral and social (and, as we will later see, political) implications: preventing the reoccurrence of Auschwitz or anything similar means preserving the lifeworld, creating conditions under which individuals are socialized into post-conventional morality, and establishing social order on the basis of demonstrably valid norms.

Moral discourse and the social function of morality

In this chapter, I focus on the discourse theory of morality and on the notion of moral discourse. The discourse theory of morality, unusually for a normative, deontological moral theory, does not directly answer the question 'What ought I to do?' Instead, it aims to uncover the conditions under which modern moral agents can successfully answer that question for themselves. Habermas's moral theory can be understood as an explication of what it means to make good a validity claim to rightness. To that extent, it is a pragmatic theory of the meaning of moral utterances. But Habermas's interest in moral semantics is subsidiary. His main aim is to see how moral theory can help answer the questions of his social theory. He is primarily concerned with questions such as: What are the underlying principles of morality?; How do we establish valid moral norms?; and What is their social function? His answer is that in modern societies valid moral norms resolve conflicts between agents and replenish the stock of shared norms.

According to Habermas, norms are behavioural rules. They usually take the grammatical form of imperatives, such as 'do not steal'. Valid (or justifiable) norms serve to coordinate our actions in the lifeworld and to stabilize our expectations of other people's behaviour. They help make the actions of others predictable, and create avenues of conflict-free action.

The hypothesis of Habermas's theory of social evolution is that modern societies are post-conventional. He takes it that, when the process of socialization goes well, mature moral agents are at Kohlberg's stage 6, the stage of a principled morality. At stage 6, agents will not be content with simply conforming to moral expectations. They might do that by consulting the Bible, by asking the advice of a wise teacher, or by copying the behaviour of their peers. Post-conventional agents know why they ought to do what they ought, and act only on principles they can justify.

On Habermas's view, a conflict arises when a validity claim to rightness is rejected. The situation thus feeds a candidate norm from the implicit background of the lifeworld into the explicit medium of discourse. One agent will feel wronged in a certain way by the actions or words of another, and will challenge the wrongdoer to explain their actions. There are many ways in which an actual dispute may be resolved. Habermas's thesis is that insofar as agents have recourse to discourse or moral discussion, its aim is to repair the consensus by establishing a norm of action that each disputant can understand and accept.

Habermas's elucidation of the moral standpoint

It is most helpful to think of Habermas's overall argument as having two halves: an elucidation and justification of the moral standpoint. The elucidation begins with the moral phenomena – our everyday moral intuitions. It is a transcendental argument. It proceeds from contingently true, empirical premises – for example, that the moral standpoint is part of the social world, that there are valid moral norms. It then investigates the conditions of their possibility. If a moral standpoint exists, there must be a principle or criterion for demarcating moral from non-moral considerations, and this principle must be implicitly contained in our moral practices. Habermas's elucidation of the moral standpoint proceeds in this manner and eventually uncovers two principles: the discourse principle (D) and the moral principle (U).

The principles of discourse ethics

Why are there two principles of discourse ethics rather than one? This is a good question, and one for which Habermas has no clear-cut answer. Eventually, he comes to the view that the discourse principle (D) is weaker and less controversial than the moral principle (U), and has already been made plausible by his theory of communication. (U) is a stronger principle which has to be established by means of an argument that makes use of (D) as a premise.

The essential point of Habermas's theory is that discourse can fulfil its social and pragmatic function all the better because it is a *dialogical* process, a process that draws people together into meaningful argument. The process of justifying a norm always involves more than one person, since it is a question of one person making the norm acceptable to another. Habermas states that (D) merely 'expresses the meaning of post-conventional requirements

The discourse principle (D) states that:

Only those action norms are valid to which all possibly affected persons could agree *as participants in rational discourse.*

(BFN, 107)

of justification'. This is jargon for the claim that (D) captures the moral agent's intuition that valid norms must command wide agreement. The label 'the discourse principle' is a little misleading, since it does not make the difference with (U) salient. (U) is just as much a principle of discourse. (D) refers to 'action norms', that is, norms in general, including legal as well as moral norms. It pertains to discourses about norms, rather than to discourse as such. Not all discourse involves norms, for example theoretical and aesthetic discourses do not. It would have probably been more accurate to call (D) the principle of the validity of norms in general.

Formally speaking, (D) has exactly the same form as the validity-to-consensus conditional (V→C) that we saw at the end of Chapter 3. It is a simple conditional, with validity on the left and consensus on the right. Note that (D) is not also a consensus-to-validity conditional (C→V), it does not say that if a norm is amenable to consensus then it is valid. Consequently (D) can only function negatively, by indicating which norms are not valid.

(D), as its official name suggests, is supposed to capture the procedure of a discourse. Assuming that a discourse has been sufficiently well prosecuted (that is, that no obvious violations of the rules of discourse have occurred), failure to reach consensus on the norm under discussion indicates that it is not valid. For example, if not everyone affected can assent to the norm 'do not eat meat', then there is no valid norm prohibiting eating meat. (D) also tells us whose agreement counts as an indication of validity. It states that if a norm is valid then all persons 'possibly affected' can accept it 'as participants in rational discourse'. This statement is not as straightforward as it appears. Consider how wide the domain of 'everyone affected' might be. If the norm is very general, the practical difficulties of allowing everyone potentially affected to take part in a discussion about it will be insurmountable. The validity of a norm will depend upon the foreseeable agreement of many people who are in practice not able to take part in the discourse. Some norms – think, for example, of the norms underlying Chinese policies of birth control permitting only one child per family – will affect people who are not yet born. People not yet born obviously cannot participate in a discourse, yet since they are 'potentially affected', the validity of a norm depends on their counterfactual assent. Because (D) requires a very wide measure of agreement, it imposes a very restrictive condition. Hence the number of cases in which discourse can actually indicate that a norm is not valid will be fairly small.

> **One of Habermas's more recent formulations of (U) is that:**
>
> **a norm is valid *if and only if* the foreseeable consequences and side effects of its general observance for the interests and value-orientation of *each individual* could be freely and *jointly* accepted by *all* affected.**
>
> **(TIO, 42; translation amended)**

Habermas calls principle (U) the 'moral principle', or the principle of universalizability. (U) is not itself a moral norm. It is a second-order principle, which tests the validity of first-order moral norms by checking whether or not they are universalizable. It is designed to capture the practice of moral argument and in particular the process of universalization that moral argument involves.

Moral norms are deontic rules that express obligations and have the grammatical form of imperatives like: 'Thou shalt not kill.' As we saw in the previous chapter, Habermas argues that such commands are the legacy of a Judaeo-Christian way of life. In the course of modernization, myriads of discourses have gradually sifted through the contents of that tradition, with the result that norms that still have a point (for example, 'do not steal' and 'do not kill') have been preserved, while those that do not (such as 'thou shalt not make any graven images') have been sidelined.

At first sight, principle (U) looks a little like principle (D). However, there is a major structural difference between the two principles. (U) has the logical form of a biconditional (V↔C, or V if and only if C), whereas (D) is a simple conditional (V→C, or if V, then C). (U) is therefore a much stronger principle than (D): it states that the amenability to consensus in discourse is both a necessary and sufficient condition of the validity of a moral norm. What this means in practice is that, unlike (D), (U) can function both *negatively* and *positively*. Not only does it indicate which moral norms are not valid, it can positively determine which norms are valid, and furthermore show us what moral validity or moral rightness is. A valid moral norm just is a norm that can be accepted by all affected as participants in discourse in the light of their values and interests.

The second big difference from (D) is that (U) makes validity depend on the acceptability of the 'foreseeable consequences and side effects' of the implementation of the norm. With this phrase, Habermas builds a consequentialist intuition into his deontological moral theory. He thus distances discourse ethics from Kant, who denies that the consequences of an action play any role in determining its moral worth. This is a little unusual, for deontological moral theories generally assume that the agent's intentions alone determine the moral worth of an action. (If I spit on the ground and my saliva catches a gust of wind and hits a passer by, a consequentialist theory would say that my act was morally wrong, whereas a deontological theory would say it was not, so long as my action was not reckless and had no intention to harm.)

Finally, (U) provides more information than (D) about what acceptability in discourse or rationally motivated consensus consists in. It states that all valid moral norms must give 'equal consideration' to the interests of each person concerned, and must be able to be freely accepted by all in a rational discourse (BFN, 108). In short, (U) states that a norm is valid if and only if it demonstrably embodies what Habermas calls a 'universalizable' interest.

Moral discourse as a process of universalization

To understand what a universalizable interest is, we have to look at the process of universalization by which principle (U) gets its name. Kant was the first moral philosopher to construe the moral principle as a test of universalizability. Kant's first formulation of the categorical imperative (see Chapter 5) is supposed to capture the widespread intuition that one ought not to make an exception of oneself. However, Kant's theory leads him into some well-known difficulties, because he conceives universalizability as a merely logical or rational property of maxims. For example, the maxim 'Always keep one's promises' may well be universalizable, but that itself does not explain why there is a moral obligation to keep promises. 'Early to bed and early to rise' is a universalizable maxim, but, though it might be good advice, there is obviously no such obligation. Similarly, the view that the moral wrongness of an action can be explained as a kind of logical inconsistency in the individual's reasoning is questionable. Pointing out that breaking a promise is incoherent, because it is not possible to will a world in which everyone always breaks their promises, does not show what is morally wrong with breaking a promise. We do not morally disapprove of people who are incompetent reasoners. For these reasons, Habermas conceives universalization very differently to Kant, not as an individual mental procedure but as a social one.

Habermas takes his conception of universalization from the American pragmatist social philosopher George Herbert Mead. In *Mind, Self and Society* (1934), Mead writes, 'it is as social beings, that we are moral beings'. He conceives the universalization test as a way of integrating individual human beings into the social order that he calls 'ideal role taking'. Just like players in a team game, moral agents work together by projecting themselves into the position of all other moral agents. Mead calls this adopting the attitude of the 'generalized other', but he basically means fitting in with the rest of the team.

Integrating oneself into a team turns out to be quite demanding. Integration cannot be achieved merely by thinking what the others think and doing what they do. It is a reflexive process that involves taking second-order attitudes (that is, attitudes towards one's attitudes) and modifying one's first-order attitudes in their light. The moral analogue is that each agent in society must modify what he does in the light of his expectation of what the others do, an expectation which he gains by adopting their perspective towards him and towards each other.

Mead argues that the perspective of the individual is given by his particular desires and interests: individual selves are 'constituted out of' their interests. Consequently, adopting the attitude of the generalized other means adopting a standpoint which 'takes into consideration every interest involved'. Moral behaviour is a matter of modifying one's own interests in the light of one's understanding and recognition of the interests of everyone else, a process that leads to the development of a 'larger self', which is identified with the interests of others.

Habermas draws several lessons from Mead. The first is that ideal role taking does not involve, indeed it prohibits, the switch from the first person perspective to the third-person perspective. The universalizer must not attempt to attain neutrality by breaking away from her first-person perspective as an agent in the lifeworld, and by adopting a transcendent, third-person perspective on her own situation. Moral obligations address us in the first person and it is in the first person that they should be conceived. Participants in moral discourse are not ideal reasoners or merely rational choosers. They are real people, agents in the lifeworld, allowing themselves to be guided by the rules of discourse, which makes them envisage themselves as part of what Habermas calls 'an idealized we-perspective'.

> Each of us must be able to put themselves into the position of all those who would be affected by the performance of a problematic action or the adoption of a questionable norm.
>
> (JA, 49)

The second important lesson is that an actual discourse must be carried out if this ideal extension of the finite individual perspective to what Habermas calls the regulative ideal of an 'unlimited communication community' is to come into play (JA, 51). Even if a discourse has to be extended to include non-existent people, a real discourse must actually be carried out if a norm is to be justified (MCCA, 94). The third lesson is that discourses are inherently *dialogical*. Unlike Kant's *monological* test of the universalizability of maxims, moral discourses cannot be carried out by individuals reasoning alone. Fourth and finally Habermas concludes that discourse is a process by which individuals integrate themselves into society. A properly socialized moral agent brings his individual interests and his identity into line with the collective interest. By acting on valid norms, individual agents serve the common good. Habermas takes the thesis that valid norms contain 'universalizable interests' to be equivalent with the claim that valid norms are 'equally good for all'. In this way, a kind of impartiality is achieved, but not at the cost of the abandoning the first- and second-person perspective.

The overall picture is that moral discourses require participants to put themselves in the place of all others potentially affected by a candidate norm, in order to see whether or not it can be welcomed from their perspective too. For example, wealthy people or educated people in possession of a marketable skill may be inclined to accept the abolition of social welfare on the grounds that they impose unfair tax burdens on people like them. But would they welcome the policy if they were poor and unskilled? By requiring them to exchange perspectives with the poor and unskilled, (U) eliminates norms that militate in favour of certain particular persons or groups.

The justification of (U)

Habermas's elucidation of the moral standpoint takes the form of an analysis of the everyday intuitions of modern moral agents, that unearths the principles of discourse ethics, (D) and (U). These principles capture the procedure of discourse by which agents in the lifeworld tell which moral norms are valid, information that allows them to judge the wrongness or permissibility of particular actions in particular situations.

The elucidation of the moral standpoint is not a philosophical justification of it, since it begins from moral premises. It assumes that the moral standpoint exists and asks how this is possible. Habermas's justification of the moral standpoint does not make that assumption. The justification of the moral standpoint takes the shape of a formal derivation of principle (U), the moral principle. Habermas thinks that unless (U) can be derived formally, from non-moral premises, the suspicion will remain that (U) is just an 'ethnocentric prejudice', that is merely an expression of a culturally and historically contingent set of values. Unfortunately, Habermas does not himself provide a formal derivation of the moral principle, although he has always (perhaps too confidently) assumed that there is one.

He does, though, tell us what the two premises are from which (U) is to be formally derived: the rules of discourse and 'the conception of normative justification in general as expressed in (D)' (TIO, 43). The problem is that there is just no way to see how (U) can be inferred logically from those premises alone. Nothing in the rules of discourse (see Chapter 3) and the conditional principle (D) allow Habermas to infer (U), the biconditional (V↔C). Recall that (D) is only a simple conditional (V→C). Nothing in the rules of discourse allows Habermas to conclude that if a norm is amenable to consensus, it must be valid (C→V). The justificatory argument, if it is to work, needs supplementary premises.

Realistically, there is only one place Habermas can look for these additional premises – the theory of modernity. The trouble is it is highly unlikely that the modernization theory can be confirmed independently of the programme of discourse ethics. If anything, the relation of justification will go the other way. The most that can be hoped for is that the discourse theory of morality, if justified, will count as evidence for Habermas's theory of modernity. It looks, then, that in the absence of any formal derivation of (U), discourse ethics stands and falls with the plausibility of Habermas's elucidation of the moral standpoint.

Objections to Principle (U)

Let us now look at some well-known objections to the discourse theory of morality.

The redundancy objection

We have just seen how demanding the test of universalization is. According to (U), norms are valid if and only if they demonstrably satisfy a general interest of all concerned and are adopted by everyone on that basis. Since the scope of consensus aimed at by (U) and (D) is so wide (agreement of 'all concerned'), and the process of ideal role-taking is so demanding, (U) must be very restrictive. Not many candidate norms will survive such a severe test of its validity, and those that do will be extremely general.

Habermas's initial response to this objection was to deny that there would be very few valid moral norms, if his account were true. Later he concedes the point, but rather than see it as a flaw in his theory, he portrays it as a strength. Discourse ethics accurately reflects the reality of modern morality. He argues that, while it is true that the number of valid moral norms diminishes in modern multicultural societies, the ones that remain are all the more central and important (JA, 91). Habermas adduces the example of universal human rights to show that valid moral norms are indeed central and of the utmost import, and that some have found universal acceptance.

Is this a convincing response to the redundancy objection? Yes and no. It is empirically true that, if there are any universally acceptable moral norms, there are not many. So a moral theory cannot be faulted for showing this. That said, Habermas's discourse theory sets out to explain the essential social and pragmatic function of morality. Habermas's concession that there are so few valid norms makes it puzzling why moral discourse is still the default mechanism for resolving conflicts in the lifeworld and a primary means of social integration. The fewer valid norms there are, the fewer conflicts will be resolvable by moral discourse. In which case, it is hard to see why moral discourse should still be so central to the explanation of social order. The real work of holding society together is being done elsewhere, by something other than valid moral norms. There must therefore be some other reason for the persistence of moral discourse than its pragmatic success in resolving conflicts.

Besides, it is not obvious that the fact that human rights discourse is widespread and entrenched is evidence that moral discourse must be holding the social world together. The reason that people the world over are quick to assert their human rights may be that rights secure a benefit to the right-holder. Rights put others under obligations. Yet people are rarely so eager to assert and to fulfil their universal duties towards others. This gives grounds to suspect that there may be, to use Habermas's terms, systemic and ideological reasons for the growth of human rights discourse. Human rights discourse might itself be an example of the colonization of the lifeworld, rather than a source of resistance to it.

Objection to the dialogical–monological distinction

Another set of objections concern Habermas's strict distinction between dialogical and monological moral theories. We have already touched upon one of them. Habermas thinks that a monological conception of morality like that of Kant suffers by comparison with a dialogical one, because individuals reasoning alone will be more prone to errors and biases of perspective. But the number of actual participants in a moral discourse may be very small, while the domain of those affected by the norm's being generally followed may be huge. Habermas has no real grounds on which to conclude that a dialogical approach to the problem (a discourse) will be in practice epistemically superior to (more likely to be correct than) an individual monological judgement. It could be argued that so long as a norm is based on a correct assessment of the relevant reasons (for example, what everyone's interests are, and what norm satisfies those interests), it is justified. If a very small number of actual participants in discourse can establish satisfactorily that a norm is valid, then, in principle, why cannot each individual on her own? The existence of a consensus may not confer validity, as Habermas thinks, so much as indicate that each person individually has judged correctly.

The circularity objection

Finally, discourse ethics has been charged with circularity. This charge has been levelled at Habermas's derivation of principle (U), at the overall argument of discourse ethics, and at the rules of discourse. The circularity objection arises because the programme of discourse ethics assumes that morality must be justified on non-moral premises; it must be an argument that can convince even a moral sceptic, provided she is rational. On the one hand, as we have seen, the non-moral premises Habermas has to hand are not strong enough to vindicate principle (U). On the other, whenever Habermas helps himself to a richer premise – the theory of modernity or the rules of discourse – they turn out to smuggle in moral assumptions and raise the threat of circularity. The rules of discourse are a case in point. These include rule 2. c), that everyone is allowed to express his attitudes, desires, and needs. Clearly 2. c) is not a rule of discourse in general, since it grants everyone permission to express their attitudes, desires, and needs. It thus appears to have *prima facie* moral significance, and cannot count as a non-moral or non-controversial premise in an argument for (U).

However, it is by no means obvious that Habermas needs to justify the moral principle on the basis of non-moral premises anyway. Of course he must avoid vicious circularity; that is, he must not smuggle his conclusion into the premises of his argument. That does not mean that all his premises have to be morally neutral. It does mean, though, that discourse ethics won't be in a position to convince the moral sceptic, but that may be too much to ask for any moral theory.

Chapter 7
Discourse ethics II: ethical discourse and the political turn

Habermas's division of practical reason

In his original programme of discourse ethics of the 1980s, Habermas used the terms 'morality' and 'ethics' interchangeably. Only later, in 1991, did he begin to make the distinction between them. However, he kept the label 'discourse ethics' to denote the revised programme, because it was simpler than rechristening it the 'discourse theory of morality'. In fact, in the revised programme of the 1990s Habermas draws a triple distinction between moral, ethical, and pragmatic discourse, each of which designates a different use of practical reason. The real significance of the revision lies in the introduction of a separate category of ethical discourse alongside that of moral discourse, and in the way these two spheres of discourse are reconfigured in the programme of political theory.

Before we examine the nature and function of ethical discourse as distinct from moral discourse, we must turn briefly to Habermas's use of the term 'pragmatic' in pragmatic discourse. So far the term 'pragmatic' has denoted the social function or use of something. Habermas's conception of morality is *pragmatic* because it construes moral discourse as a social mechanism of conflict resolution. His theory of meaning is pragmatic, since it views language use as a way of coordinating actions and instituting social order. Here, though, Habermas introduces the term in a narrower sense. Pragmatic discourses concern the rational choice of the means to a given end. They say nothing about the choice of ends. Pragmatic discourse is the dialogical form of instrumental reasoning, and is especially germane to the political and legal domains, since politics and law are essentially concerned with what is feasible.

What is ethical discourse?

Up until the time of Hegel, ethics and morality were usually taken to be equivalent. However, the two terms represent different traditions of thinking about human life. The term 'ethics', as Habermas often notes, has both an ancient and a modern use. It stems from the ancient Greek word *ethos*, which referred both to the customs of a *polis*, or city-state, and to the habits and character of its people or citizens. In modern times, Hegel uses the term *Sittlichkeit* (commonly translated as 'ethical life') to denote the concrete way of life of a community, replete with its values, ideals, and self-understandings, on the one hand, and practices, institutions, and laws, on the other.

Habermas's conception of ethical discourse has several distinguishing features.

1. Ethical discourse is 'teleological' in the senses that it concerns 'the choice of ends' and the 'rational assessment of goals' (JA, 4). Where pragmatic discourse takes one's desired ends as given, and deliberates the best means to achieve them, ethical discourse evaluates those ends.
2. Ethical discourse evaluates ends by assessing what is 'good for me' or 'for us' (DEA, 41; JA, 5, 8). These are particular, not universal, goods. (Morality, by contrast, deals with questions of right and wrong, which insofar as they are good (or bad) are supposed to be universally good (or bad), since they affect everyone in the same way.) The notion of the good that ethical discourse puts in play relates both to the individual life history of the person and to the

collective life of the community. Habermas calls discourses concerning an individual life 'ethical-existential', and those concerning the collective or group 'ethical-political'.

3. Ethical discourse is prudential: it concerns the ways in which we organize the satisfaction of our desires and ends with a view not just to present but also to future happiness and to our happiness all things considered.
4. Ethical discourse makes salient the values that are germane to an individual's life history and to the particular tradition or cultural group to which that individual belongs. Habermas has a very specific concept of a value. A value is a basic symbolic constituent of culture or ethical life. To say that values are basic means that they cannot be analysed into anything more simple, and explained in a more primitive vocabulary, say, of preferences, desires, needs, or reasons. Values determine preferences, not vice versa. They help shape our needs, desires, and interests, which, Habermas argues, are not given to us fully formed by our biology or social heritage, but always stand in need of interpretation. Because values are tightly bound to the fabric of a particular community, each individual in the course of her socialization into the institutions and practices of that community will absorb and internalize its basic values. Hence these values will come to form a core component of the individual's self-identity. Values are thus not 'out there' like natural facts, existing independently of us. They are engrained in us and we are in the midst of them. Consequently, although individual values are susceptible to interpretation and to gradual change, they are not something from which human beings can very easily detach or abstract themselves. Finally, values are by their nature gradual, whilst norms are absolute: values admit of higher and lower degrees, whereas norms are either valid or not. While it makes little sense to say that one action is more morally wrong than another, it makes perfect sense to say that one choice is better than another.
5. Habermas's understanding of the concepts of good and of value bear upon a logical feature of ethical discourse. The advice, judgements, and orders of preference in which ethical discourses

issue, have only 'relative' or 'conditional' validity. (By contrast, the norms in which successful moral discourses issue are universally and unconditionally valid. Whereas a valid moral norm is meant to hold across different and competing cultural traditions, values only hold within a particular tradition or cultural group.)

6. Ethical discourse concerns the self-understanding of the individual or group. Whether about an individual or group, ethical questions are broadly speaking hermeneutic questions. They aim at self-clarification, self-discovery, and to an extent also self-constitution. When successful, they issue in judgements or advice about which ends, values, or interests to pursue for the sake of one's overall good (JA, 9; BFN, 151–68; DEA, 38–50).

Synopsis of the difference between ethical and moral discourse

	Ethics	*Morality*
Basic concept	**good/bad**	**right/wrong just/unjust**
Basic unit	**values**	**norms**
Basic question	**What is good for me or for us?**	**What is just? What ought I to do, and why? What is right?**
Validity	**relative and conditional**	**absolute and unconditional**
Type of theory	**prudential, teleological**	**deontological**
Aims	**advice; judgement preference ranking**	**establishing valid norms; discovering duties**

7. Ethical discourse makes a validity claim to authenticity (DEA, 41). It is not very clear how this validity claim fits in with the other three validity dimensions of truth, rightness, and truthfulness. Authenticity appears to be an analogue of truthfulness in the practical domain. It does not fit in with Habermas's neat triadic schema because, by the time he introduces this revision to discourse ethics, he is not so concerned to make it backwards compatible with his pragmatic theory of meaning. This lack of fit indicates that our moral conceptions are much messier than Habermas's neat conceptual distinctions make them look.

The validity and scope of ethical discourse

One of the defining characteristics of ethical discourses is that the advice in which it issues has only 'relative' or 'conditional' validity. Habermas does not say too much about what relative validity is, but we can presume that it is a question of scope. Valid moral norms are supposed to be universally binding on all participants in discourse or all concerned by its implementation, whereas ethical values or judgements are only binding upon members of the relevant group. Nonetheless, the very fact that the members of a group can collectively and freely assent to a judgement about some aspect of their conception of the good, a judgement that expresses a value they hold in common, is supposed to have some justificatory force, though, as we shall see below, not enough to outweigh any countervailing moral considerations.

Cultural groups, then, provide frameworks to which ethical values and goods relate. This raises the question of what counts as a cultural group and thus as a legitimate framework of evaluation. I think Habermas assumes this is a largely empirical sociological question. Yet it is also a matter of philosophical interest. For example, it seems obvious that talk of particular cultural groups does not cover the set of all left-handed people, all women, or all supporters of Arsenal football club. Arguably, they are all members of a totality or a set, but that membership is not of any ethical-political significance (though it may, of course, be of great ethical-existential significance to an individual person's life).

Membership of a cultural group in the relevant sense is a different kind of relation entirely. To begin with, groups have a common character that pervades many aspects of life and shapes the individuals who grow up within it, and who are socialized into it. This means that cultural groups must be large enough to maintain and reproduce themselves and their common character. Group membership is also a matter of mutual recognition, so that one counts as a member of a group only if, among other things, one is recognized as being a member of the group. Third, membership is important to the self-identification and self-understanding of individual members, and one of the primary ways by which they are identified and understood by others. Finally, membership is largely a matter of belonging. Cultural groups are not clubs, entry into which is gained by an administrative mechanism. Belonging to a group is not a simple affair. It may be the result of a long and difficult process in which the individual absorbs the group culture and is gradually accepted into it.

Such criteria show why, whatever the similarity of their experiences, all Arsenal fans, all left-handed people, and all women, are not cultural groups in the sense required by Habermas's notion of ethical-political discourse. This is important since he must not allow that every set of people who share an interest, however large or small, constitutes a cultural group that can serve as the framework of ethical evaluation. In England fox hunters and lovers of field sports like to present themselves as belonging to a cultural group of country dwellers that is misunderstood by the urban majority. On these grounds they protest against the government's proposal to ban fox hunting. However, their self-conception is confused and misleading. Of course, everyone who has an interest in fox hunting can freely agree that fox hunting is good, just as anyone who has an interest in playing Bridge or listening to Bob Dylan can agree that these are good. Such agreement does not mean that fox hunting is justified ethically or otherwise. These interest groups or lobby groups are not groups in the relevant sense. They are a collection of individuals with shared preferences. They do not form the kind of traditions that are in need of clarification by ethical discourse. The very question of what the genuine interests of the group are is already answered by its mere existence. Compare English fox hunters for a moment with the Bushmen (and women) of the Kalahari, who value hunting as part of their common way of life. For such a people, a prohibition on hunting would genuinely threaten their way of life and their cultural identity.

The social function of ethical discourse

The social function of ethical discourse differs according as it concerns the life history of an individual or the culture of a group. Given that modern societies comprise competing traditions and cultural groups with different and discrepant conceptions of the good, shared values may be more likely to be the source of group conflicts in modern multicultural societies than they are the key to their resolution. To take a random example, in Britain conflicts frequently arise concerning arranged marriages of the second and third generation daughters of immigrant parents. For their part, the immigrant parents want to pass on their customs and practices, in the light of which their wishes and expectations for their daughters are formed. Often, however, the daughters have formed their preference and expectations in the light of values like individual autonomy and romantic love that they have assimilated from the culture in which they have grown up.

On Habermas's theory, given that values may be the source of intractable dispute, one response is to try to resolve that dispute by avoiding any appeal to values. That is just what moral discourse according to (U) purports to do. Norms are not values. They are behavioural rules, anchored in the communicative structure of the lifeworld, based on very general and universally shared interests. Hence, moral discourse is the first recourse for disputing parties in the lifeworld. However, given the scarcity of universally valid norms, such conflicts may not be open to moral regulation, in which case, ethical discourse could help. In such a situation, ethical discourse will involve in the first instance a discussion and clarification of the all things considered best interests of the person concerned. It will also inevitably involve a critical appropriation of the values endemic to her culture, and reflection on her personal situation and individual life history.

Like moral discourses, ethical discourses cannot be conducted by anyone else except the persons uniquely concerned. No one, least of all moral philosophers, can determine their results in advance. Yet we can imagine two plausible scenarios. In one scenario, the parents, while noting their daughter's wish to choose her own husband, override it and decide the matter in what they consider to be her and their best interests and marry her off against her wishes. Her options then are active defiance of her parents' wishes or reluctant compliance. An alternative scenario is that those concerned mutually adjust, refine and reinterpret their interests and values, in order to avoid conflict. The parents might, for example, allow that a marriage be arranged in consultation with the bride, so that she does do not feel that her individual autonomy and possibility of romantic love is being sacrificed on the altar of cultural tradition alien to her generation. Such a scenario is possible because cultures are internally complex, multifaceted, and people's particular interests are open to revision and interpretation in the light of different aspects of it.

This alternative points to an important feature of ethical discourse. Recall Habermas's thesis that modernization involves the critical appropriation of traditions. Traditions are altered, gradually, by being reflected upon in ethical discourse. Some strands are self-consciously continued, others lapse. Values, conceptions of the good, and self-understandings are not fixed. They are always in the process of being reinterpreted. Collective identities (as well as individual ones) must be thought of as a kind of project, in the literal sense: we are suspended between what we find ourselves as, and what we want ourselves to be.

The priority of the moral over the ethical

Habermas observes that in the course of modernization questions of universal rightness (justice) gradually separate out from questions of the good life, and a plurality of discrepant and competing concrete conceptions of the good slowly emerges from a by and large homogeneous religious tradition. On these grounds, he regards it as a mistake to see ethics and morality as two competing approaches to the same questions. Ethics and morality are distinct but complementary components of our everyday self-understanding. Habermas takes it to be a phenomenological asset that discourse ethics can make room for both moral and ethical discourse, instead of opting for one or the other.

Habermas and the priority of moral discourse

The notion of ethical discourse comes to play an increasingly important role in Habermas's thought as he becomes more interested in democratic and legal theory. Nevertheless, he continues to insist on the priority of the moral. He argues for its priority on several grounds. First, pragmatically speaking, moral discourse is the default mechanism for the resolution of conflicts between agents in the lifeworld, because, unlike ethical discourse, it cuts values out of the justification process, thereby circumventing a source of intractable conflict. Second, moral discourse has a certain social-ontological priority over ethical discourse in virtue of the fact that (U), and by extension each valid norm, is anchored in the communicative structure of the lifeworld. Normative rightness is not a cultural value, not even a very widespread one. It embodies the communicative ideals of equal respect for all and universal solidarity contained in the rules of discourse. It is a specification of validity, analogous to truth, without which communicative agents in modern societies could not live as they do. Finally, Kohlberg's model of moral development and modernization theory support the thesis of the priority of morality. Post-conventional subjects have abstract self-identities that are not rooted in any particular tradition. This manifests itself in a disposition to embrace discursive procedures for deciding moral issues reflectively, before asking substantive questions about who one is and what would be the best life.

The upshot is that morality sets limits to ethics. According to Habermas, ethical discourses are sources of justification that already operate within the bounds of moral permissibility. Suppose ethical reflection yields a judgment which violates a moral norm. To return to our example, suppose the parents conclude the best course of action is to force their daughter to return to their country of origin against her will. In that case, the participants would be propelled into a moral discourse concerning the rightness of the action, and may also have to contend with breaking the law. In Habermas's scheme, however well justified an ethical consideration, however important a particular cultural value might be, it can always be overridden by a valid moral norm. Moral norms, when available, trump any ethical values that conflict with them.

Rawls and the priority of the right

On this point discourse ethics bears comparison with later work of the American political philosopher John Rawls (1921–2002), who defends the thesis of the priority of the right over the good. The similarity of views is no accident since the revisions to discourse ethics in the 1990s are very much influenced by Rawls. Rawls thinks that the right and the good are complementary concepts. The right here must be understood in relation to Rawls's thesis that a practicable modern conception of justice as fairness must be 'political not metaphysical'. Rawls observes that modern societies are no longer culturally homogeneous; they comprise a plurality of world views and 'comprehensive doctrines' competing for loyalty. In view of this fact, the legal and constitutional framework of a well-ordered society must not depend on, or presuppose, the truth of any one particular world view. This is the negative meaning of the thesis that justice must be political not metaphysical. Hence Rawls recommends a 'method of avoidance' whereby dispute is minimized because controversial moral and religious values are cut out of the process of political justification.

Positively viewed, political justifications appeal to general ideas and values that command widespread assent across all different cultures and world views. They are part of what Rawls calls a contingently 'overlapping consensus' of values. One must be careful here. When Rawls uses the term 'consensus', he does not mean the process of reaching understanding or agreement and the result of that process. For Rawls, a belief or idea is part of an overlapping consensus when it is the case that everyone, regardless of tradition or world view, has reason to accept it. It does not matter on what grounds they accept it. One of the most crucial of these is the very idea of society as a fair system of cooperation between free and equal citizens. This, Rawls argues, is a moral idea, but is not bound to any one comprehensive doctrine: it finds resonance in all of them.

Rawls contends any conception of the right (or justice) that meets this political criterion of justification is reasonable or justified, though not in virtue of its being true or probably true. The question of its truth/untruth is not germane to its political justification. What is germane is that it provokes the least controversy and commands the most loyalty. In this way, the right (or justice) sets out a liberal political framework within which each individual is free to revise, refine and pursue her conception of the good to the extent that this is compatible with everyone else's freedom to do likewise. The right is thus dependent on the existence of various competing conceptions of the good (or comprehensive doctrines) which can gain support from citizens. The right and the good are complementary: 'justice draws the limit, the good shows the point'.

Habermas versus Rawls

Clearly, there is a large measure of agreement between Habermas and Rawls. Both accept the fact of reasonable pluralism. Both agree that there is a fundamental distinction between something like morality/the right and ethics/the good and that an adequate theory has to make room for both. Furthermore, they agree that the right enjoys priority over the good. Finally, they agree that there is a functional or pragmatic aspect to the priority of the right. The impartiality of the concept of the right ensures that it commands widespread acceptance across cultures and world views, and thus facilitates social stability and harmony.

However as the famous debate between the two philosophers shows, there are areas of disagreement too. Habermas assumes that in a culturally pluralist society profane and secular moral considerations take precedence, whereas Rawls is more agnostic on this point. Whether morality is profane or religious is a matter of metaphysical controversy. Habermas objects that Rawls's *political* conception of justice sacrifices its cognitive status (its rational acceptability) to its functional or instrumental aim of ensuring social stability. Principles of justice are justified as reasonable simply because they happen to be accepted by all, regardless of whether they deserve to be. By contrast (U) guarantees that all and only those norms are justified that are rationally acceptable (that is, that deserve to be accepted by all) on the grounds that they demonstrably embody a universalizable interest. According to discourse ethics moral rightness is internally linked to validity and is analogous with truth. Habermas thus takes himself to have provided 'epistemic' and 'cognitive' grounds, not just functional ones, for the priority of the moral: he has shown that morality is knowledge, rather than the expression of contingently held values.

For his part, Rawls rejoins that Habermas, by basing discourse ethics on his controversial theory of meaning (and by insisting that morality be secular) is advancing just one more metaphysical doctrine. Rawls's method of avoidance extends also to philosophical and metaethical theories (that is theories about what morality is) not just to world views and metaphysical doctrines. Political philosophy, he argues, should avoid taking needless theoretical hostages to fortune. In one respect, Rawls is clearly right.

Habermas's programme of discourse ethics is closely tied to a whole bundle of controversial philosophical views, about meaning, communication, and so forth. That said, Habermas's chief concern is to deny that the discourse theory of morality is metaphysical in the specific sense that it expresses particular cultural values. Moral discourse captures a formal and universal procedure, to which there is no viable alternative, and by means of which participants determine for themselves, in concert, what is morally right. Thereby it establishes the bounds of moral permissibility within which ethical discourse can go to work. (This argument is somewhat weakened by his failure to provide a formal derivation of principle (U).)

The comparison between Rawls and Habermas on the priority question is instructive, but also a little misleading when abstracted from the context of their respective philosophical projects. Rawls's thesis of the priority of the right is tied to his peculiar non-metaphysical conception of the political. He aims to sketch out a free-standing conception of the political that supports his conception of justice as fairness while immunizing it from needless controversy. Habermas's project is broad by comparison. He is interested in all aspects of social order, including its moral, ethical, pragmatic, political, and legal dimensions. Although he thinks that moral considerations must not appeal to controversial cultural values, he denies that the political can be free-standing in the way Rawls thinks it must. On the contrary, the political comprises a whole variety of different mechanisms of resolving conflict that draw freely on the three different kinds of practical discourse.

The tenability of Habermas's distinction between morality and ethics

Habermas asserts that, although the historical distinction between morality and ethics is vague and messy, his conceptual distinction between the two is razor-sharp. He insists that valid norms are fundamentally different from values. The point of a moral discourse in conformity with (U) is to eliminate all values as non-universalizable. Only thus can it function as a rule of argument that makes agreement possible. Habermas wants to remove any lingering suspicion that (U) is just an ethnocentric prejudice resting on a contingent body of values. He argues that the moral principle is rooted in communication and discourse, part of the very fabric of modern societies. Validity claims to rightness and truth govern the coordination of actions and provide the basis for social order. Were he to smudge the distinction between morality and ethics, between moral norms and values, from either direction, then values, which he concedes are a source of intractable conflict, would infiltrate the moral domain and put his whole pragmatic conception of morality in jeopardy.

The trouble is that Habermas's distinction is not as watertight it needs to be. Thomas McCarthy points out that in his haste to reject naturalism (the view that all values can be reduced to empirical facts about human needs and interests), Habermas argues that needs and interests are always already shaped and interpreted in the light of cultural values. Yet he also claims that moral norms embody interests, albeit only universalizable ones. So Habermas concedes, after all, that moral norms depend on values, as the basis on which agents and participants in discourse interpret their interests and needs. Thereby he inadvertently lets values in through the back door, along with their potential for causing moral conflict.

Hilary Putnam has an objection that goes a little further in the same direction. He argues that the distinction between norms and values cannot be sharp, because norms presuppose 'thick ethical concepts' or values. The norms 'be good to your friends', and 'don't be cruel to children', presuppose the values like friendship or cruelty, and without them there is no language in which those norms could be identified and described. If McCarthy and Putnam are right, not only are valid norms scarce, they are unavoidably interlaced with controversial cultural values. In that case, agents will need to find different mechanisms of conflict resolution and seek out other routes to social cooperation and social order than moral ones. That entails a major shift of emphasis for the programme of discourse ethics away from morality and ethics and towards politics and law.

Chapter 8
Politics, democracy, and law

Traditional societies, according to Habermas, are held together by a shared ethos. Upbringing and participation in social practices allow people to acquire the identities and motivations appropriate to the roles and duties that society's institutions require in order to function smoothly. Modern societies are complex, differentiated, and multicultural: they have no controlling centre and are not held together by any single overarching tradition, world view, or set of rules. In modern societies, subjects develop general and abstract identities, which means they don't generally think of themselves primarily as somebody's son or daughter, as part of a family or dynasty, or as citizens of a state; they consider themselves and others first and foremost as individual persons and autonomous, rational beings conducting their own lives by general principles and by particular reasons that apply to them. Their abstract identities persist in spite of changes of nationality, of culture, of country of residence, of career, of name, and so forth. Modern subjectivity is also decentred because the constant and unavoidable pressure to participate in discourse (especially moral discourse) requires ideal role taking, the exchange of perspectives with all others, and the development of what Mead called a larger self (see Chapter 6).

In the original programme of discourse ethics Habermas argued that under modern conditions moral discourse is the primary mechanism of social integration. Moral discourse is appropriate to modern culturally diverse societies, since it allows subjects collectively to determine the rules of their coexistence for themselves, and these rules are highly general and maximally inclusive. Some time in the late 1980s, Habermas realized that morality as described in the original programme is too narrow to fulfil the central social function he allots it. With the introduction of the concept of ethical discourse the revised programme of discourse ethics begins to address this difficulty and Habermas's political theory continues in the same direction. It recognizes that moral discourse alone is not sufficient to regulate conflicts and maintain social order in culturally heterogeneous societies. This is not just because there are so few valid moral norms, nor just because norms themselves may be freighted with controversial values, but also because humans are cut from 'crooked timber' to use Kant's metaphor. If things were otherwise, i.e., if modern agents were reliably disposed to act morally all of the time, then morality alone might be sufficient to keep society up and running. This is evidently not the case.

Habermas's programme of democratic and legal theory begins with the recognition that modern social orders are forged not just by moral norms, but also – and to an increasing degree – by political institutions and laws. In this respect *Between Fact and Norms* complements discourse ethics, and at the same time continues and completes the programme of social theory. One might say (no doubt someone already has) that Habermas's philosophy takes a political turn. If so, that is hardly surprising, since his social and moral theory, argue many of his critics, was always really a political theory in disguise. Even if true, that does not mean that Habermas can afford to drop the moral theory in favour of his political and legal theory. Actually, he cannot do that, because, on his view, politics and law cannot function without morality, and so political and legal theory depend on moral theory.

Habermas's conception of politics

The 'two-track' structure of politics

Habermas distinguishes two basic spheres of politics: the informal and the formal. The informal political sphere consists of a network of spontaneous, 'chaotic' and 'anarchic' sources of communication and discourse. Let us call this sphere 'civil society'. Examples of civil society include voluntary organizations, political associations and the media. The identifying marks of civil society are that it is not institutionalized and that it is not designed to take decisions. By contrast, politics in the formal sense concerns institutional arenas of communication and discourse that are specifically designed to take decisions. Prominent examples include parliaments, cabinets, elected assemblies, and political parties. Note that it is a mistake to think that this formal political sphere is identical with the state. For the state is not just a collection of institutional fora for making policy and taking decisions, it is also an administrative system, a bureaucracy that is steered, to use Habermas's term, by the medium of power.

This two-track conception of informal and formal spheres gives the basic framework of Habermas's conception of politics. In civil society, members of the political community participate in discourse, reach understanding, make compromises and form opinions on matters of particular and general concern. Habermas calls it a process of individual opinion- and will-formation. In the formal political sphere, by contrast, the designated representatives of the members of the political community take decisions, pass laws, formulate and implement policies.

On the picture Habermas paints, a political system functions well when its decision-making institutions are porous to the input of civil society, and it has the right channels through which input from below (civil society and public opinion) can influence its output (policies and laws). In practice, democratic states achieve this balance better than non-democratic systems. Healthy democratic institutions will tend to produce policies and laws that are in tune with discursively formed public opinion, and thus rational or justifiable. This is desirable in itself, and it is also functionally desirable, since modern subjects will tend to abide by policies and laws whose rationale they accept. A rational society is likely to be a stable one. So there are good moral and instrumental reasons why modern subjects prefer to live under democratic institutions.

We must take great care when talking of the ability of democratic systems to come up with justifiable decisions. In the political sphere, the notion of what is justifiable is much broader than it is within the individual domains of theoretical, moral, and ethical discourse. Political justifications comprise a variety of considerations in addition to the epistemic and moral criteria (the validity dimensions of truth and rightness) that govern theoretical and moral discourse respectively. For example, ethical and pragmatic considerations come into play alongside commonsense factors such as what can be achieved by fair procedures of compromise and negotiation. Political discourse is like a workshop in which, once the more demanding procedures of moral and ethical discourses have been tried and have failed, a whole range of other experiments can be made in order to achieve solutions that are broadly speaking rational and consensual.

Human rights and popular sovereignty

Habermas, as is his wont, combines two political conceptions that are usually taken to be alternatives: liberal-democracy and civic republicanism. Each conception, he argues, pivots on a single idea: liberal democracy on the idea of human rights, and civic republicanism on the idea of popular sovereignty. (In actual fact, both conceptions are conjunctions of certain aspects of liberalism and of democracy. In the former, liberalism takes precedence over democracy, in the latter liberalism is subordinate to democracy.) Habermas notes that each conception privileges a certain interpretation of autonomy: liberal-democracy privileges individual or private autonomy (that is, individual self-determination), while civic republicanism privileges collective, public, or political autonomy (that is, the self-realization of the political community).

Habermas states that human rights protect the private autonomy of the individual. On the liberal-democratic view individuals have pre-political interests, and a set of rights that protects their freedom to pursue these interests, compatibly with everyone else's similar freedom to pursue theirs. Freedom here is conceived as an opportunity. The value of my freedom lies in the opportunities it affords me, which I may take up or decline as I please, not in my actual exercise of that freedom. Commonly this view goes hand in hand with the idea of a minimal state that leaves each subject free to pursue her own life as she sees fit, whilst intervening only to resolve the conflicts that arise when one person's freedom impinges on another's. Citizenship or participation in the political community is thus not seen as valuable in itself, but only instrumentally valuable as a means of securing these rights and opportunities.

In order to do this fairly the state must remain neutral with regard to the values and conceptions of the good pursued by its members. That said, the idea of human rights is a moral idea that is inevitably biased against any value or world view that is inconsistent with basic rights and liberties for all. For this reason, many communitarian and republican critics of liberal democracy dispute its supposed neutrality. For their part, most liberals deny that the state must or even can remain neutral in respect of the outcomes or consequences of its policies and laws; they claim only that it should remain neutral in respect of the justification of its policies and laws, in order to steer clear of unnecessary controversy. So while it may not be the case that every law or policy will benefit everyone in the same way and to the same degree, it must be the case that no law is justified on the basis of controversial values.

Popular sovereignty is the idea that the political authority of the state resides ultimately in the will of the people. The idea assumes that politics is essentially a matter of collectively realizing public autonomy, rather than of securing the private autonomy of individuals: It is the freedom of 'we the people' that matters, rather than of each individual. Public autonomy is often conceived on the model of a people's assembly, giving rise to the view that citizens are free to the extent that they are self-legislating. More broadly, popular sovereignty can be construed as the idea that the members of a political community are free to the extent that they can regard the laws that govern them as the expression of their own values.

Unlike the liberal notion of private autonomy, the civic republican idea of public autonomy is not an opportunity concept; it is an exercise concept. The true value of free expression, for example, lies not in the opportunities it affords individuals but in its collective actualization. When enough people exercise their freedom of expression a free press/media and more generally a common culture develops, which is to the benefit of all citizens. Membership in the political community is valuable in itself. Hence the state is anything but neutral; it embodies and actively recommends a set of values and ideals to its citizens. Finally, on this view any individual rights that the subjects enjoy derive from and depend on the values and ideals of the political community.

Habermas's two-track conception of politics provides a framework which marries both ideas, modifying each and tuning them to the realities of modern society. It shows that human rights and popular sovereignty are equiprimordial and reciprocal, which means that neither comes first, and that each mutually depends on the other. At the same time it conjoins, and gives equal weight to, the notions of private and public autonomy. Politics, according to Habermas, is the expression of 'the freedom that springs simultaneously from the subjectivity of the individual and the sovereignty of the people' (BFN, 468). Habermas retains the idea of human rights and broadly subscribes to the liberal view that the state should be inclusive and tolerant of different cultures and world views. However, he denies three key liberal assumptions:

1. that rights belong to pre-political individuals;
2. that membership in the political community is valuable merely as a means to safeguard individual freedom;
3. that the state should remain neutral in respect of the justification of its policies or laws, where neutrality implies avoiding appeal to values and ethical considerations.

Habermas argues that these assumptions reflect the inherent bias towards the subject that characterizes the philosophy of consciousness. He maintains, on the contrary, that rights are only acquired through socialization; that membership of the community is not just instrumentally valuable, and that political justifications should embrace ethical considerations.

At the same time, he rejects three key civic republican assumptions:

1. that the state should embody the values of the political community;
2. that participation in the community is the realization of these values;
3. that subjective rights derive from and depend on the ethical self-understanding of the community.

On his view these assumptions no longer apply because modern societies are made up of a plurality of competing traditions and world views. Therefore the question of which values the state is to recommend and make available to its members will itself be a controversial matter. The most that can be expected is that policies, decisions and laws can find some resonance with the ethical self-understanding of each of its various communities.

Habermas endorses a modern version of the idea of popular sovereignty, shorn of the antiquated view that the people form some kind of person writ large. 'Popular sovereignty is not embodied in a collective subject, or a body politic on the model of an assembly of all citizens', it resides in '"subjectless" forms of communication and discourse circulating through forums and legislative bodies' (BFN,

136). In modern societies, the ideal persists in the extent to which formal decision-making bodies are open to the influence of civil society. When formal political institutions are open to the right degree of input from below, their decisions, policies and laws will tend to be rational and to find acceptance. Since democratic states must be appropriately embedded in civil society, civil society has to be protected for the sake of democracy. This is where the system of rights comes in. Habermas argues that 'the system of rights states the conditions under which the forms of communication necessary for the genesis of legitimate law can be legally institutionalised' (BFN, 103). The basic thought is that a system of rights enshrined in law can help nurture the forms of civil society that formal decision-making bodies need to absorb in order to be able to produce rationally acceptable laws.

Politics and the form of law

Nowadays it can appear to be a truism (albeit one of recent provenance) that society should be organized as a state, with a democratic form of government and a system of human rights. On the face of it this is odd because the liberal individualist idea of human rights and the republican idea of popular sovereignty are inherently in tension. One recommends that government should respect my right to live my life my way (compatibly, of course, with everyone else's right to do it their way); the other champions government by the people.

Habermas does not attempt to deny this. He responds that this tension is rooted in the very concept of law, and that law is the medium which in modern societies helps ease the burden of social integration that falls on communication and moral discourse. Recall that on Habermas's story the social function of morality is to resolve conflicts of interests, coordinate actions, and to establish social order. Politics supports and stabilizes morality by cladding it in the form of law. This does not mean that law and morality cannot come apart. They can and do, for example in cases of civil disobedience and conscientious objection. But these are marginal cases. Generally, legal norms and moral norms work side by side to resolve conflicts, coordinate actions, and produce social order on the basis of valid norms. However, they do so in different ways.

The dual structure of law

Suppose one evening you want ride your bicycle to a party on the other side of town, but you find that it has no lights. There is a law against riding in the dark without lights, and there is a reason for that law: riding without lights endangers the rider and other road users. It is also a punishable offence: if the police see you riding without lights they have the power to apprehend and fine you. Legal norms like this demand only compliance. They require to be obeyed, but they do not require to be obeyed for the right reason. In this they are unlike moral norms, which require to be obeyed for the right reasons. The fear of being caught and punished is not a good moral reason for acting. So the law-abiding agent may either walk to the party because she understands that riding her bicycle without lights endangers herself and other road users, or because it is not worth running the risk of being caught and punished. In practice her motivations are beside the point, since in obeying the law she acts on reasons of road safety that apply to her anyway. Moral and legal norms work in parallel.

Habermas holds that laws produced by political institutions that are open to input from civil society will tend to be rational. Members of the legal community will generally comply with such laws because they will be able to see their point, the laws require them to do what they have independent reasons for doing. Sometimes, however, the point will not suffice to induce lawful behaviour. In such cases, the fear of being apprehended and punished may do the job.

A valid legal norm or law, Habermas argues, has both a normative and a factual side: on the one hand it is legitimate, and on the other it is positive. Hence the title of his book *Between Facts and Norms*, which literally translated would be 'Facticity and Validity'. A law is *legitimate* only when it has a point, or when there are appreciable reasons for obeying it (other than that it is the law, and that disobeying it is a punishable offence.) That its legitimacy is a necessary but not a sufficient condition of the validity of a law becomes evident when we consider two further features of valid laws. A law is *positive* when it is laid down or imposed by a recognized authority. Laws have a third feature too: they must be coercible. A legal norm is valid only when all these components are present. A law must have an appreciable point, be made by a recognized authority, and be coercible. The validity of law thus presupposes political power. It presupposes, among other things, a judiciary and a state which has a monopoly of legitimate force and the ability to enforce laws by policing their observance and punishing their transgression.

The legitimacy of law

Although Habermas acknowledges the positivity and coercibility of law, he always puts the accent on its legitimacy. Legitimate laws, laws with a point, elicit voluntary rational compliance from citizens. Note that rational compliance is different to affective allegiance, although both may be freely given. Affective allegiance may be due to non-rational and non-discursive motives, such as particular values, needs and emotions associated with belonging to a cultural group. Rational compliance is due to the 'motivating force' of good, general reasons (in Habermas's parlance, reasons are by their nature general) that apply independently of legal, judicial and penal institutions. Social order arises smoothly without the threat of punishment having to be brought into action. This is vital since in modern mass societies not all lawful behaviour can be coerced, or induced by threat of sanctions. To a large extent lawful behaviour has to arise freely as a response to the perceived legitimacy of the law.

Habermas formulates his notion of legitimacy in the principle of democracy. The democratic principle is held to be a specification of the discourse principle (D). (D) specifies a necessary condition of the validity of action-norms, that is, it holds for both legal and moral norms. The democratic principle states that:

> Only those laws count as legitimate to which all members of the legal community can assent in a discursive process of legislation that has in turn been legally constituted.
>
> (BFN, 110)

This is another version of the basic Habermasian idea that if something is justified, it must be that everyone can assent to it in a properly prosecuted discourse. According to Habermas, the democratic principle arises from the 'interpenetration' of principle (D) and the legal form. The ins and outs of this process of 'interpenetration' are too complicated to go into here, but the upshot is supposed to be that the legal code and the principle of democracy bring one another into being.

More significantly the legal form enriches principle (D) by introducing differences of scope and justification. The democratic principle states that legitimate laws must be amenable to the assent of all members of the legal community, not of everyone affected by the norm, as in (D). The legal community comprises anyone capable of lawful behaviour, whose actions are governed by the law in question. According to (D), amenability to consensus is a mark of the validity of a norm. The mark of a norm's legitimacy according to the democratic principle is far more complicated. Legitimate laws have to be able to win the assent of all members of the legal community. This assent must be the outcome of a legally constituted process of legislation. In other words a norm is legitimate only if all members of the legal community can assent to it, and they can do so because it has been produced by a formal decision-making body which incorporates deliberation and discourse, is open to input from civil society, and conforms with a legally instituted system of rights. Note that the democratic principle only implies that legitimate laws must merit the assent of all members of the legal community; not that they must actually find it, that everyone must actually agree to every law. In England, there will soon be a law against fox hunting regardless of the views of disgruntled fox hunters. The law was passed in the correct way by a recognized decision-making body, which was open to input by civil society, and considered the representations of the fox hunters. Hence it is legitimate. When the law comes into force, the fact fox hunters do not assent to it, and that they dispute the reasons for its existence will not matter. Assuming that it can in addition be properly policed and enforced, the law will be valid. Habermas's theory of law, like his theory of morality, relies heavily on this distinction between what is in principle amenable to assent, and what in practice finds such assent.

Modernity, law, and morality

Although the legitimacy component of law – its point – is a composite of moral, ethical and pragmatic considerations, morality is the key ingredient. Legitimate law, Habermas argues, 'has a relation to morality inscribed within it.' (BFN, 106) Just what this relation is, is hard to spell out. In German there is an etymological relation. Generally, the English term 'law' is used to translate the German word 'Recht' (as in *Rechtswissenschaft* – jurisprudence); however the same word can also mean 'justice' or 'right'. Presumably, though, Habermas has in mind a conceptual relation between law and morality, not an etymological one. He claims, for example, that legitimate laws must be 'in tune' with moral norms and ethical values (BFN, 99).

Besides being consistent with moral demands, legitimate laws, like moral norms, have an in-built orientation to the common good; that a law is perceptibly in the common good is part of its point. In his earlier work, Habermas tended to assume that legitimate laws are analogous with moral norms, since valid norms are 'equally good for all' and so are also in the common good. The revised programme blocks that assumption. It implies that the common good can mean different things in different contexts. The difference is that moral norms are good for everyone *in the same way* (because they contain universalizable interests), while legal norms are at best good *in some way* for all members of the legal community. The umbrella concept of the common good of the legal community is no longer equivalent with the concept of moral rightness.

Habermas's overall argument seems to be that legitimate law provides a parallel path along which agents can be socialized into post-conventional morality. This is partly because legitimate law is consistent with morality, but also because legitimate law presents agents with the opportunity of seeing and serving the legal common good. Actions which conform to legal norms, and are done because these norms are demonstrably in the common good, are analogous with post-conventional moral actions. Furthermore, citizens of Western democracies can justifiably regard their laws as self-chosen, because their decision-making institutions are open to discourse and input from civil society. To this extent obeying legitimate laws is an orientation according to self-chosen principles, again like post-conventional morality. Hence in highly complex modern societies, which have lost the nexus of a shared ethos, law props up the fragile sphere of morality, and provides legal channels along which 'moral content can spread through a society' even as far as the systems of money and power (BFN, 118).

Objections to Habermas's democratic and legal theory

For all its richness and ingenuity, Habermas's *Between Facts and Norms* faces some serious objections. First, he argues that democratic states must seek the right balance between the input from civil society and the output of formal decision-making bodies, but he does not say what right balance is. Should input from below directly determine the legislative process? Is it better that members of parliament cast their votes on the basis of the actual preferences of their constituents or that they use their own judgement in parliament? After all Habermas recognizes that civil society is anarchic, spontaneous, unconstrained and inherently unstable. Too much input from below would introduce elements of anarchy, spontaneity, and instability into the democratic system, the very problem that beset ancient forms of direct democracy.

Second, Habermas does not make clear to what extent he is recommending a normative ideal of deliberative or discursive democracy and to what extent he is offering an empirical theory. He maintains of course that his theory is both a normative ideal and a description of democracy. That is understandable, since, after all, the very term 'democracy' has normative and descriptive content that is almost impossible to separate. Yet while Habermas is keen to play up the empirical credentials of his theory (for example BFN, 373), he seems less concerned to square it with the relevant empirical data, than to make it backwards-compatible with his other theoretical programmes.

Third, given Habermas's penchant for architectonic, it is surprising that his social theory presents a problem for the political theory. *Between Facts and Norms* identifies two dimensions to political power: communicative and administrative power. Communicative power resides in civil society and in the fora for deliberation and discourse built into decision-making bodies. Administrative power resides in the state and government bureaucracy. Habermas's main thesis is that healthy (democratic) political institutions do and should successfully translate communicative power into administrative power. However, according to Habermas's social theory, the state administration is part of the system steered by instrumental criteria of efficiency, whilst civil society is part of the lifeworld. Institutional arenas of discourse and deliberation are political extrusions of the lifeworld. Now, if the distinction between communicative and instrumental rationality, lifeworld and system, is as strict as Habermas's social theory maintains, and if the integrity of the lifeworld is destroyed by the incursion of the system, how can the desired translation of communicative into administrative power be attained? Why does the civilizing influence of moral and ethical discourse not get blotted out by the iron workings of the administration?

Democracy and critical social theory

As well as answering the guiding question of his sociological project, Habermas's democratic and legal theory can be seen as continuing the project of critical social theory. It does this primarily by diagnosing the strengths and weaknesses of Western democratic states and the dangers facing them. There are two principal dangers. First, if legally enshrined human rights are unable to protect civil society from erosion by markets and administrative bodies, the sources of communication and discourse on which political institutions depend will dry up. If that happens, political decisions will be more prone to ideological distortion and bias towards powerful interest groups. When certain groups are denied input into the legislative process, the laws they live under are likely to appear indifferent or hostile to them, their feelings of marginalization, alienation, and cynicism will grow, and they may gradually begin to pose a threat to social order.

Second, the current style of government in Britain and the U.S. is to delegate decisions to bureaucratic elites 'informed' by experts and interest groups. Parliament and cabinet are used to rubber-stamp policies, rather than as arenas to discuss and deliberate them. Eventually media-savvy officials or 'spin doctors' are used to sell these policies to the public. Manufacturing popular consent is the last step in a chain of otherwise bureaucratic decisions. The tendency is not to promote open and transparent decision-making institutions, but to slough off procedures of communication and discourse from the political process altogether for the sake of expediency, moral 'clarity' or some other supposed benefit. The recent decision by the British government to support U.S. military intervention in Iraq by sending troops there is a case in point. In Britain there were massive and unprecedented popular protests against the policy. The parliamentary vote appeared simply to dot the 'i' on a decision that had already been taken by Tony Blair and his advisors. The second threat is that the civilizing influence of civil society on law- and policy-making bodies diminishes, and that the role of citizens is reduced entirely to that of passive consumers.

In spite of this sober assessment of the dangers facing Western liberal-democracies Habermas retains a flickering optimism in the capacity of democratic institutions to cope with the problems facing modern societies. With all their inherent tensions, liberal-democracies still retain a close link with the ideal of freedom as self-determination. Politics, Habermas states, is the expression of human freedom, understood not as an already established fact, but as an ongoing task imposed by the recognition that, 'No-one is free, until we all are free' (RR, 161).

Chapter 9
Germany, Europe, and post-national citizenship

The previous chapters have shown something of the depth of Habermas's commitment to, and belief in, the beneficial socializing effects of morality, democracy, and individual human rights. Habermas's lifelong antipathy to nationalism in all its forms arises from a clear-sighted and nuanced appreciation of the social pre-conditions of human wrongs, which is rooted in his own experiences. That said, as he would be the first to remind us, we should not confuse the origins of beliefs and convictions with their validity.

Nationhood and nationalism

The idea of the nation state

To understand Habermas's worries about nationalism, we have briefly to examine his conception of the nation. Habermas tells a story in which the European nation comes about as a response to a constellation of social problems that arose at the end of the 18th century. Early modern forms of community had been anchored in locality, structured by rural traditions and a seemingly natural feudal hierarchy, and bound by a shared religious tradition comprising a homogeneous set of cultural values. With the onset of modernity, from the end of the 18th century onwards, a variety of factors – urbanization, the mobility of populations, circulation of goods, and the waning of religion – deprived society of these anchor points. At the same time as the bases of early modern society were disintegrating, a largely urban, mass society of strangers was taking shape.

According to Habermas, the nation emerges as a new, more abstract and more successful basis of social integration. The idea of the nation was more or less concocted from the invented traditions and the fictional history of a single community with a common ancestry, language, and culture. Once the idea caught the public imagination, national consciousness proved very good at creating affective bonds of solidarity between citizens who were also strangers to one another. At the same time, the gradual emergence of democratic participation in the decision-making structures provided a set of legal relations of solidarity between citizens. The ideas of the nation and national consciousness began to work hand in hand with the political structures of the state to imbue its citizens with a sense of belonging to a single political community, and with a sense of their collective cultural and political identity.

While he acknowledges the social achievements of the nation state, Habermas is aware that the idea is also dangerous. The idea of an ethnic nation is inherently exclusionary. Those who belong are always demarcated by language or ancestry from those who do not. Once the idea becomes entrenched in the public mood, it can lead to the creation and oppression of internal minorities. Secondly, relations of nationhood are relations of *affective*, or *emotional* identification with the community that is 'independent of and prior to the political opinion and will formation of citizens themselves' (TIO, 115). These ties are pre-discursive. They are not open to reason. Yet they are easily manipulated by political elites. For example, the surges of national sentiment that accompany foreign military campaigns can quell domestic political unrest, a known effect that governments repeatedly exploit to this day.

While these dangers are built in to the notion of a *community of folk* or *Volksgemeinschaft*, they are not inherent in the ideal of a lawful community of free and equal citizens or *Rechtsgemeinschaft*. Being a citizen or a member of a legal community is a bit like being a student at a university. It is just a place that more or less any Tom, Dick, or Harriet can occupy. Membership is in principle open and it is a political question what the criteria of membership should be. But membership of a national people is a pre-political fact of heredity. Hence, argues Habermas, the concept of the nation state contains a tension between its two halves, 'between the universalism of an egalitarian legal community and the particularism of a community united by historical destiny' (TIO, 115). The challenge to the modern nation state is to live up to its better half.

Nationalism

Nationalism tends to arise when the nation is already under threat. At the beginning of the third millennium, Habermas observes, the nation state is threatened from without by globalization and world-economic pressures, and threatened from within by multiculturalism.

In broad strokes, globalization has led to a situation in which the causes of pressing social and political problems, for example economic migration, poverty, mass unemployment, and the threat of ecological disaster, lie beyond the reach of national politics. Hence so do their possible solutions. Global political problems require transnational political solutions. The problems are exacerbated because the capacities of individual states to act have diminished.

Simultaneously, nations are threatened from within by the emergence of multiculturalism. Immigration and the increasing mobility of people have helped dispel the national myth of a single culturally homogeneous community. Marginalized groups and minorities fight for equal recognition, and challenge the assumptions and certainties of the majority culture.

In this context, nationalism represents a compelling but highly dangerous response. It aims to renew social solidarity and to instil a sense of belonging by reviving national consciousness. Nationalism, in Habermas's view, is not a way of harnessing the resources immanent to the process of modernization – moral discourse and legitimate law – but a futile attempt to reverse the process. It is also, in his estimation, regressive. Recall that, according to Kohlberg, normal children develop upwards through the six stages; they do not travel back down the scale. That would be the case only if they could unlearn. Think how unusual and abnormal it would be for someone to 'unlearn' how to swim or to speak a language. Similarly, contemporary forms of nationalism signal a retreat from post-conventional to conventional forms of association. Nationalism is a kind of social deviancy.

One has to be careful here. Societies only 'learn' in an attenuated sense. So nationalism is *regressive* or *deviant* only in an equally attenuated sense. Habermas does not suggest that the desire to belong to a cultural group is in itself regressive. On the contrary, he recognizes that under conditions of pluralism citizens must situate themselves within traditions and identify with their culture, albeit with the appropriate critical reflection. The regressive aspects of nationalism are the misfired attempts:

1. to replace modern forms of social integration – communication, discourse, and legitimate law – with affective ties of kinship;
2. to find a pre-political, natural criterion of membership in the political community;
3. to remove the influence of discourse and communication from the political process.

Habermas's animus against nationalism may sound overdramatic. Consider, though, that he is all too aware, not just from his childhood experience but from more recent political events in the former Yugoslavia and elsewhere, of the dangers that nationalism poses. The fire of nationalism is easier to ignite than to extinguish, and once reignited, it can lead to the oppression of internal minority groups, to racism, and ultimately to ethnic cleansing and genocide.

Constitutional patriotism

Habermas argues that the only form of identification with one's own traditions that is appropriate under modern conditions is that of constitutional patriotism. He first used this term during a vitriolic public debate in the mid-1980s that came to be known as the 'historian controversy'. Oversimplifying greatly, certain historians with contacts at the heart of Helmut Kohl's government had produced reinterpretations of modern German history that relativized the crimes of the Nazi period, downplayed the significance of the Final Solution, and placed greater emphasis on the heroism of German soldiers who held the Eastern Front in order to allow German civilians to flee from the Red Army.

According to Habermas, the dispute was not about the historical thesis, but about the misuse of academic history for political ends. These strategically revised histories were not merely making validity claims to truth, they also were part of a self-conscious, politically organized attempt to 'normalize' German history, to get rid of the 'past that refused to go away'. Among the medium-term aims of this campaign was the wish to help create a German national identity, and thereby to bolster Helmut Kohl's popularity at home. The envisaged end game may have been to prepare the political ground for West Germany to cease paying reparations to Israel, and to begin playing a geo-political role that would reflect its economic power. Hitherto it had been assumed that the path to 'normalization' was barred by an insuperable obstacle: Auschwitz. German national consciousness had been indelibly tainted by the moral catastrophe of 1933–45.

Against this backdrop, Habermas argued that the tactic of manufacturing a past Germany could feel proud of was futile and regressive. The only form of patriotism that was politically and morally appropriate was one that was anchored in the universal principles of the constitutional state.

> For us in the Federal Republic constitutional patriotism means, among other things, pride in the fact that we have succeeded in permanently overcoming fascism, establishing a just political order, and in anchoring it in a fairly liberal political culture.
>
> (NR, 152)

It is important to remember that the Basic Law of the Federal Republic of Germany had been imposed upon it by an alien conquering power. It was not the expression of an authentic German tradition of democratic politics. At the time of its creation, the Basic Law was a provisional democratic constitution in search of democratic citizens. Yet by the mid-1980s West Germany had become one of the most thriving democracies in Europe. That, Habermas thought, was an achievement to be proud of. By a good measure of historical luck, a lot of hard work, and a successful policy of re-education, the citizens of the Federal Republic had developed a political culture and a political identity based on a commitment to democratic procedures and principles.

> The political culture of a country crystallizes around its constitution. Each national culture develops a distinctive interpretation of those constitutional principles . . . such as popular sovereignty and human rights – in the light of its own national history. A 'constitutional patriotism' based on these interpretations can take the place originally occupied by nationalism.
>
> (TIO, 118)

On this picture, German political identity is paradoxical. It was largely because their difficult past refused to go away that West Germans had to forge a political identity around the 'universalistic content of the democratic constitutional state' and to forswear more historically naive, less critically reflective forms of patriotism. By being true to their own (but deeply ambivalent) German tradition, they were obliged to identify less, not more closely with it.

When Habermas first began to defend the notion of constitutional patriotism in the 1980s, he had not yet fully developed his ideas on the political significance of ethical discourse. He tended to align democratic principles with moral ones. Just as the post-conventional moral subject is committed not to substantive values of the community, but to the procedure by which valid norms are established, so the constitutional patriot identifies with democratic procedures rather than with specific outcomes. Both develop decentred and abstract identities to the extent that morality and democracy involve the recognition of the equal worth of others. Moreover, he argued, citizens identify directly with universal democratic and moral principles.

In his later work, Habermas alters his view. He argues that for a democratic constitution to take root it must be supported by a political culture that satisfies various conditions. First, it must be consistent with post-conventional morality. Second, it must resonate with the ethical understanding of all cultural groups in the political community. The political culture cannot afford to be seen as an expression of the substantive and particular values of the majority culture. Finally, the political culture needs to be supported by social and welfare rights, in order that citizens can experience 'the fair value of their rights', that is that they can feel the benefit of their participation in the common political culture.

German unification

The 9th of November 1989 represented a turning point in the lives of all Germans: the Berlin Wall came down and the German Democratic Republic collapsed. At the time, Habermas voiced some serious critical reservations about the way in which unification was being carried out, its timing, and the political rationale behind these.

13. East German citizens sit astride the Berlin Wall

His criticisms were initially directed at the procedural question of whether unification should be accomplished on the basis of Article 23 of the Basic Law or Article 146. Article 146 makes clear that the Basic Law is a provisional, not yet a fully fledged, constitution. It states: 'this Basic Law loses its validity on the day that a new constitution takes effect, concluded by the German people in a free decision'. Article 23 makes the Basic Law valid for other parts of Germany. It provides a mechanism for granting new states entry into the federation. It was written principally with the region of the Saarland, on the border with France, in mind.

Kohl and his advisors preferred to base unification on Article 23, since it did not require any change in the West German Basic Law. Habermas vehemently opposed this. In his eyes, unification on the basis of Article 23 was a purely administrative manoeuvre by which East Germany could be effectively annexed by West Germany. Worse still, this strategy was chosen so that the whole process could be managed in the particular domestic and foreign policy interests of Chancellor Kohl's Christian Democrats. Use of Article 23 meant that the process could be completed relatively swiftly, in order to boost Kohl's domestic popularity in time for the coming elections.

As a consequence, East and West Germans were deprived of the opportunity for an ethical-political discourse about the kinds of political structures under which they would prefer to live. Habermas was one of several intellectuals at the time who argued for a slower pace of reform and a more inclusive process. Unification should have been 'the public act of a carefully considered democratic decision taken in both parts of Germany' (YAGI, 96). East Germans would have been able to have some input into the process, instead of having everything done for them by bureaucrats in the West, and West Germans would have been able to vote on their own constitution. As it was, Habermas complained of the 'normative deficit' of unification, because the union lacked sufficient political, ethical, and moral justification – the kind of input from below that he takes to be a necessary condition of democratic legitimacy.

On similar grounds, Habermas objected to the administrative 'liquidation' of all the old institutions that harboured the remnants of East German civil society – universities, colleges, museums, theatres, and so on. He warned that civil society, by which he meant informal networks of public communication and discourse, is a fragile and valuable political resource that is much easier to destroy than to rebuild. Habermas argued that unification was not just an administrative and economic fact, but also a political task, and hence that a political culture that could find some resonance with the self-understanding of the East Germans had to be allowed to grow.

Finally, Habermas suspected that the incumbent Christian Democratic government might be tempted to legitimate their policies by encouraging pan-German nationalist sentiment. Initially, they had been content to appeal to economic nationalism. On the one hand, they reminded the citizens of the Federal

Republic how well they had done up to now, and made the unkeepable promise that they (the West Germans) would not have to underwrite the costs of unification through higher taxes. On the other, they offered East German citizens a vision of similar economic prosperity. Habermas's thought, encapsulated in the slogan 'a unified nation of angry DM-Burghers?', was that when the realization eventually dawned that the economic rebuilding of the East would be slow, painful, and costly, and not funded entirely through economic growth, German citizens both East and West would feel betrayed. The easy way out of this problem would be to fan the flames of German nationalism, with all its attendant dangers. The outbreaks of racist violence against foreign guest-workers at Rostock and Hoyerswerda in East Germany shortly after the initial euphoria of unification signalled these dangers all too clearly.

Habermas warned conservatives not to jeopardize the hard-won but fragile political culture of West Germany – a non-nationalist self-understanding, post-national collective identity, and constitutional patriotism. Instead of the bland appeal to economic nationalism, Habermas called for a process of 'reunification which gives priority to the freely exercised right of the citizens to determine their own future by direct vote, within the framework of a non-occupied public sphere . . . ' (YAGI, 96). A slower-paced process, based on Article 146, would give time and space for the required moral, ethical, and political discourses that could allow relations of mutual solidarity to grow between the citizens of the former East and West German states. In turn, this would encourage German citizens to evaluate the question from a wider perspective than that of their individual self-interest.

European integration

Habermas's views on the question of European integration are in line with his observations on the obsolescence of the nation and his political and moral animus against nationalism. He adduces several different sets of considerations in favour of economic and political union of European states.

Germany and the European question

First, there are a set of broadly historical and moral reasons, which fall under the Habermasian theme of 'learning from catastrophe'. One only has to look back to recent 20th-century history, the catastrophes of two world wars, to appreciate the dangers of a Europe of sovereign nation states in economic and political competition with each other. Europeans, he argues, 'must abandon the mind-sets on which nationalistic and exclusionary mechanisms feed' (TIO, 152). Political union would provide a framework within which a post-national social integration could develop on the basis of 'the communicative network of a European-wide political public sphere embedded in a shared political culture'.

I suggest that even this project can be understood as a very concrete political way of answering Adorno's new categorical imperative: to prevent the reoccurrence of Auschwitz or anything similar. Given the peculiarities of its recent past, European integration is all the more vital for Germany. Habermas vociferously opposed what he considered to be the ugly and dangerous suggestions in some conservative circles for Germany to halt its slide towards the European Union, to keep the Deutschmark, and to forge political and economic links with the central European states now liberated from Soviet communism.

Another set of arguments in favour of European integration concerns the effects of a globalized economy on the individual nation state. Generally speaking, the governments of developed and technically advanced industrial states know that economic growth comes at a certain social and political cost: increases in unemployment, poverty, and income disparities. Left uncontained these effects would be potential causes of social disintegration and internal political destabilization. To an extent, however, welfare states have been able to contain these negative effects by means of welfare systems, labour market regulation, and redistributive policies, among other measures.

The globalization of the economy and financial markets has altered the delicate balance between economic growth and social welfare. Globalization has had the effect of tying the hands of the governments of individual nation states. Large corporations can easily evade employment regulations by relocating to countries where markets are unregulated and labour is cheap. The threat of 'capital flight' forces governments of whatever stripe to keep taxes (particularly business and corporation taxes) low. Raising revenues becomes a problem for governments. There is a limit to how much money can be made through efficiency savings. In short, it becomes difficult for governments of individual states to fund and implement policies that contain the undesirable social and political side effects of capitalist economic growth.

In Habermas's eyes, there are two possible responses to these problems. The neo-liberal alternative is simply to adapt to global economic pressures: drive down costs, keep labour markets 'flexible' (that is, unregulated), and put the onus on individuals to insure themselves against the risks of unemployment, ill health, and so on. The bitter pill is that the economic winners of a competition to deregulate will be the social and political losers.

The other alternative is that politics must globalize too, in order to rein in the economy. In concrete terms, this means creating supranational political institutions with the authority, power, and means to implement their resolutions. At first blush, this may appear hopelessly Utopian. Habermas responds that, once one has accepted the impending obsolescence of the nation state as a political entity, there is only one viable alternative, and the expansion of politics beyond the nation state is already under way.

The European Union is, in relative terms, an ambitious example of what can be done.

Of course the European Union will only provide an effective counterweight to global economic pressures if it can find functional equivalents at the supra-national level for the containing functions of the welfare state. European Union policies have been able, through the introduction of subsidies and other modest redistributive policies, to eliminate some of the harmful effects of regional competition between member states. Further, the European Court of Justice has taken hundreds of decisions that bear directly on questions of social justice and (to the consternation of its neo-liberal and Tory critics in Britain) that indirectly affect the common internal market. Habermas does not underestimate the difficulties that beset the project of European economic and political integration. The European Union still has to juggle the conflicting aims of employment, competitiveness, and economic growth, and negotiate settlements between demands of rich member states who are net-contributors and poor member states who are net-beneficiaries. For Habermas, it has yet to be established whether the European Union can formulate and implement policies capable of correcting markets, and bringing them into line with ideals of social justice.

Habermas concedes that, from a global perspective, European politics is really just an extension, not a transformation, of the politics of national self-interest. Regional competition between nation states and its attendant problems occurs again at the transnational level. Europe vies with its competitors, the United States, the Pacific Rim, and the emerging economies of China and India. Hence there are reasons to suspect that it will not be able to find lasting and comprehensive solutions to global political and social problems, and that at most it will provide temporary or partial solutions. Habermas grasps the logic of his own argument. If lasting and effective political solutions to global problems are to be found, they must be sought ultimately at the level of a cosmopolitan world politics. If supra-national political institutions are to rein in global markets, they have to be properly inclusive. The ultimate aim is for the creation of a world internal market, and a political entity with the authority and power to regulate it. The ultimate aim is for the creation of a political united nations with the power not just to make resolutions, but to implement them.

The legitimation deficit

The trouble is that European political institutions suffer from what is known as a 'democratic deficit'. Eurosceptics argue that a political union cannot succeed, because there is no European 'people' for the institutions to represent. There is nothing substantial – no shared history, no common language, tradition, or ethnicity – to generate the bonds of solidarity between citizens on which democracy depends.

Habermas admits that there is no European 'people', but he denies that the existence of a European people or nation with a common history and descent is a necessary basis for social integration. It is true, he argues, that the thick notion of citizenship based on a common national consciousness cannot be stretched further than the boundaries of a single nation. It cannot even be stretched that far. For reasons outlined above, the antiquated conception of the nation is no longer appropriate to modern multicultural societies. Eurosceptics who dismiss the project of European integration and prefer to shelter in their little hut will soon find that the floor is rotten and the roof has fallen in. Modern multicultural societies are not communities of a single people or folk; they are lawful communities of citizens. This thin conception of democratic citizenship as an abstract, legally mediated relation between strangers can be stretched to include inhabitants of foreign countries. Habermas does not attempt to deny that there is a democratic deficit in the European Union.

> As new organisations emerge even further removed from the political base, such as the Brussels bureaucracy, the gap between

self-programming administrations and systemic networks, on the one hand, and democratic processes, on the other, grow constantly.

(TIO, 151)

But he argues that there is no reason in principle why this gap should not be filled. Modern democratic societies are integrated through spheres of informal public communication, and institutional arenas for discourse and decision-making.

One pressing, but not necessarily insoluble, problem is how to encourage the development of a Europe-wide network of discourse and communication, of a European civil-society and political culture. He argues that,

> there can be no European federal state worthy of the title of a European democracy unless a European-wide, integrated public sphere develops in the ambit of a common political culture: a civil society encompassing interest associations, nongovernmental organizations, citizens' movements, etc., and naturally a party system appropriate to a European arena.
>
> (TIO 160)

Educational exchange programmes, increased economic cooperation, easier travel between member states, and the development of a European party system will all contribute to this end.

Another practical and institutional problem is to think of ways of connecting the European bureaucracy and parliament to this developing political culture. That might be hard, but not impossible. However, to cling to the belief in the political efficacy of the nation state, in flagrant disregard of the evidence, is futile; and to allow free rein to global economic markets is socially and politically unconscionable.

According to Habermas, European integration may not be the

ultimate end point of post-national politics, but it is at least an auspicious beginning. The European Union is an ongoing experiment in post-national democratic politics. As Habermas elegantly puts it, in a dialogue with Michael Haller entitled 'Europe's Second Chance':

> If there is any small remnant of utopia that I've preserved, then it is surely the idea that democracy – and its public struggle for its best form – is capable of hacking through the Gordian knots of otherwise insoluble problems. I'm not saying we're going to succeed in this; we don't even know whether success is possible. But because we don't know we still have to try.
>
> (TPF, 97)

Although we don't know whether the European Union will succeed in providing partial solutions to post-national problems, or perhaps even be a platform for an eventual cosmopolitan world order, we don't know that it will fail either. The experiment must be continued, Habermas suggests, above all because we do know that the alternative is worse: to say farewell to the idea of democratic politics as the attempt of free and equal citizens collectively to shape their social world.

Appendix: Summary of Habermas's five major research programmes

1. The pragmatic meaning programme

Basic questions: How does one understand the meaning of utterances? What is the pragmatic function of speech? How does speech coordinate the actions of social agents? What is the relation between validity and meaning? What kinds of validity claim are there?

Basic answers: There are two kinds of meaning – performative (pragmatic) and propositional. The pragmatic function of speech is to elicit rational consensus. Speech coordinates actions through validity claims. The validity of an utterance determines how its meaning is understood. There are three kinds of validity claim – to truth, to rightness, and to truthfulness.

2. The theory of communicative rationality

Basic questions: What are the fundamental types of action? What is the difference between them? Which type is prior or more fundamental? In virtue of what?

Basic answers: There are two types of action: communicative action on the one hand, instrumental and strategic action on the other. The difference is that communicative actions aim at securing understanding and consensus, while instrumental and strategic actions aim at practical success. Communicative action is the more fundamental because it is self-standing; instrumental and strategic action are not.

3. The programme of social theory

i) The sociological project

Basic questions: How is social order possible? What holds modern societies together? How are actions of millions of social agents coordinated?

Basic answers: Social order rests on meaning and validity, and on the integrity of a lifeworld maintained by communication and discourse. It also rests to a degree on the integrating force of instrumental and strategic actions within systems such as markets and administrations. Shared meanings, understandings, and reasons hold society together, along with organized systems of instrumental rationality.

ii) The social ontology

Basic questions: What are modern societies like? Of what are they made up?

Basic answers: Modern societies are made up out of two kinds of social being – the lifeworld and the system. The lifeworld is the home of communication and discourse. The system is the home of instrumental and strategic actions.

iii) Critical social theory

Basic questions: What is the underlying cause of the pathologies of modern social life? Why do people by and large accept and maintain social systems that are not in their interests? What are the most pressing current threats to the maintenance of the lifeworld? What can be done about them?

Basic answers: Systems – markets and administrations – expand and colonize the lifeworld, the home of communicative action and discourse, on which they themselves depend. People are forced into patterns of instrumental and strategic action and become divorced from their ultimate goals; consequently they experience loss of meaning and autonomy. The lifeworld needs to be kept intact, and the ill-effects of the systems' intrusion into non-system domains mitigated.

4. The programme of discourse ethics

i) The discourse theory of morality

Basic questions: How is moral order possible? What makes an action morally right or wrong? How do we know, and how do we learn, what is right/wrong?

Basic answers: Moral order rests on the existence of demonstrably valid norms and the fact that most agents are disposed to adhere to them. What makes an action right/wrong is that it is permitted/prohibited by a valid moral norm. What makes a norm valid is that it demonstrably embodies a universal interest. We find out whether this is the case by testing candidate norms for their capacity to elicit rational agreement in moral discourse.

ii) The discourse theory of ethics

Basic questions: What is distinctive about ethical as opposed to moral questions? What is the social and political significance of ethical questions?

Basic answers: Ethical discourse concerns questions of individual happiness and the good of communities. Ethical discourse involves critical appropriation of traditions and the interpretation of values.

5. The programme of political theory

i) The discourse theory of politics

Basic questions: How is a well-ordered political system possible? What makes laws, policies, and political decisions legitimate?

Basic answers: A well-ordered political system is one in which the right balance between private and public autonomy is achieved and in which political order is stabilized to a large degree by rational decisions produced by institutions that are sensitive to the informal public spheres of civil society. Laws are legitimate only if they are in tune with the opinions, values, and norms generated discursively in civil society.

ii) The discourse theory of law

Basic questions: What is a valid law? What is the role of valid legal norms?

Basic answers: A valid law is a law that is positive, enforceable, and legitimate. Legitimate laws must be consistent with moral, ethical, and pragmatic considerations and serve the good of the legal community. Valid legal norms authorize and implement political power. They support moral norms, help to harmonize individual action and to establish social order.

Further Reading

All the books and articles listed here are in English. Dates in square brackets indicate the year of original publication in German.

A selection of Habermas's early writings

Structural Transformation of the Public Sphere: An Inquiry into a Category of Bourgeois Society, tr. T. Burger and F. Lawrence (Cambridge, Mass.: MIT Press, 1989 [1962]).

Theory and Practice, tr. John Viertel (Cambridge: Polity Press, 1988 [1963]). An abridged collection of critical thematic and historical essays on social theory which includes the seminal essay on 'labour and interaction', the key to Habermas's understanding of Hegel, and to his critique of Marx and Marxism.

On the Logic of the Social Sciences, tr. Shierry Weber Nicholsen and Jerry A. Stark (Cambridge, Mass.: MIT Press, 1988 [1967]).

Knowledge and Human Interests, tr. Jeremy J. Shapiro (Boston: Beacon Press, 1971 [1968]). In this book, Habermas examines the role of reflection in critical social theory. It contains a critique of the idealist philosophies of Kant and Fichte, Habermas's engagement with pragmatism and hermeneutic philosophy, and an interesting appropriation of Freud.

Towards a Rational Society, tr. Jeremy J. Shapiro (Boston: Beacon Press, 1987 [1969]). Contains three essays on the student protests and three essays on the role of technology and science.

Legitimation Crisis, tr. Thomas McCarthy (London: Heinemann, 1976 [1973]). An interesting early study of crisis and legitimacy in capitalist societies in which Habermas puts the distinction between lifeworld and system to work.

Communication and the Evolution of Society, tr. Thomas McCarthy (London: Heinemann Educational Books, 1979 [1976]). This is an important study in Habermas's reconstruction of historical materialism, in which he looks at the role of moral development of individuals and social structures.

A selection of Habermas's mature theoretical writings

Pragmatic theory of meaning and theory of communicative rationality

The Theory of Communicative Action, tr. Thomas McCarthy, vol. 1 (Cambridge: Polity Press, 1984 [1981]). The pragmatic theory of meaning and the theory of communicative rationality are set out in Part III, 'Intermediate Reflections'. Part IV contains criticisms of Weber, Lukacs, and Adorno.

Post-Metaphysical Thinking: Philosophical Essays, tr. William Mark Hohengarten (Cambridge: Polity Press, 1992 [1988]). A collection of essays on Habermas's conception of philosophy, some of which are relevant to programmes 1, 2, and 4.

The following two collections contain mainly articles on programmes 1 and 2. *On the Pragmatics of Social Interaction: Preliminary Studies in the Theory of Communicative Action*, tr. Barbara Fultner (Oxford: Blackwell, 2003 [1984]). *On the Pragmatics of Communication*, ed. Maeve Cooke (Cambridge, Mass.: MIT Press, 2000).

Truth and Justification: Philosophical Essays, tr. B. Fultner (Cambridge: Polity Press, 2003 [1999]) is a collection of Habermas's more recent studies on truth and on the pragmatic theory of meaning. Part III contains a surprising revision to Habermas's theory of truth that has important ramifications for discourse ethics.

Social theory

The lion's share of Habermas's social theory is contained in *The Theory of Communicative Action*, vol. 2, tr. Thomas McCarthy (Cambridge: Polity Press, 1987 [1981]), Part VI, 'Intermediate Reflections', and Part VIII.

Discourse ethics

Moral Consciousness and Communicative Action, tr. Christian Lenhardt and Shierry Weber Nicholsen (Cambridge: Polity Press, 1990 [1983]). This is a collection of seminal essays on the programme of discourse ethics. It should be read alongside the later collection, *Justification and Application*, tr. C. Cronin (Cambridge: Polity Press, 1993 [1991]), an important collection of essays, in which Habermas responds to criticisms and develops the distinction between morality and ethics.

Political and legal theory

'Law and Morality', tr. Kenneth Baynes, in *The Tanner Lectures on Human Values*, vol. 8, ed. Sterling M. McMurrin (Salt Lake City: University of Utah Press, 1988), pp. 217–79. The Tanner Lectures were held four years before the publication of *Faktizität und Geltung*, Habermas's major work on political and legal theory. The English translation of *Faktizität und Geltung* is *Between Facts and Norms*, tr. William Rehg (Cambridge: Polity Press in association with Blackwell, 1996) and it contains two important earlier essays in addition. Programme 5 is set out mainly in chapters 3, 4, 7, and 8.

The Inclusion of the Other, tr. C. Cronin and P. De Greiff (Cambridge: Polity Press, 1998 [1996]). A collection of essays on Habermas's moral and political theory that contains his critique of Rawls and three studies on the nation state.

Theory of modernity

The Philosophical Discourse of Modernity: Twelve Lectures, tr. F. Lawrence (Cambridge: Polity Press, 1987 [1985]). In these lectures, Habermas engages polemically with French poststructuralist thought, and develops his critique of Adorno and Horkheimer. See also Habermas's 1980 essay 'Modernity: An Unfinished Project', tr. Nicholas Walker, and reprinted in *Habermas and the Unfinished Project of Modernity: Critical Essays on the Philosophical Discourse of Modernity*, ed. Seyla Benhabib and Maurizio Passerin d'Entrèves (Cambridge, Mass.: MIT Press, 1997).

Other work

The Future of Human Nature (Cambridge: Polity Press, 2003 [2001]) brings together some of Habermas's essays on the moral, ethical, and political implications of bioethics and gene technology.

A selection of Habermas's occasional political writings and interviews

The New Conservatism: Cultural Criticism and the Historian's Debate, ed. and tr. Shierry Weber Nicholsen (Cambridge, Mass.: MIT Press, 1989).

'What Does Socialism Mean Today?', *New Left Review*, 183: 3–21.

'Yet Again German National Identity – A Nation of Angry DM-Burghers?' in *When the Wall Came Down: Reactions to German Unification*, ed. Harold James and Maria Stone (New York: Routledge, 1992).

Autonomy and Solidarity: Interviews with Jürgen Habermas, ed. P. Dews, revised and enlarged edn. (London: Verso, 1992).

The Past as Future: Jürgen Habermas Interviewed by Michael Haller, tr. Max Pensky (Cambridge: Polity Press, 1994).

A Berlin Republic: Writings on Germany, tr. S. Rendall (Lincoln: University of Nebraska Press, 1997).

The Post National Constellation, tr. and ed. Max Pensky (Cambridge: Polity Press, 2001).

Philosophy in a Time of Terror: Dialogues with Jürgen Habermas and Jacques Derrida, ed. Giovanna Borradori (Chicago: University of Chicago Press, 2003).

Time of Transitions, tr. Max Pensky (Cambridge: Polity Press, 2005)

A selection of recent monographs

Pragmatic theory of meaning and theory of communicative rationality

Language and Reason, ed. Maeve Cooke (Cambridge, Mass.: MIT Press, 1994). The first full study in English on Habermas's pragmatic theory of meaning and theory of communicative rationality.

Social theory

Communicative Action and Rational Choice, Joseph Heath (Cambridge, Mass.: MIT Press, 2001). Though not easy reading, this is a detailed and impressive analysis of Habermas's social theory and its philosophical underpinnings. It brings Habermas's philosophy into dialogue with analytic philosophy of language and rational choice theory, and also covers programmes 1, 2, and 4.

Discourse ethics

Insight and Solidarity: The Discourse Ethics of Jürgen Habermas, William Rehg (Berkeley: University of California Press, 1994). A comprehensive critical elucidation and defence of Habermas's programme of discourse ethics.

Making Moral Sense: Beyond Habermas and Gauthier, Logi Gunnarsson (Cambridge: Cambridge University Press, 2000). A critical comparison of Habermas and Gauthier's rationalist justification of moral theory with the substantivist approach attributed to John McDowell.

Impartiality in Context: Grounding Justice in a Pluralist World, Shane O'Neill (Albany: SUNY Press, 1997). An interesting discussion of Habermas's discourse ethics against the backdrop of sectarian conflict in Northern Ireland.

Political and legal theory

The Normative Grounds of Social Criticism: Kant, Rawls and Habermas, Kenneth Baynes (Albany: SUNY Press, 1992). An important study on Habermas's politics providing a comparison of Habermas and Rawls. See also *Reasonable Democracy: Jürgen Habermas and the Politics of Discourse*, ed. Simone Chambers (Ithaca: Cornell University Press, 1996).

Theory of modernity

Between Reason and History: Habermas and the Idea of Progress, David S. Owen (Albany: SUNY Press, 2002).

Other works

Another Country: German Intellectuals, Unification and National Identity, Jan Werner Müller (New Haven: Yale University Press, 2000). Contains a critical analysis of Habermas's views on German unification.

Jürgen Habermas: A Philosophical-Political Profile, Martin Beck Matustík (Lanham: Rowman and Littlefield, 2001). Quirky biography with an emphasis on Habermas's complex and strained relations to the student movement in the 1960s.

Habermas: A Critical Introduction, William Outhwaite (Oxford: Blackwell, 1994).

The Philosophy of Habermas, Andrew Edgar (Teddington: Acumen, 2004).

Collections of essays on Habermas's theoretical work

Habermas: Critical Debates, ed. J. B. Thompson and D. Held (London: Macmillan, 1982). This is not recent, but is still a valuable collection that contains Habermas's replies to his critics. Addresses programmes 1, 2, and 3.

Communicative Action: Essays on Jürgen Habermas's 'The Theory of Communicative Action', ed. Axel Honneth and Hans Joas, tr. Jeremy Gains and Doris L. Jones (Cambridge: Polity Press, 1991). Collects together some critical responses to *The Theory of Communicative Action*. Covers programmes 1, 2, and 3.

The Communicative Ethics Controversy, ed. Seyla Benhabib and F. Dallmayr (Cambridge, Mass.: MIT Press, 1990). A useful collection of material on discourse ethics. Programme 4.

Ideals and Illusions: On Reconstruction and Deconstruction in Contemporary Critical Theory, Thomas McCarthy (Cambridge, Mass.: MIT Press, 1991). A collection of essays by Habermas's most longstanding critic and intellectual fellow traveller. Deals with programmes 3, 4, and 5.

Philosophical Interventions in the Unfinished Project of Enlightenment, ed. Axel Honneth et al., tr. William Rehg (Cambridge, Mass.: MIT Press, 1992) and *Cultural-Political Interventions in the Unfinished Project of Enlightenment*, ed. Axel Honneth et al., tr. Barbara Fultner (Cambridge, Mass.: MIT Press, 1992). These two companion volumes contain critical responses to all aspects of Habermas's philosophy. The list of contributors reads like a 'Who's Who?' of social theory. Examines programmes 2, 3, 4, and 5.

Habermas and the Unfinished Project of Modernity: Critical Essays on the Philosophical Discourse of Modernity, ed. Seyla Benhabib and Maurizio Passerin d'Entrèves (Cambridge, Mass.: MIT Press, 1997).

Habermas and the Public Sphere, ed. C. Calhoun (Cambridge, Mass.: MIT Press, 1992). Critical responses to *Strukturwandel der Öffentlichkeit* subsequent to its English translation. Many of these essays look at Habermas's early book in the light of his mature social theory and the programme of discourse ethics, and so are relevant to programmes 3, 4, and 5.

Feminists Read Habermas: Gendering the Subject of Discourse, ed. Johanna Meehan (London: Routledge, 1995). Feminist responses to Habermas's philosophy.

The Cambridge Companion to Habermas, ed. S. K. White (Cambridge: Cambridge University Press, 1995). An uneven collection of essays that includes valuable contributions by Max Pensky, Ken Baynes, and Simone Chambers (chapters 4, 7, and 8) on Habermas's politics, and on his political and democratic theory respectively. Focuses on programmes 3, 4, and 5.

Habermas: A Critical Reader, ed. P. Dews (Oxford: Blackwell, 1999). A collection of essays that attempt to situate Habermas's theories in the context of the various philosophical traditions in which he works.

Perspectives on Habermas, ed. Lewis Edwin Hahn (Illinois: Open Court, 2000). A large collection of critical and comparative essays addressing programmes 3, 4, and 5.

Habermas, Modernity and Law, ed. Mathieu Deflem (London: Sage, 1996). Looks at programme 5.

Habermas on Law and Democracy: Critical Exchanges, ed. M. Rosenfeld and A. Arato (Berkeley: University of California Press, 1998). Large collection of critical responses to *Between Facts and Norms*. Programme 5.

Discourse and Democracy: Essays on Habermas's Between Facts and Norms, ed. René von Schomberg and Kenneth Baynes (Albany: SUNY Press, 2002). Programme 5.

Habermas and Pragmatism, ed. M. Aboulafia, M. Bookman, and C. Kemp (London: Routledge, 2002). A collection of essays exploring the pragmatic aspects of Habermas's work and his idiosyncratic relation to the tradition of American pragmatism. Contains material relevant to programmes 1, 3, and 5.

Selection of the author's work on Habermas and the Frankfurt School

'Habermas's Discourse Ethics and Hegel's Critique of Kant's Moral Theory', in *Habermas: A Critical Reader*, ed. P. Dews (Oxford: Blackwell, 1999), 29–52.

'What are Universalizable Interests?', *Journal of Political Philosophy*, 8: 4 (2000): 446–72.

'Modernity and Morality in Habermas's Discourse Ethics', *Inquiry*, 3 (2000): 319–40.

'Adorno on the Ethical and the Ineffable', *European Journal of Philosophy*, 10, 1 (2002): 1–25.

Review of Logi Gunnarsson, 'Making Moral Sense: Beyond Habermas and Gauthier', *Ethics*, 112, 4 (2002): 828–31.

'Theory of Ideology and the Ideology of Theory: Habermas contra Adorno', *Historical Materialism*, 11, 2 (2003): 165–87.

'Habermas's Moral Cognitivism and the Frege-Geach Challenge', *European Journal of Philosophy*, (2005 forthcoming).

“牛津通识读本”已出书目

古典哲学的趣味
人生的意义
文学理论入门
大众经济学
历史之源
设计，无处不在
生活中的心理学
政治的历史与边界
哲学的思与惑
资本主义
美国总统制
海德格尔
我们时代的伦理学
卡夫卡是谁
考古学的过去与未来
天文学简史
社会学的意识
康德
尼采
亚里士多德的世界
西方艺术新论
全球化面面观
简明逻辑学
法哲学：价值与事实
政治哲学与幸福根基
选择理论
后殖民主义与世界格局

福柯
缤纷的语言学
达达和超现实主义
佛学概论
维特根斯坦与哲学
科学哲学
印度哲学祛魅
克尔凯郭尔
科学革命
广告
数学
叔本华
笛卡尔
基督教神学
犹太人与犹太教
现代日本
罗兰·巴特
马基雅维里
全球经济史
进化
性存在
量子理论
牛顿新传
国际移民
哈贝马斯
医学伦理
黑格尔

地球
记忆
法律
中国文学
托克维尔
休谟
分子
法国大革命
丝绸之路
民族主义
科幻作品
罗素
美国政党与选举
美国最高法院
纪录片
大萧条与罗斯福新政
领导力
无神论
罗马共和国
美国国会
民主
英格兰文学
现代主义
网络
自闭症
德里达
浪漫主义

批判理论
电影
俄罗斯文学
古典文学
大数据
洛克
幸福
免疫系统
银行学
德国文学
戏剧
腐败
医事法
癌症
植物
法语文学
微观经济学
湖泊
儿童心理学
时装
现代拉丁美洲文学
卢梭
隐私
电影音乐
抑郁症
传染病